Patrick O'Brian

Patrick O'Brian est né en Irlande en 1914. Romancier, traducteur (on lui doit notamment les traductions en anglais de Joseph Kessel, de Jean Lacouture et de Simone de Beauvoir), il est également auteur de biographies (Picasso, Joseph Banks) et d'essais linguistiques.

Il publie son premier roman, *Testimonies*, en 1952. Quelques années plus tard, il écrit en six semaines *The Golden Ocean*, un roman inspiré par l'expédition de l'amiral Anson dans le Pacifique en 1740. C'est en 1969, avec *Maître à bord*, qu'il inaugure les aventures maritimes du capitaine britannique Jack Aubrey et du médecin Stephen Maturin, sur fond de guerres napoléoniennes. Cette grande saga admirablement documentée, qui compte vingt volumes, l'a rendu célèbre dans le monde entier.

Passionné par l'histoire naturelle et la mer, Patrick O'Brian a appris à naviguer dans la tradition de la marine à voile des XVIIIe et XIXe siècles. Il a passé une grande partie de sa vie dans le sud de la France. Patrick O'Brian est décédé à Dublin en janvier 2000.

FORTUNE DE GUERRE

DU MÊME AUTEUR
CHEZ POCKET

MAÎTRE À BORD
CAPITAINE DE VAISSEAU
LA « SURPRISE »
EXPÉDITION À L'ÎLE MAURICE
L'ÎLE DE LA DÉSOLATION

PATRICK O'BRIAN

FORTUNE DE GUERRE

PRESSES DE LA CITÉ

Titre original :
THE FORTUNE OF WAR

Traduit par Florence Herbulot

ISBN 2-266-10427-6

À Mary, avec mon amour

Note de l'auteur

Quand l'Histoire et la fiction s'enlacent, le lecteur aime parfois savoir jusqu'à quel point les faits authentiques ont souffert de cette étreinte. Ce livre comporte deux combats historiques entre des frégates, et, pour les décrire, j'ai respecté strictement les récits contemporains, les lettres officielles, les comptes rendus de cour martiale des officiers qui perdirent leur navire, les journaux et les publications du temps, le récit de James, qui est bien entendu le meilleur des historiens navals de l'époque, ainsi que les biographies et Mémoires des participants. Il me semble qu'en ce qui concerne la Royal Navy et la toute jeune marine des Etats-Unis, il est inutile de tenter d'enjoliver la vérité, car les faits bruts et simples parlent d'eux-mêmes aussi fort qu'une volée de boulets ; la seule liberté que j'ai prise est ici de placer mes héros à bord. D'ailleurs, sans être aussi secondaires que Fabrice à Waterloo, ils ne jouent aucun rôle décisif ni n'influent sur le cours de l'histoire.

Pour ceux qui aimeraient suivre plus en détail le second de ces combats, je recommande la lecture de *Memoir of Admiral Sir P.B.V. Broke, Bart., KCB, etc.* (Londres, 1866) par le révérend Dr Brighton, MD. C'est presque une hagiographie qui, à certains moments, manque un peu de franchise ou de générosité à l'égard de l'ennemi ; mais l'auteur a été en contact avec bon nombre des survivants britanniques (y compris le Mr Wallis qui apparaît dans ces pages tout jeune homme et qui vécut jusqu'à cent ans, amiral de la flotte Sir Provo Wallis, toujours sur la liste d'active) ; avec un zèle convenant peut-être mieux à l'homme de médecine qu'au pasteur, il rend compte de chacun des boulets, barres ou grappes de mitraille ayant frappé les navires.

Et de même que mon imagination ne pouvait surpasser les faits pour tout ce qui touche à ces batailles, elle n'a pu produire mieux que le langage d'Anthelme Brillat-Savarin, réfugié aux Etats-Unis au moment de la Révolution française (il y fit cuire des écureuils au madère) et dont les lecteurs de sa *Physiologie du goût* reconnaîtront immédiatement l'éclat, bien que je l'aie placé dans la bouche de l'un de mes personnages.

Enfin, je tiens à remercier le Public Record Office et le National Maritime Museum qui m'ont obligeamment communiqué les copies des livres de bord originaux et les plans des navires : ce sont là des éléments d'authenticité et j'espère qu'une part au moins de cette qualité se retrouvera dans mon récit.

Chapitre premier

La mousson tiède soufflait doucement de l'est, poussant le *Leopard* dans la baie de Poulo Butung. Il avait envoyé toute la voilure possible, pour atteindre le mouillage avant la renverse de la marée et sans trop de honte, mais c'était une vision pitoyable — une mosaïque de pièces et morceaux, la toile de gros temps décolorée côtoyant des étoffes si fines qu'elles arrêtaient à peine le brillant soleil, et la coque était pire encore. L'œil d'un professionnel pouvait apercevoir quelques traces du damier Nelson sur ses flancs, distinguer qu'il s'agissait d'un vaisseau de quatrième rang construit pour porter cinquante canons en deux batteries ; mais, pour un terrien, en dépit de la flamme et du pavillon décoloré à la corne d'artimon, il avait surtout l'air d'un navire marchand particulièrement miteux. Malgré la présence sur le pont des deux bordées, fixant d'un regard ardent le rivage, le rivage d'un vert extraordinaire, et absorbant les senteurs entêtantes des îles des Epices, l'équipage du *Leopard* était si peu nombreux que cela confirmait l'impression première ; il suffisait d'un regard pour constater l'absence de tout canon, et quant aux personnages dépenaillés en manches de chemise qui peuplaient son gaillard, ils ne ressemblaient guère à des officiers de marine.

Ces personnages regardaient tous avec autant d'ardeur, au fond de la baie, la crique ourlée de verdure où se trouvait le navire amiral et, derrière, la vaste maison blanche, résidence favorite du gouverneur hollandais à la saison des pluies : elle était à présent surmontée du pavillon britannique. Sous leurs yeux, un signal s'éleva sur un second mât de pavillon, plus à droite.

— On nous demande le signal de reconnaissancc, monsieur, s'il vous plaît, dit l'aspirant des signaux, lunette à l'œil.

— Faites-le, Mr Wetherby, et envoyez notre numéro, dit le capitaine, et, à son premier lieutenant :

— Mr Babbington, venez au lof quand nous serons par le travers de la pointe et commencez le salut.

Le *Leopard* glissait toujours, la brise chantant avec douceur dans son gréement, l'eau tiède et calme murmurant sur ses flancs ; pour le reste, silence total, les hommes brassant les vergues sans un mot à mesure que le vent venait par le travers. Tout aussi silencieux, le rivage contemplait le numéro du *Leopard*.

Il parvint à la hauteur de la pointe ; il rentra doucement dans le vent et son unique caronade se fit entendre. Dix-sept faibles bouffées de fumée, dix-sept petits boums, comme des pétards mouillés, sur la vaste mer d'un bleu profond ; quand le dernier petit jappement fut éteint, le navire amiral entama sa réponse de sa voix profonde en même temps qu'une autre drissée montait au mât.

— *Capitaine attendu à bord du navire amiral*, s'il vous plaît, monsieur, dit l'aspirant.

— Mon canot, Mr Babbington, dit le capitaine, et il rentra dans la chambre.

Ni l'atterrissage ni la présence du navire amiral n'étaient inattendus et son meilleur uniforme gisait sur sa bannette, brossé, gratté pour en faire disparaître toutes les taches d'eau de mer, d'algues gelées, de lichens antarctiques et de moisissures tropicales, au point d'être usé jusqu'à la corde par endroits, et curieusement feutré ailleurs ; quoique passé et rétréci, l'habit bleu à dentelle d'or restait fait d'un drap honnête et quand il l'enfila il se mit à transpirer. Il s'assit pour desserrer sa cravate. « Je vais m'y habituer, sans aucun doute », dit-il puis, entendant la voix de son valet qui s'élevait en blasphèmes furieux et geignards :

— Killick, Killick, holà, que se passe-t-il ?

— Que c'est votre chapeau, monsieur, votre chapeau numéro un. Le wombat l'a pris.

— Eh bien, reprenez-le-lui, pour l'amour de Dieu !

— J'ose pas, monsieur, j'ai peur de déchirer la dentelle.

— Allons, monsieur, s'écria le capitaine, haute silhouette imposante, en pénétrant dans la grand-chambre. Allons, monsieur ! (Il s'adressait au wombat, l'un des nombreux marsupiaux introduits à bord par le chirurgien, grand naturaliste.) Donnez-moi ça tout de suite, m'entendez-vous ?

Le wombat le regarda dans les yeux, tira de sa bouche une longueur de dentelle dorée puis, délibérément, l'y remit.

— Faites passer pour le docteur Maturin, dit le capitaine en regardant le wombat avec fureur, et quelques instants après :

— Venez ici, Stephen, ceci est fort exagéré : votre sale bête dévore mon chapeau.

— Effectivement, dit le docteur Maturin, mais ne vous inquiétez pas, Jack, cela ne lui fera aucun mal. Son système digestif...

A cet instant, le wombat lâcha le chapeau, traversa la pièce rapidement et se précipita dans les bras du docteur Maturin, observant de tout près son visage avec un regard de profonde affection.

— Bon, je peux le mettre sous mon bras, avec mes rapports, dit le capitaine, ramassant une liasse de papiers qu'il organisa avec soin autour du bicorne pour cacher la dentelle déchirée. Qu'y a-t-il, Mr Holles ?

— Le canot est prêt, s'il vous plaît, monsieur.

En fait, le *Leopard* ne possédait pas de canot : rien de plus qu'une petite yole construite à clins, réparée, rapiécée au point qu'il n'y restait pratiquement plus une planche d'origine. Qualifiée pour l'occasion de canot d'apparat, elle était si petite que l'équipage normal du canot du capitaine (dix des Leopards les plus costauds, tous vêtus de même, en vareuse de Guernesey et chapeau verni) se réduisait à deux personnes : son patron de canot, Barrett Bonden, et un gabier du nom de Plaice. Mais l'embarcation appartenait à la Royal Navy et la yole, sablée, briquée comme le pont du *Leopard*, avait acquis un lustre immatériel tandis que les matelots eux-mêmes consacraient toute l'ingéniosité navale à se doter de pantalons de toile et de chapeaux de paille blancs. D'ailleurs, tout le *Leopard* revêtit temporairement un air presque naval quand le capitaine apparut sur le pont : l'officier d'infanterie de marine et les quelques hommes qui lui restaient avaient endossé leurs habits roses ou mauves, autrefois écarlates, et se tinrent raides comme leurs baguettes quand le capitaine descendit dans son canot, accompagné des quelques restes de cérémonie que pouvait offrir son équipage.

— Aubrey ! s'écria l'amiral en se levant à l'entrée du capitaine et lui saisissant la main. Aubrey ! Par Dieu, je suis heureux de vous voir. Nous vous pensions mort.

L'amiral, marin trapu et corpulent, avait un visage d'empereur romain qui pouvait prendre et prenait souvent un air fort intimidant mais qui était à présent envahi par le plaisir. Il reprit :

— Par Dieu, je suis heureux de vous voir. Quand la vigie vous a signalé, j'ai d'abord cru que c'était l'*Active*, quelque peu en avance ; mais dès que la coque est sortie de l'horizon, j'ai reconnu l'horrible vieux *Leopard* — j'ai navigué dessus en quatre-vingt-treize —, l'horrible vieux *Leopard* revenu d'entre les morts ! Et pas mal endommagé, semble-t-il. Que vous est-il arrivé ?

— Voici toutes mes lettres, rapports, relations et comptes rendus, monsieur, dit Jack Aubrey en posant ses papiers sur la table, du jour où nous avons quitté les Downs jusqu'à ce matin. Je suis vraiment désolé qu'ils soient d'une longueur si fastidieuse, et je suis vraiment désolé d'avoir mis si longtemps à amener le *Leopard*, et dans un tel état, en plus.

— Bon, bon, dit l'amiral chaussant ses lunettes pour jeter un coup d'œil au tas de paperasses avant de les ôter à nouveau. Mieux vaut tard que jamais, voyez-vous. Faites-moi un bref récit de ce qui vous est arrivé, et je regarderai ces papiers plus tard.

— Eh bien, monsieur, dit Jack lentement, rassemblant ses esprits, comme vous le savez, j'avais pour ordre de passer par Botany Bay, pour régler la malheureuse situation de Mr Bligh ; puis au dernier moment on a jugé bon de placer à mon bord un certain nombre de convicts que je devais emmener. Mais ces convicts ont apporté avec eux le typhus. Nous étions à douze degrés au nord de la Ligne et encalminés pour plusieurs semaines quand l'épidémie s'est déchaînée de façon effroyable. Nous avons perdu plus de cent hommes, et cela a duré si longtemps que j'ai dû laisser porter jusqu'au Brésil pour avitailler et pour débarquer les malades. Leurs noms sont tous ici, dit-il en tapotant l'une des liasses. Ensuite, à quelques jours de Recife, en route vers Le Cap, nous sommes tombés sur un soixante-quatorze hollandais, le *Waakzaamheid*.

— Justement, dit l'amiral avec une satisfaction féroce, on nous en menaçait — un terrible cauchemar.

— Oui, monsieur. Etant fort à court d'hommes et de puissance de feu, j'ai évité le combat en descendant jusque vers 41° Sud : une longue, longue chasse. Nous avons fini par nous en débarrasser, mais il savait parfaitement où nous allions et quand nous avons pu refaire du nord et de l'ouest vers Le Cap, nous l'avons retrouvé, à notre vent ; et le temps se gâtait. Bon, monsieur, pour ne pas vous lasser, il nous a poursuivis jusqu'à 43° Sud, dans un coup de vent croissant et une très forte mer arrière ; en portant des aussières en tête de mât et en pompant toute l'eau, nous avons pu rester devant lui et un boulet de nos pièces de chasse a brisé son mât de misaine, de sorte qu'il s'est mis en travers et a sombré.

— Sombré, par Dieu ! s'écria l'amiral. Bravo, bravo, vraiment. J'avais entendu dire que vous l'aviez coulé mais j'avais peine à le croire — aucune idée des circonstances.

Il voyait parfaitement la situation, à présent : il connaissait les hautes latitudes australes, la mer énorme et les vents déchaînés des quarantièmes, la mort instantanée d'un navire pris en travers.

— Bravo, vraiment. C'est pour moi un immense soulagement. Je vous en félicite de tout mon cœur, Aubrey, dit-il, serrant à nouveau la main de Jack. Chloé, Chloé, holà, lança-t-il d'une voix plus forte vers une porte entrouverte.

Une mince jeune femme couleur de miel apparut : elle portait un sarong et une petite veste ouverte révélant une poitrine ferme et pointue. Les yeux du capitaine Aubrey se fixèrent aussitôt sur cette poitrine : il déglutit avec peine. Cela faisait bien longtemps qu'il n'avait pas vu une poitrine. Ce n'était pas le cas de l'amiral qui, après un coup d'œil bienveillant, demanda du champagne et des koekjes, aussitôt apportés sur des plateaux par trois autres jeunes femmes du même moule, souples, aimables, souriantes ; tandis qu'elles le servaient, le capitaine Aubrey remarqua qu'elles apportaient avec elles un parfum d'ambre gris et de musc ; peut-être de clou de girofle, aussi, et de muscade.

— Ce sont mes cuisinières, à terre, observa l'amiral. Je les trouve très efficaces pour les plats locaux. Eh bien, à votre santé, Aubrey, et à votre victoire : ce n'est pas tous les jours qu'un navire de cinquante canons coule un soixante-quatorze.

— Vous êtes bien bon, monsieur, dit Jack, mais j'ai peur que ce que j'ai encore à vous dire ne soit pas si agréable. Comme nous avions pompé toute l'eau douce sauf une tonne ou deux, j'ai fait du sud et de l'est pour trouver de la glace : il ne servait à rien de louvoyer sur mille milles pour revenir au Cap et avec ce vent bien installé dans l'ouest j'espérais continuer droit vers Botany Bay dès que nous aurions refait de l'eau. Nous avons trouvé la glace plus au nord que je ne m'y attendais, une très grande île. Mais malheureusement, monsieur, nous en avions à peine embarqué quelques tonnes que la brume s'est épaissie au point qu'il a fallu rappeler les canots. Ensuite, dans la brume, nous avons touché par l'arrière la montagne de glace, arraché le gouvernail et enfoncé un aboutage dans les façons bâbord. La voie d'eau gagnait très vite en dépit de nos paillets et c'est alors, monsieur, qu'il a fallu jeter les canons à la mer, ainsi que tout ce que nous avons pu trouver.

L'amiral hocha la tête, l'air très grave.

— Le monde s'est comporté mieux que je ne l'espérais : les hommes ont pompé tant qu'ils ont pu tenir debout. Mais quand l'eau est parvenue au-dessus du faux pont on est venu me dire que le navire allait certainement sombrer et que bon nombre des hommes souhaitaient tenter leur chance avec les canots. Je leur ai dit qu'il fallait essayer encore un paillet mais qu'entre-temps je ferais avitailler et mettre à l'eau les canots. Je regrette toutefois d'avoir à vous dire, monsieur, que peu après cela quelques hommes se sont introduits dans la soute à alcool : ce fut la fin de tout ordre. Les canots sont partis dans un état déplorable. Puis-je vous demander, monsieur, si l'un d'entre eux a survécu ?

— La chaloupe a atteint Le Cap — c'est comme cela que j'ai su pour le Hollandais — mais je n'ai aucun détail. Dites-moi, certains des officiers ou des jeunes messieurs sont-ils partis aussi ?

Jack fit une pause ; il tournait son verre entre ses doigts ; les filles avaient laissé la porte ouverte et dans la cour il aperçut cinq casoars apprivoisés courant sur la pointe des pattes, affairés comme des poules, auxquelles ils ressemblaient beaucoup, mais des poules de cinq pieds de haut. Cette vision effleura à peine sa conscience.

— Oui, monsicur. J'avais donné à mon second l'autorisation de partir ; et ce que j'ai dit aux hommes impliquait une permission.

Sentant que l'amiral l'observait derrière sa main, il ajouta :

— Je dois vous dire, monsieur, que mon premier lieutenant s'est comporté en véritable officier, en véritable marin. J'étais parfaitement satisfait de sa conduite ; et l'eau dans le faux pont arrivait à hauteur des genoux.

— Hum, dit l'amiral. Cela n'est pourtant pas très joli. D'autres officiers sont-ils partis avec lui ?

— Uniquement le commissaire et l'aumônier, monsieur. Tous les autres officiers et les jeunes messieurs sont restés et se sont comportés admirablement.

— Je suis heureux de l'apprendre, dit l'amiral. Continuez, Aubrey.

— Eh bien, monsieur, nous avons plus ou moins réussi à maîtriser la voie d'eau, gréé une machine à gouverner et laissé porter sur les Crozet. Malheureusement, nous n'avons pu les atteindre et nous avons poursuivi vers une île dont un baleinier m'avait parlé, et qu'un Français situait par 49° 44' Sud — l'île de la Désolation. Là, nous avons couché le navire et réparé la brèche, complété nos réserves d'eau, embarqué des vivres — phoques, pingouins et un excellent chou — et construit un nouveau gouvernail avec un mât de hune. Faute de forge, nous ne pouvions le mettre en place, mais heureusement un baleinier américain est venu faire escale, qui possédait les outils nécessaires. J'ai le regret de devoir vous dire, monsieur, qu'à ce moment l'un des convicts a réussi à embarquer sur le baleinier avec un Américain dont j'avais fait un aspirant ; et ils se sont échappés.

— Un Américain ! s'écria l'amiral. Les voilà bien,

tous les mêmes ! Maudits chenapans, convicts eux-mêmes pour la plupart, bâtards bicolores pour le reste, et ils couchent avec des femmes noires, vous le savez, Aubrey ; j'ai appris de source sûre qu'ils couchent avec des femmes noires. Aucune loyauté, tous à pendre, tous jusqu'au dernier. Cet homme, dont vous aviez fait un aspirant, déserte, et séduit un Anglais en plus, pour faire bonne mesure. Voilà ce qu'est la gratitude américaine ; tous les mêmes — nous les avons protégés contre les Français jusqu'en soixante-trois, et qu'ont-ils fait ? Je vais vous dire ce qu'ils ont fait, Aubrey : ils ont mordu la main qui les avait nourris. Les gredins. Voilà votre aspirant américain qui entraîne un de vos convicts. Un condamné pour parricide ou immoralité, ou les deux, sans aucun doute — tous les mêmes, Aubrey, tous les mêmes.

— C'est bien vrai, monsieur, bien vrai ; qui touche le brai en garde trace.

— La térébenthine enlève les taches de brai, Aubrey : la térébenthine de Venise.

— Oui, monsieur, mais pour rendre justice à cet homme — c'est un prêté pour un rendu, car il s'est rendu fort utile pendant l'épidémie, en tant qu'assistant chirurgien —, c'est avec une prisonnière américaine, une prisonnière à privilège, logée seule, qu'il est parti, une jeune femme d'une beauté particulière, Mrs Wogan.

— Wogan ? Louisa Wogan ? Cheveux noirs, yeux bleus ?

— Je n'ai pas remarqué la couleur de ses yeux, monsieur, mais c'était une femme particulièrement jolie ; et je crois bien qu'elle s'appelait Louisa. La connaissiez-vous, monsieur ?

L'amiral Drury devint rouge sombre — il avait justement rencontré une Louisa Wogan — une relation de son cousin Vowles, le plus jeune lord de l'Amirauté — une relation de Mrs Drury — aucun rapport possible avec Botany Bay — un nom très courant : simple coïncidence — pas du tout la même femme — d'ailleurs, le souvenir lui revenait, les yeux de sa Mrs Wogan étaient jaunes. Quoi qu'il en soit, ils n'allaient pas entrer dans ces détails : qu'Aubrey poursuive son récit.

— Oui, monsieur. Après avoir monté le nouveau gouvernail nous avons poursuivi vers Port Jackson — vers Botany Bay. Au bout de deux jours nous avons aperçu le baleinier très loin au vent ; mais on m'a conseillé... c'est-à-dire, j'ai jugé de mon devoir de ne pas le prendre en chasse, étant donné que Mrs Wogan était citoyenne américaine et que dans l'état de tension actuel, la reprendre par la force à bord d'un navire américain aurait pu susciter des complications politiques. Je suppose, monsieur, qu'ils ne nous ont pas déclaré la guerre ?

— Non. Pas que je sache. Je voudrais qu'ils le fassent : ils ne possèdent pas un seul vaisseau de ligne et trois de leurs gros navires marchands sont passés la semaine dernière devant Amboine — quelles prises !

— C'est vrai, monsieur, une prise est toujours bonne à prendre. Nous avons donc poursuivi vers Port Jackson où nous avons constaté que l'affaire du capitaine Bligh était déjà résolue et que les autorités ne pouvaient pas nous accorder le moindre canon, ni la moindre toile à voile, et à peine de cordages. Pas de peinture non plus. Désespérant de tirer quoi que ce soit des militaires responsables — ils semblaient en totale opposition avec la marine depuis le passage de Mr Bligh au commandement —, j'ai débarqué nos derniers convicts et poursuivi vers ce rendez-vous avec la plus grande hâte. C'est-à-dire, dans la mesure de ce que permettait l'état du navire que je commande.

— J'en suis sûr, Aubrey. Un exploit remarquable, sur ma foi, et vous êtes fort bienvenu. Par Dieu, j'ai pensé que vous aviez filé votre câble par le bout depuis longtemps — que vous étiez quelque part par mille brasses de fond et que Mrs Aubrey userait ses beaux yeux à pleurer. Mais elle n'avait pas désespéré de vous, pourtant : j'ai reçu d'elle un mot il n'y a pas deux mois, par la *Thalia*, me priant d'envoyer certaines choses — des livres et des bas, si je me souviens bien —, de les envoyer en Nouvelle-Hollande où vous étiez certainement retenu. Pauvre dame, me suis-je dit, elle tricote pour un cadavre. Une lettre charmante ; je dois l'avoir encore. Oui, dit-il en fouillant dans ses papiers, la voici.

La vue de cette écriture familière frappa Jack avec une force étonnante, et pendant un instant il aurait pu jurer qu'il entendait sa voix : pendant un instant, ce fut comme s'il était dans la petite salle à manger d'Ashgrove Cottage, dans le Hampshire, de l'autre côté du monde, comme si elle était là, de l'autre côté de la table, grande, douce, jolie, une partie de lui-même. Mais le personnage de l'autre côté de la table était un contre-amiral de l'escadre blanche, assez peu raffiné, remarquant que « toutes les épouses sont les mêmes, même les épouses de marins ; elles supposent toutes qu'il y a une poste dans tous les ports où un navire peut mouiller, prête à transporter leurs lettres dans l'instant. C'est pour cela que les marins sont si souvent mal reçus chez eux, et qu'on leur reproche de ne pas écrire plus souvent : toutes les épouses sont les mêmes ».

— Pas la mienne, dit Jack, mais pas à voix haute, et l'amiral poursuivit :

— L'Amirauté non plus n'avait pas désespéré de vous. Ils vous ont donné l'*Acasta*, et Burrel est arrivé voici des mois pour reprendre le *Leopard* ; mais il est mort de dysenterie, avec la moitié de son monde, comme tant de gens ici ; et que ferai-je du *Leopard*, je n'en sais rien. Je n'ai pas de canons ici, sauf ceux que je peux prendre aux Hollandais, et nos boulets, comme vous le savez bien, ne conviennent pas aux canons hollandais ; et sans canons il ne peut être qu'un transport. Il aurait dû être transformé en transport depuis dix bonnes années — quinze bonnes années. Mais cela n'a rien à voir avec le cas présent : ce que vous devez faire,

Aubrey, c'est débarquer vos affaires dès que possible car nous attendons *La Flèche*, qui vient de Bombay. Yorke la commande. Elle ne fera que toucher ici, le temps de prendre mes dépêches, avant de rentrer à la maison rapide comme une flèche. Rapide comme une flèche, Aubrey.

— Oui, monsieur.

— *La Flèche* est un voilier rapide, Aubrey.

— Ah oui, pardon, excellent, monsieur, remarquable — rapide comme une flèche —, je m'en ferai l'écho.

— J'en suis sûr, et vous direz qu'il est de vous, d'ailleurs. Et si Yorke ne s'attarde pas, s'il ne traîne pas dans le détroit de la Sonde à chasser les prises, vous devriez encore trouver la mousson pour vous pousser — une remarquable traversée. A présent, donnez-moi rapidement une idée de l'état de votre navire. Il faudra évidemment qu'il soit expertisé mais j'aimerais avoir une idée générale. Et dites-moi exactement combien vous avez d'hommes à bord — vous ne sauriez imaginer combien je suis avide d'hommes. Un ogre n'est rien à côté.

Suivit une discussion d'une haute technicité exposant avec franchise tous les défauts du pauvre *Leopard* — l'état de ses allonges, ses déplorables goussets —, une discussion qui fit apparaître que même si l'amiral avait disposé des canons nécessaires pour l'armer, le *Leopard* n'aurait guère pu les supporter, avec ses membrures si fatiguées et son étambot pourri sur une telle longueur. Cette discussion, quoique mélancolique, était parfaitement amicale : pas un mot plus haut que l'autre, jusqu'à ce qu'ils abordent la question de ceux, officiers, jeunes messieurs et matelots, qui, selon la coutume du service, accompagnaient leur capitaine d'un commandement à l'autre. D'un air faussement détaché, l'amiral observa qu'étant donné les circonstances exceptionnelles, il se proposait de les garder tous.

— Mais vous pourrez emmener votre chirurgien, dit-il. En fait, j'ai reçu plusieurs fois l'ordre de le renvoyer par le premier navire ; et il doit faire rapport à Mr Wallis, mon conseiller politique, dès aujourd'hui. Oui : vous pouvez certainement l'emmener avec vous, Aubrey, et c'est une très grande faveur. J'irai même peut-être jusqu'à vous autoriser un valet, quoique *La Flèche* soit certainement en mesure de vous en fournir autant que vous voudrez.

— Enfin, voyons, monsieur, s'écria Jack, mes lieutenants — Babbington m'a suivi depuis mon premier commandement —, mes aspirants et tout l'équipage de mon canot dans un malheureux sloop ? Est-ce justice, monsieur ?

— Quel sloop, Aubrey ?

— Eh bien, à vrai dire, monsieur, je n'ai pas un navire précis en tête, c'était une allusion à la Bible. Mais ce que je veux dire c'est que la coutume immémoriale du service...

— Dois-je comprendre que vous discutez mes ordres, Mr Aubrey ?

— Jamais de la vie, monsieur, le ciel m'en préserve. Tout ordre écrit que vous me ferez l'honneur de me donner, je l'exécuterai immédiatement. Mais comme vous le savez mieux que moi, la coutume immémoriale du service est que...

Jack et l'amiral se connaissaient depuis une vingtaine d'années ; ils avaient passé bien des soirées ensemble, quelquefois dans l'ivresse ; leur collision n'avait rien du venin froid d'un conflit purement officiel. Elle n'en était pas moins ardente, toutefois, et leurs voix s'élevèrent au point que les jeunes filles dans la cour purent distinguer chaque mot, et même les chaleureuses allusions personnelles, directes de la part de l'amiral, légèrement voilées de la part de Jack ; le tout ponctué du cri « la coutume immémoriale du service ».

— Vous avez toujours été une tête de mule, un obstiné, dit l'amiral.

— C'est ce que me disait ma nourrice, monsieur. Mais à coup sûr, monsieur, même un homme sans aucun respect pour la coutume immémoriale du service, un novateur, un homme sans considération pour les habitudes de la marine, me condamnerait si je ne soutenais pas mes officiers et mes aspirants alors qu'ils m'ont soutenu dans une situation diablement inconfortable, si je laissais mes jeunes messieurs partir avec des capitaines qui se moquent pas mal de leur famille ou de leur avancement, si j'abandonnais un premier lieutenant qui m'a suivi depuis son premier embarquement, au moment où j'ai quelque chance de lui donner de l'avancement. Il suffirait d'un coup de chance avec l'*Acasta* pour que Babbington devienne capitaine de frégate. J'en appelle à vos propres coutumes, monsieur. Tout le service sait parfaitement que Charles Yorke, Belling et Harry Fisher vous ont suivi de navire en navire et que s'ils sont aujourd'hui capitaines de frégate et capitaines de vaisseau, c'est grâce à vous. Et je sais à merveille que vous avez toujours pris grand soin de vos jeunes messieurs. La coutume immémoriale du service...

— Oh, que la coutume immémoriale du service aille au d..., s'écria l'amiral.

Puis, horrifié de ses propres paroles, il se tut un moment. Il pouvait évidemment donner un ordre direct ; mais un ordre écrit serait assez gênant, s'il venait à circuler. Toutefois, non seulement Aubrey avait raison mais c'était aussi un capitaine combattant de réputation remarquable, un capitaine qui avait obtenu de si bons résultats en parts de prises qu'on l'appelait Jack Aubrey la Chance, un capitaine possédant une jolie propriété dans le Hampshire et un père au Parlement, un homme capable de terminer sa carrière au conseil de l'Amirauté, un homme trop considérable pour être traité par-dessous la jambe ; de plus, l'amiral l'aimait bien ; et la destruction du *Waakzaamheid* était un bel exploit.

— Bon, bon, n'en parlons plus, dit-il enfin. Quel entêté, quel obstiné vous faites, Aubrey. Allons, remplissez votre verre. Cela vous rendra peut-être plus accommodant. Vous pouvez avoir vos aspirants, ça m'est égal, et votre premier lieutenant aussi ; si vous les avez formés, ils seraient capables de discuter avec leur capitaine sur son propre gaillard chaque fois qu'il leur demanderait de virer de bord. Vous me rappelez ce vieux sodomite.

— Le sodomite, monsieur ? s'exclama Jack.

— Oui. Vous qui aimez tant citer la Bible, vous devez savoir de qui je veux parler. L'homme qui s'est querellé avec le Seigneur à propos de Sodome et Gomorrhe. Abraham, voilà le nom ! Il a marchandé avec le Seigneur, de cinquante jusqu'à vingt-cinq et ensuite jusqu'à dix. Vous aurez Babbington, vos aspirants, votre chirurgien, peut-être même votre patron de canot, mais ne parlons plus des autres. Ce serait absurde et présomptueux de votre part, et d'ailleurs il n'y a pas place pour un homme de plus sur *La Flèche*, donc n'en parlons plus. A présent dites-moi, parmi ce qui vous reste d'équipage, pouvez-vous mettre sur pied une équipe de onze joueurs décents pour un match de cricket ? L'escadre joue navire contre navire, avec un prix de cent livres.

— Ce doit être possible, monsieur, dit Jack avec un sourire.

Ce mot prononcé par l'amiral venait de résoudre un minuscule problème qui tracassait un petit coin de son esprit — quel était ce bruit étrangement familier émanant de la vaste pelouse derrière la maison ? C'était le bruit d'une batte sur une balle.

— Ce doit être possible. Et puis, monsieur, je crois que vous avez parlé de courrier pour le *Leopard* ?

Le conseiller politique de l'amiral était un homme

d'une importance considérable, car le gouvernement britannique avait dans l'idée d'ajouter l'ensemble des Indes orientales hollandaises aux possessions de la Couronne, et il fallait non seulement convaincre les dirigeants locaux d'aimer le roi George, mais aussi contrecarrer, et si possible éradiquer, les systèmes d'influence et de renseignement hollandais et français, si bien implantés ; mais il vivait dans une petite maison obscure et ne se donnait l'air de rien, pas même d'un secrétaire d'amiral : personnage discret vêtu d'un habit couleur tabac avec, seule concession au climat, une paire de pantalons de nankin, autrefois blancs. Sa tâche était délicate ; mais comme la Compagnie des Indes orientales était fort intéressée à éliminer ses rivaux hollandais, et comme plusieurs membres du Cabinet étaient détenteurs d'actions de la Compagnie, il était tout du moins bien alimenté en fonds. C'est même sur l'un des nombreux coffres bourrés de petits lingots d'argent, la monnaie la plus pratique dans ces régions, qu'il était assis quand on annonça son visiteur.

— Maturin ! s'exclama le politique, ôtant ses lunettes vertes et saisissant la main du docteur. Maturin ! Par Dieu, je suis bien heureux de vous voir. Nous vous avions cru mort. Comment allez-vous ? Achmet ! — avec un claquement de mains — Café !

— Wallis, dit Maturin, je suis heureux de vous trouver ici. Comment va votre pénis ?

Lors de leur dernière rencontre, il avait effectué une opération sur son collègue des services secrets politiques et militaires, qui souhaitait se faire passer pour juif : sur un adulte l'opération s'était révélée beaucoup plus sérieuse que lui-même ou Wallis ne le supposaient et Stephen avait été hanté par la crainte de la gangrène.

Le sourire ravi de Mr Wallis se chargea de gravité ; son visage fut envahi d'une expression d'autocommisération sincère et il répondit que la guérison s'était faite correctement mais qu'il craignait que le membre ne soit plus jamais ce qu'il avait été. Il rapporta en détail les symptômes, cependant que le parfum du café s'amplifiait, envahissant la petite pièce crasseuse ; mais, quand le café lui-même apparut, dans un pot de cuivre sur un plateau de cuivre, il s'interrompit :

— Oh, Maturin, je ne suis qu'un monstre infâme, à papoter ainsi sur mon sort. Racontez-moi s'il vous plaît votre voyage, votre voyage si terriblement prolongé et fort difficile, je le crains — si prolongé que nous avions presque abandonné tout espoir et que les lettres de Sir Joseph, d'extatiques, devenaient anxieuses et finalement mélancoliques dans une certaine mesure.

— J'en conclus que Sir Joseph est à nouveau en selle ?

— Plus fermement qu'avant ; et avec des pouvoirs encore plus grands, dit Wallis, et ils échangèrent un sourire.

Sir Joseph Blaine avait été le très capable chef des services de renseignements de la marine britannique ; tous deux connaissaient les subtiles manœuvres qui avaient provoqué sa retraite prématurée, et les manœuvres encore plus subtiles et beaucoup plus intelligentes qui lui avaient rendu sa place.

Stephen Maturin but à petites gorgées son café brûlant, le vrai grain de Moka, rapporté d'Arabie Heureuse par les dhows de pèlerins, et réfléchit. Il était par nature homme réservé et même secret : sa naissance illégitime (son père était un officier irlandais au service de Sa Majesté Très Catholique, sa mère une grande dame catalane) y avait quelque part ; ses activités pour la cause de la libération de l'Irlande, encore plus ; et beaucoup plus encore son alliance volontaire et gratuite avec les services de renseignements de la Royal Navy, entreprise dans le seul but d'aider à la défaite de Bonaparte, qu'il haïssait de tout son cœur comme un infâme tyran, un homme cruel, mauvais et vulgaire, destructeur de la liberté et des nations, et traître à tout ce qu'il y avait de bon dans la Révolution. Mais sa capacité à garder le silence était innée, et peut-être aussi l'intégrité qui faisait de lui l'un des agents secrets les plus appréciés de l'Amirauté, particulièrement en Catalogne. Ses activités étaient fort bien déguisées par son métier de chirurgien naval actif en même temps que de philosophe naturel de réputation internationale, au nom familier à tous ceux qui avaient le souci du solitaire disparu de Rodrigues (proche cousin du dodo), de la grande tortue terrestre *Testudo aubreii* de l'océan Indien, ou des habitudes de l'aardvark africain. Quoique excellent agent, il était encombré d'un cœur, un cœur amoureux qu'avait bien failli briser une femme nommée Diana Villiers : elle lui avait préféré un Américain — préférence naturelle, Mr Johnson étant un grand et bel homme, intelligent, plein d'esprit et fort riche alors que Stephen n'était au mieux qu'un bâtard sans beauté, le teint cireux, les yeux étrangement pâles, le cheveu rare et les membres maigres, et assez pauvre. Dans sa détresse, Maturin avait commis des erreurs dans ses deux professions — erreurs que l'on aurait pu attribuer à l'excès de teinture de laudanum dont il était dépendant à ce moment —, et lorsque l'on avait par hasard arrêté Louisa Wogan, relation américaine de Diana Villiers, pour espionnage, et qu'on l'avait condamnée à la transportation, Stephen Maturin s'était vu requis de l'accompagner en tant que chirurgien du *Leopard*. La mission était sans importance comparée à certaines autres, et on put croire à ce moment que Sir Joseph se contentait de l'écarter. Pourtant ses relations avec Mrs Wogan avaient pris un tour étrange... Que pouvait-il dire à Wallis ? Que savait déjà celui-ci ?

— Vous avez utilisé, me semble-t-il, le terme extatique à propos des lettres de Sir Joseph ? Une expression bien chaleureuse.

C'était un signal pour que Wallis abatte ses cartes s'il souhaitait que le jeu se poursuive avec une certaine franchise ; il le fit aussitôt.

— Rien d'exagéré, Maturin, je vous assure, dit-il en cherchant un dossier. En recevant votre communication du Brésil, de Recife, il m'a écrit pour dire que vous aviez accompli un coup splendide, que vous aviez soutiré à la dame toutes les informations qu'elle possédait en bien moins de temps qu'il ne s'y attendait ; qu'il avait désormais une image relativement complète de l'organisation américaine ; et qu'il s'efforcerait de vous faire revenir du Cap par une dépêche envoyée sur le premier navire à destination de ce poste, mais que même s'il n'y parvenait pas il jugerait bien employé le temps de votre absence. C'était là déjà un langage assez fort pour Sir Joseph, mais ce n'est rien comparé au panégyrique qu'il écrivit à réception de vos courriers du Cap.

— Donc les canots ont survécu.

— Un canot. La chaloupe menée par Mr Grant, qui a déposé vos papiers entre les mains de l'officier commandant la place.

— Etaient-ils endommagés ? J'avais de l'eau jusqu'aux genoux en les écrivant.

— Il y avait des taches d'eau, et des taches de sang — Mr Grant a eu quelques ennuis avec son monde —, mais à part deux pages, ils étaient entièrement lisibles. Sir Joseph en a tiré les principaux éléments pour moi, ainsi bien entendu que tous ceux qui se rapportaient à la situation ici. En même temps il vous a envoyé cette lettre — il la tendit à Maturin — et m'a prié de vous considérer comme un modèle en matière de duperie et de division de l'ennemi. Je dois, m'a-t-il dit, imiter vos méthodes autant que faire se peut en ce lieu. D'autres dépêches ont suivi, chacune avec une lettre pour vous : leur ton, comme je vous l'ai dit, s'est chargé d'anxiété puis, le temps passant, presque de désespoir, mais toutes avaient la même teneur — vous deviez rentrer aussitôt pour exploiter au mieux la confusion suscitée dans les services français et reprendre vos activités en Catalogne : pour la situation de ce pays, j'ai ici à votre intention un rapport condensé.

Wallis était un collègue de longue date, sérieux, sans

autres vices que la parcimonie, l'avarice et la froide lubricité si répandues dans les services secrets ; il était manifestement au courant de presque tout l'essentiel ; il était manifeste aussi que Stephen Maturin, ayant bien failli périr pendant le voyage d'aller, risquait tout autant de périr au retour. La mer est pleine de traîtrise, un navire n'est que fragilité — *fragilis ratis* —, le jouet des flots, et de tous les vents. Il valait mieux que Wallis sût tout.

— Ecoutez, dit-il, et Wallis tendit sa meilleure oreille, son visage exprimant l'intérêt et la curiosité les plus intenses. Vous connaissez le début, l'arrestation de Wogan avec des papiers de l'Amirauté en sa possession ? (Wallis acquiesça.) C'était un agent de faible importance, mais loyal et courageux, non achetable ; et elle fit évidemment de son mieux pour avertir son chef de la situation — qui était compromis et qui ne l'était pas. Il se trouva qu'elle avait un amoureux à bord, un compatriote, un jeune homme érudit et ingénieux du nom d'Herapath, qui s'était embarqué en secret pour ne pas la quitter. Elle s'en servit pour transmettre ses renseignements : je les interceptai, à Recife. Ce fut ma première communication. Au début du voyage j'avais un assistant nommé Martin, un homme des îles Anglo-Normandes élevé en France : il mourut, et il me vint à l'esprit qu'avec ses antécédents il ferait un agent secret fort convaincant. Je composai donc une description générale de la situation, qui lui aurait prétendument appartenu et qui exposait le détail de nos services en Europe avec des références aux Etats-Unis et un document séparé couvrant les Indes orientales. Je ne possédais pas assez d'informations pour composer sur les Indes orientales un rapport qui fût crédible aux yeux d'un expert, aussi ne le tentai-je pas ; mais je me flatte que mon analyse de la situation européenne, et mes remarques en passant sur les Etats-Unis, soient en mesure de persuader même un homme aussi sceptique que Durand-Ruel. J'ai à peine besoin de vous dire, mon cher Wallis, que mon texte contenait des détails sur les agents doubles, les pots-de-vin, les sources d'information au sein des différents ministères français comme chez leurs alliés — en fait tout était calculé pour jeter le désarroi dans leur politique, mettre leurs meilleurs hommes hors d'état de nuire et ruiner leur confiance mutuelle. Ce document fut découvert parmi les effets de l'officier défunt ; il éveilla le soupçon ; il fallut en faire des copies pour les autorités du Cap afin de les envoyer en Angleterre. Herapath et moi étions les seuls à bord à manier le français ; mon temps était occupé et la tâche revint donc à Herapath, devenu mon assistant. J'étais persuadé qu'il en parlerait à sa maîtresse et que Wogan avait assez d'empire sur lui pour qu'en dépit de ses réticences honorables et de ses scrupules il lui en transmette une copie qu'elle enverrait en Amérique par Le Cap. La copie fut transmise et elle la coda — à propos, j'ai la clé de leur code — mais nous ne fîmes pas escale au Cap puisqu'à ce moment nous étions poursuivis par un navire hollandais de force supérieure. Je me consolai en pensant qu'elle réussirait certainement à l'envoyer de Botany Bay et que la perte de ces mois, quoique infiniment regrettable, n'était pas désastreuse puisque, aussi longtemps qu'il n'y aurait pas guerre ouverte et déclarée entre les Etats-Unis et l'Angleterre, nous ne pouvions être absolument certains que les Américains feraient passer l'information aux Français leurs alliés, ou du moins leurs cobelligérants. En fait il était probable que, même en temps de paix, la pratique habituelle des bons offices puisse assurer la transmission du principal, sinon de la totalité, de manière informelle. Leur Mr Fox voit beaucoup Durand-Ruel. Mais, dites-moi, la guerre est-elle déclarée ?

— Pas à notre connaissance récente. Quoique je ne voie guère qu'elle puisse longtemps tarder si le gouvernement poursuit sa conduite actuelle. Non contents d'enlever et de maltraiter leurs marins, nous étranglons leur commerce.

— Conduite absurde, inutile, immorale et stupide, dit Stephen en colère. Et en dehors de toute autre considération, une guerre entraînerait la dispersion tout à fait aberrante de nos forces et de nos efforts. Le gouvernement a-t-il vraiment en tête d'accorder un répit à ce gredin de Buonaparte, simplement pour récupérer quelques prétendus déserteurs — qui par définition refusent de servir — et pour satisfaire une vieille rancune ignoble ? C'est folie pure et simple. Mais je m'égare. Mrs Wogan devait envoyer ce document de Botany Bay : ç'aurait été parfait si elle avait atteint la colonie. Elle ne le fit pas. Notre navire heurta une montagne de glace et faillit bien sombrer : certains des hommes partirent avec les canots et je leur confiai ce que je pus copier de mon analyse, afin que, s'ils parvenaient au Cap, Sir Joseph ait quelque notion de ce qui se préparait et puisse prendre ses mesures en conséquence. Ce fut ma seconde communication. A ce moment, je ne doutais guère que le capitaine Aubrey réussirait à nous tirer d'affaire ; mais je dois dire que ce retard tourmentait mon cœur. Vous pouvez donc imaginer mon ravissement quand un baleinier américain fit escale dans l'île où nous avions trouvé refuge — Désolation, un lieu que je ne tenterai pas de décrire — que d'oiseaux, que de phoques, que de lichens, Wallis ! C'était pour moi le paradis. Un baleinier américain, en route pour rentrer à Nantucket. J'eus un mal infini à conduire Herapath et Wogan à s'embarquer sur ce navire, en emportant le rapport, et à partir. Ce que j'endurai, tandis qu'Herapath oscillait entre l'amour et l'honneur, vous ne pouvez en avoir idée, Wallis ; ni de l'extrême difficulté de dissimuler mes manipulations aux yeux de sa maîtresse. Et même alors le zèle de mon capitaine faillit bien me vaincre : ce baleinier, clairement reconnaissable à l'horizon, apparut un matin très tôt avant que je ne sois levé et il me fallut affirmer que je me pendrais sans faute à la vergue-livarde-bidelle ou quelque chose de ce genre s'il ne renonçait pas, pour réussir à le persuader de reprendre sa route vers la Nouvelle-Hollande, continent passionnant. Quand nous le perdîmes de vue, le baleinier courait toutes voiles dessus dans la direction générale de l'Amérique ; et déjà, je l'espère, Louisa Wogan aura présenté son cadeau empoisonné avec la plus parfaite et la plus convaincante certitude de sa bonne foi.

— Elle l'a fait, s'exclama Wallis, elle l'a fait et les effets en sont déjà visibles, comme vous le verrez, j'en suis sûr, dans les lettres de Sir Joseph. Il me dit que Cavaignac a été fusillé ; et que, saisissant vos indications, il a envoyé des présents relativement faciles à identifier à plusieurs membres du bureau de Desmoulins, par la Prusse, pour faveurs reçues ; manœuvre dont il attend avec confiance un bel holocauste. Manifestement les bons offices ont agi. Grand Dieu, Maturin, quel coup de maître !

Les yeux de Stephen étincelaient. Il aimait la France et la façon dont les Français voyaient la vie, mais il haïssait le service de renseignements de Bonaparte d'une haine dévorante : de plus, il garderait jusqu'au tombeau les marques d'un certain interrogatoire effectué par quelques-uns de ses membres.

— C'est une chance remarquable qui a jeté Louisa Wogan sur mon chemin, dit-il, et je ne vous ai pas dit le point peut-être le plus important de nos relations. Elle savait que je suis un ami de la liberté, mais peut-être faisait-elle de ces mots une interprétation erronée car juste avant de partir elle m'a demandé, avec un regard significatif, d'aller voir un de ses amis à Londres, Mr Pole, du Foreign Office.

— Charles Pole, du département Amérique ? s'écria Wallis, changeant de couleur.

Stephen acquiesça. Ils échangèrent un regard, beaucoup plus significatif que celui de Mrs Wogan, et Stephen se leva, très satisfait de l'effet de ses paroles.

— Puis-je vous prier de me donner les autres lettres de Sir Joseph ? J'aimerais me réjouir un moment dans l'intimité de ma cabine.

— Les voici, dit Wallis, lui tendant les lettres après un instant de silence. Les voici. Votre courrier privé sera au bureau du secrétaire. Il se trouve à la résidence, la grande maison blanche : voulez-vous que j'envoie un boy ?

— Vous êtes fort bon, mais je crois que je vais y aller moi-même, dit Stephen. J'aimerais beaucoup voir un casoar.

— Il est fort probable que vous en verrez un troupeau ou une compagnie chez l'amiral. Son prédécesseur hollandais adorait les casoars et se les faisait apporter de Ceram. C'est la grande maison blanche avec les mâts de pavillon ; vous ne pouvez la manquer. Grand Dieu, Maturin, quel coup de maître !

Stephen ne manqua pas la maison mais il manqua les casoars ; c'étaient des oiseaux timides et la vue d'un groupe de marins revenant du terrain de cricket les avait fait fuir sur leurs vastes pieds et se dissimuler dans l'ombre des sagoutiers. Les matelots étaient en principe sous les ordres d'un minuscule aspirant du *Cumberland*, mais la démocratie du jeu les habitait encore et ils s'exclamèrent « Salut, Leopard ! » « Veux-tu de la peinture ? » et « Viens nous emprunter deux ou trois mousquets et fais-toi passer pour un navire de guerre, ha, ha, ha ! » en agitant leurs battes et en riant de leurs plaisanteries avec une véhémence qui noyait la voix aiguë de l'aspirant et poussa les casoars (quoique apprivoisés dès leur sortie de l'œuf) à s'enfoncer plus loin dans l'ombre, le bec pincé.

Les joueurs de cricket étaient à peine hors de vue que Stephen rencontra le capitaine Aubrey descendant les marches, un paquet sous le bras.

— Ah, Stephen, vous voilà, je pensais à vous. Nous rentrons tout droit à la maison. On me donne l'*Acasta*. Voici vos lettres.

— Qu'est-ce que l'*Acasta* ? demanda Stephen, avec un coup d'œil peu intéressé à son maigre paquet.

— Une frégate de quarante canons, à peu près la plus lourde du service à part l'*Egyptienne* ; et l'*Endymion* et l'*Indefatigable*, bien entendu, avec leurs pièces de vingt-quatre livres. C'est aussi la plus fine aux allures du près. A deux quarts du vent, elle battrait la chère vieille *Surprise*, même sans petit perroquet. Voilà ce qui s'appelle une faveur, et dorée sur tranche, Stephen. J'étais sûr de tomber sur un sinistre vaisseau de ligne, en blocus sans fin devant Brest, ou à polir le cap Sicié. Mon temps de frégate est presque terminé.

— Que deviendra le *Leopard* ?

— Il deviendra transport, comme je vous le dis depuis Port Jackson. Et quand l'amiral verra l'état de ses allonges, je doute qu'il lui fasse transporter des choses de valeur : la glace lui a donné un de ces coups dont un navire a bien du mal à se remettre. Non, il finira ses jours comme transport et que Dieu protège l'homme qui le commandera s'il rencontre du mauvais temps.

— Voulez-vous dire que nous rentrons à la maison tout de suite ? s'exclama Stephen avec une colère soudaine.

— Aussitôt que *La Flèche* arrivera pour prendre les dépêches. Demain, ou peut-être le jour suivant, elle entrera dans la baie, restera sous le cap à tirer des bords carrés pour ne pas perdre une minute de la mousson, juste assez longtemps pour que Yorke vienne à terre chercher les billets doux de l'amiral, une couple d'hommes malades qu'on rapatrie et nous, et elle repartira, toute tremblante.

— Un navire bien fragile, n'est-ce pas : c'est parfait — peu m'importe.

— Vibrante, je voulais dire vibrante : *La Flèche* vibrante. Saisissez-vous ?

— Comment pouvez-vous faire preuve d'autant de désinvolture quand du même souffle vous m'exposez que nous allons rentrer à la maison sans avoir une chance d'observer la richesse des Indes — une telle flore, une telle faune, abandonnées dans une indifférence frigide, totalcment inaperçues ? Sans même voir le célèbre upas. Cela se peut-il ?

— J'en ai peur. Mais vous vous en êtes donné à cœur joie sur Désolation. Souvenez-vous — phoques empaillés, pingouins, œufs d'albatros, tous ces oiseaux au bec étrange —, la cale du *Leopard* en est bourrée. Et vous n'avez pas non plus perdu votre temps en Nouvelle-Hollande avec vos maudits wombats et tout le reste.

— C'est vrai, Jack : ne me croyez pas ingrat. Et sans aucun doute je serai heureux que mes collections arrivent le plus tôt possible : le calmar géant est déjà dans un état de décomposition avancé et les kangourous sont grognons faute d'une alimentation appropriée. Mais j'aurais tant aimé voir un casoar.

— J'en suis bien désolé, mais les exigences du service..., dit Jack qui craignait un nouvel apport de rhinocéros de Sumatra, d'orangs-outans et de poussins de roc. Stephen, je ne suppose pas que vous soyez très habile avec une balle et une batte.

— Pourquoi faire une supposition si injurieuse ? Je n'avais pas mon égal avec un hurly, ou une batte comme vous l'appelez, de Malin Head à Skibereen.

— Je voulais simplement dire que vous étiez peut-être au-dessus de ce genre de chose ; mais je suis fort heureux de ce que vous m'apprenez. L'amiral nous a lancé un défi, et nous n'avons guère de Leopards pour composer l'équipe.

Le capitaine du *Leopard*, quoique lève-tôt, ne trouva pas son chirurgien à la table du petit déjeuner : il n'y trouva pas non plus l'officier ou l'aspirant de quart, ce qui n'était guère étonnant puisque, plongé dans la lecture de son courrier, il ne les avait pas invités ; mais le docteur Maturin était invariablement son commensal et il s'informa des raisons de son absence.

— Killick, holà ! Où est le docteur ?

— Qu'il est allé à terre dans un bateau d'avitaillement avant le petit jour, dit Killick avec un sourire lubrique.

Dans l'esprit de Killick il ne pouvait y avoir qu'une seule raison d'aller à terre, à part la boisson. Il aurait hasardé quelque gaillardise si le capitaine avait été aimable et rose comme à l'habitude plutôt que gris-jaune, et l'air tout vieux comme s'il avait passé la nuit sans dormir.

— Ah bon, tant pis, dit Jack d'un tel ton que Killick le regarda, franchement inquiet.

Il se versa une grande chope de café, étala ses lettres sur la table et les disposa autant que possible en ordre chronologique — tâche difficile car, en dépit de ses prières, Sophie oubliait souvent de marquer la date. Il y avait des comptes parmi les lettres et de temps à autre il faisait une addition, sifflotait, et prenait un air encore plus grave.

Killick apporta furtivement un plat de rognons, le régal favori du capitaine, qu'il plaça silencieusement parmi les papiers.

— Merci, Killick, dit Jack, absent.

Les rognons étaient toujours là, aussi froids que le soleil tropical pouvait les autoriser à le devenir, quand le docteur Maturin remonta à bord avec son élégance habituelle, piétinant les mantelets de sabords, maudissant les mains serviables qui l'aidaient à monter, pour parvenir sur le pont haletant comme s'il venait d'escalader en courant les trois cent onze marches du Monument. Il était lourdement chargé et ses compagnons de bord, découragés, crurent bien détecter la présence d'un python dans l'un des paniers clos, ronds et plats.

Ils n'étaient pas nombreux, pourtant, les compagnons de bord disponibles pour l'aider ou pour examiner ses bagages : à l'exception de quelques Leopards estropiés ou blessés, tous les autres étaient occupés. Ce qu'il restait d'aspirants, rassemblés sur le passavant bâbord, bôlaient avec fureur des balles en bitord recouvertes de toile à voile vers Faster Doudle, gardien de guichet du *Leopard*, qui s'en emparait avec autant de précision qu'un terrier saisit un rat, et avec d'ailleurs à peu près la même concentration féroce, sous les commentaires sévères de tout le quart de repos et des hommes de l'infanterie de marine. Car si le *Leopard* manquait de peinture et même de canons, ainsi que d'hommes, ils étaient déterminés à le sortir à son honneur du match contre ces voyous du *Cumberland* — et peut-être même à leur en mettre plein la vue ! Il y avait parmi eux un certain nombre d'hommes du Kent et du Hampshire, ayant pratiqué le cricket dès l'enfance, et Mr Babbington, le premier lieutenant, s'était distingué en marquant quarante-sept points contre le club de Marylebone sur le terrain de Broad Halfpenny Down. Il déployait une grande activité — les tâches habituelles de la matinée avaient été mises de côté —, les adjurant : « Lancez dans ses pieds, dans ses pieds ! » et « Préservez la longueur, pour l'amour de Dieu ! » ; apercevant Stephen, il s'écria :

— Vous n'avez pas oublié le match, docteur ?

— Jamais de la vie, dit Stephen, brandissant une pièce de bois blanc, fraîchement coupé, je viens de couper mon hurly dans un noble upas.

Il alla trouver le charpentier puis se rendit dans la grand-chambre, et il donnait une description de l'upas — « pure calomnie, bien entendu — pas la moindre odeur de cadavre dans le voisinage —, mais une vision intéressante : il y voyait un cousin du figuier » — quand il remarqua le visage de son ami et s'arrêta net :

— J'ose espérer que vous avez de bonnes nouvelles de la maison, mon cher, que Sophie et les enfants vont bien ?

— Merveilleusement, Stephen, je vous remercie, dit Jack. C'est-à-dire, les oreillons ont dévasté la nursery peu après notre départ et George a fait une éruption à Noël, mais ils vont mieux à présent.

— Les oreillons : parfait. Le plus tôt est le mieux. Si nous étions restés plus longtemps, j'aurais suggéré de les conduire tous dans quelque cottage frappé par la maladie. Je voudrais que le gouvernement fasse infecter tous les enfants, et surtout tous les enfants mâles, à un âge très précoce. Une orchite qui tourne mal est un triste spectacle. Et Sophie va bien ?

— Très bien, d'après sa dernière lettre — elle vous envoie toute son affection dans chacune, comme j'aurais déjà dû vous le dire —, mais elle l'a écrite voici bien longtemps et je ne saurais dire comment elle a supporté l'inquiétude depuis lors.

— Savait-elle que Grant avait conduit la chaloupe jusqu'au Cap ? (Jack acquiesça.) Elle avait vos lettres du Brésil, donc elle sait que vous n'étiez pas content de Grant. Elle sait qu'il se doit de présenter la situation comme désespérée pour se justifier : à partir de ces deux faits, son raisonnement lui a permis d'écarter les affirmations de cet homme. Elle aura une confiance totale dans votre capacité à résoudre la situation. Elle ne peut, au pire, que sous-estimer le danger.

— Vous avez parfaitement raison, Stephen. C'est exactement ce qu'elle a fait, et elle m'écrit comme si elle était sûre que je suis vivant ; et peut-être l'est-elle, d'ailleurs. Elle ne laisse paraître aucun doute dans aucune de ses lettres, bénie soit-elle. Et j'espère, grand Dieu, qu'à présent celles que je lui ai envoyées de Port Jackson l'ont atteinte ; mais même dans ce cas, il reste l'inquiétude créée par ce maudit bonhomme Kimber. C'est surtout à cela que je réfléchissais.

A ces mots, Stephen sentit le cœur lui manquer. Le maudit bonhomme Kimber avait conduit Jack Aubrey à croire à la présence d'argent dans les résidus des anciennes mines de plomb situées sur sa propriété ; à croire que ces résidus pouvaient être traités par un procédé secret, de manière à livrer le métal résiduel ; et qu'en consacrant une certaine somme à l'entreprise, le bénéfice final serait énorme. D'après le peu que Stephen savait de métallurgie, la chose n'était pas physiquement impossible, mais lui-même et Sophie considéraient Kimber comme un imposteur, l'un de ces nombreux requins terrestres qui entourent les marins à terre. Stephen savait Jack Aubrey immensément capable dans son élément, aussi prévoyant et rusé qu'Ulysse dans la guerre, souvent trompeur, rarement trompé ; mais il avait peu de considération pour la sagesse de son ami à terre, ou même son bon sens, et s'était efforcé de le prévenir contre l'escroc.

— Vous l'avez pourtant ficelé proprement, me semble-t-il, dit-il en observant avec attention le visage de Jack.

— Oui, dit Jack en évitant son regard. Oui, j'ai suivi vos conseils, du moins en partie. Mais le fait est, Stephen, le fait est que dans la hâte du départ, avec les chevaux dont il fallait s'occuper et la nouvelle écurie, j'ai signé des papiers qu'il m'a apportés après dîner sans y prêter autant d'attention qu'il aurait fallu. A la manière dont il procède — nouvelle route, coupe de bois, biefs, moteur à vapeur, construction et même un projet de société par actions — on pourrait croire que l'un d'eux était une procuration générale.

— Vous ne les avez pas lus à fond, me semble-t-il.

— Pas très à fond, ou je m'en serais bien aperçu, voyez-vous, je ne suis pas aussi innocent que cela.

— Ecoutez-moi, Jack, dit Stephen, si vous ruminez cela maintenant, sans disposer de tous les éléments ou d'un conseil avisé, vous ne ferez rien de bon et vous vous rendrez malade. Qui, mieux que moi, connaît votre constitution ? Elle n'est pas de nature à supporter une rumination prolongée et surtout inutile. Il vous faut discipliner votre esprit, mon cher. Car il vous faut considérer que grâce à cet ordre béni, vous serez à la maison plus vite que le plus rapide messager — vous êtes vous-même le plus rapide messager — et qu'il est par conséquent de votre devoir d'être raisonnablement joyeux ou du moins d'en adopter l'apparence. Consacrez-vous aux activités sportives telles que le match de cet après-midi jusqu'à l'arrivée de *La Flèche.* Ne restez pas oisif. Ne restez pas seul. Je parle très sérieusement, mon frère, en médecin.

— Je suis sûr que vous avez raison, Stephen. Il ne sert à rien de se morfondre et de pester : je vais m'activer à terre jusqu'au départ de *La Flèche*. Je devrais normalement être plongé dans les livres du navire, pour transmettre mes comptes — rôle d'équipage, livre des frusques, rôle des malades, livres du canonnier, du bosco et du charpentier, relevé général et trimestriel des vivres, livre d'ordres, livre des lettres et ainsi de suite. Mais ils sont tous passés par-dessus bord : tous, sauf le livre de bord, mes remarques et quelques autres papiers que j'ai portés à l'amiral. Je peux donc du moins jouer avec la conscience tranquille. Mais je vais vous dire, Stephen, bien que j'aime beaucoup le cricket, *La Flèche* n'arrivera jamais assez vite pour moi. Si nous n'avions pas déjà l'ordre de rentrer à la maison, j'aurais demandé une permission ou je me serais fait porter malade, ou même j'aurais démissionné du service pour rentrer.

Il resta un instant pensif, l'air très sombre, puis, avec un effort manifeste pour discipliner son esprit :

— Est-ce là votre batte, Stephen ?

— C'est cela. Je viens de la faire ébaucher par le charpentier et je vais maintenant travailler une extrémité avec une râpe à os, pour approfondir le creux.

— Elle ressemble un peu à la batte qu'avait mon grand-père, dit Jack en la prenant en main, avec son extrémité incurvée. Ne la trouvez-vous pas un peu légère, Stephen ?

— Non point. C'est le hurly le plus lourd qui ait jamais été prélevé sur l'upas mortel.

Le match débuta à l'heure exacte, d'après la montre de l'amiral Drury : Jack, ayant gagné au tirage au sort, choisit d'aller à la batte. Le jeu était démocratique, sans doute ; mais la démocratie n'est pas l'anarchie : il fallait préserver certaines bonnes manières et le capitaine du *Leopard*, avec son premier lieutenant, montra la voie tandis que l'amiral, ouvrant les hostilités, lancerait vers Babbington, dans le sens de la pente. Il prit la balle des mains de son aumônier et la polit un moment sur sa cuisse, fixant le lieutenant d'un regard d'acier ; puis, prenant un pas d'élan, il bôla, un lob vicieux. La balle rebondit bien à l'extérieur du piquet droit et Babbington joua son coup défensif en appui sur le pied droit, mais la balle rebondit vers ses parties vitales et, reculant d'un pas saccadé, il tapa la balle par en dessous et la renvoya proprement entre les mains de l'amiral, sous les acclamations des Cumberlands.

— Qu'est-ce que ça donne ? demanda l'amiral à l'aumônier.

— Très joli, monsieur, dit l'aumônier, c'est-à-dire, élimination.

Babbington revint, découragé.

— Méfiez-vous de l'amiral, dit-il au capitaine Moore, de l'infanterie de marine du *Leopard*, qui lui succédait, c'était une balle travaillée, à effet de rebond, la plus diabolique que j'aie jamais vue.

— Je vais jouer la sécurité pendant une bonne heure pour le fatiguer, dit Moore.

— Il faut sortir de la base et les prendre de volée, monsieur, dit Doudle, c'est le seul moyen pour lui couper la longueur de sa balle, c'est le seul moyen pour jouer ces balles hautes.

Certains Leopards étaient d'accord ; d'autres estimaient préférable de prendre son temps, de s'habituer à la sensation du terrain avant de chercher à frapper avant le rebond ; et le capitaine Moore s'en fut armé de toutes sortes de conseils contradictoires.

N'ayant encore jamais regardé un match de cricket, Stephen aurait aimé voir ce que Moore allait faire et en quoi consistait exactement le jeu — qui différait manifestement par bien des côtés du hurling de sa jeunesse irlandaise. Il aurait aussi aimé rester couché sur l'herbe à l'ombre du majestueux camphrier, pour observer cette vaste pelouse verte inondée de soleil où les silhouettes blanches étaient disposées comme pour une danse solennelle, ou peut-être une cérémonie religieuse — ou peut-être les deux —, un champ splendide entouré d'un cercle de silhouettes, certaines tout en blanc, certaines avec des vestes bleues, d'autres en sarong brillant ; car les Cumberlands avaient déjà supplanté les soldats hollandais dans l'affection des belles locales. Mais à cet instant un messager apparut porteur d'une note : Mr Wallis était profondément désolé d'importuner le docteur Maturin, mais son secrétaire de confiance était tombé malade ; il avait une fort importante dépêche à coder avant l'arrivée de *La Flèche* ; et si son cher Maturin en avait le loisir, Mr Wallis lui serait infiniment reconnaissant d'y prêter la main.

— Je ne suis pas vraiment libre, collègue, dit Stephen en atteignant le petit bureau crasseux. Mon navire dispute un match de cricket et je dois y prendre ma part. Toutefois, le capitaine Moore a déclaré qu'il allait jouer la sécurité pendant une bonne heure ; quoique à vrai dire je ne parvienne pas à concevoir comment il peut rester... Mais n'en parlons plus : lisez-moi votre texte en clair et je vais le coder. Vous utilisez la clé de trente-six avec double décalage, je crois ?

Lentement, la dépêche se déroula : voix sans timbre, morne, indifférente ; elle relatait les procédés retors de Mynheer van Buren à la cour du sultan de Tanjung Puting, les mesures étonnantes que Mr Wallis avait prises pour les contrecarrer — Stephen n'avait jamais soupçonné que Wallis fût aussi sanguinaire ni qu'il disposât de sommes aussi énormes — et concluait par une évaluation objective des avantages et des inconvénients d'une occupation anglaise de Java, sous l'angle politique.

— Quant à la morale, ils la tireront eux-mêmes, dit

Wallis, ce n'est pas mon affaire. Que diriez-vous d'un verre de négus ?

— De tout mon cœur, dit Stephen, la clé de trente-six avec double décalage est pleine de sécheresse.

Mais il était écrit qu'il ne boirait pas son négus.

— Monsieur, monsieur, s'écria, écarlate, un jeune aspirant du *Leopard* — un enfant d'une beauté absurde, nommé Forshaw, qui avait toujours été extrêmement gentil et protecteur à l'égard du docteur Maturin. Je vous ai enfin trouvé. C'est à vous ! Doudle est éliminé — c'est à vous — et tout le monde vous attend — l'amiral m'a dit de courir — j'ai couru jusqu'à l'hôpital et j'ai couru chez Madame Titine — neuf guichets perdus, et nous avons marqué tout juste quarante-six points — nous sommes dans une situation terrible, monsieur, terrible.

— Calmez-vous, Mr Forshaw, dit Stephen, ce n'est qu'un jeu. Pardonnez-moi, Wallis ; c'est là l'obligation dont je vous ai parlé.

— Comment des hommes adultes peuvent imaginer de jouer avec une balle et une batte par ce temps, dit Wallis à la porte fermée tout en buvant le négus de Stephen, je ne saurais l'imaginer.

— Oh, je vous en prie, monsieur, venez, criait Forshaw par-dessus son épaule. L'amiral est tout en ébullition et nous sommes dans une terrible posture. Attention à la branche, monsieur. Neuf guichets cassés et seulement quarante-six points. Mr Byron est canard, éliminé sans avoir marqué, et aussi le vieux Holles.

— Comment avez-vous pu imaginer que je puisse être chez Madame Titine, Mr Forshaw ? demanda Stephen. Vous ne devez jamais aller là-bas vous-même, d'ailleurs.

— Oh, je vous en prie, venez, monsieur, s'écria à nouveau l'enfant, passant derrière Stephen pour l'inciter à courir. Laissez-moi porter votre batte. Tout dépend de vous. Vous êtes notre dernier espoir.

— Eh bien, je ferai de mon mieux, sans doute, dit

Stephen. Dites-moi, Mr Forshaw, l'objectif est de renverser le guichet adverse, n'est-ce pas ?

— Bien sûr, monsieur. Oh, je vous en prie, venez. Tout ce que vous avez à faire c'est garder votre guichet et laisser le capitaine faire le reste. Il est toujours en jeu et il reste un espoir si vous ne vous faites pas éliminer.

Ils émergèrent de la végétation tropicale, accueillis par des acclamations générales. Stephen s'avança, avec sa crosse : il se sentait particulièrement en forme. Il avait retrouvé ses jambes de terrien et ne trébuchait plus mais marchait d'un pas élastique. Jack vint à sa rencontre et lui dit à voix basse :

— Gardez simplement votre guichet, Stephen, jusqu'à ce que votre œil soit habitué ; et méfiez-vous des balles travaillées de l'amiral, puis, comme ils approchaient de l'amiral :

— Monsieur, permettez-moi de vous présenter mon bon ami le docteur Maturin, chirurgien du *Leopard*.

— Comment allez-vous, docteur ? dit l'amiral,

— Je vous demande pardon, monsieur, de cette apparition tardive : on m'a appelé pour...

— Pas de cérémonie, docteur, je vous en prie, dit l'amiral avec un sourire : les cent livres du *Leopard* étaient pratiquement dans sa poche et ce membre de leur équipe ne lui semblait pas très dangereux.

— Y allons-nous ?

— Sans aucun doute, dit Stephen.

— Mettez-vous en place, murmura Jack, pris d'un frisson en dépit du soleil torride.

— Voulez-vous qu'on vous donne le milieu, monsieur ? lança l'arbitre quand Stephen eut traversé le terrain.

— Merci, monsieur, dit Stephen, tirant sur sa ceinture et jetant un coup d'œil autour de lui, je suis équipé.

Un sourire rapace courut sur le visage des Cumberlands : ils se rapprochèrent, ramassés, leurs vastes mains ouvertes comme des serres. L'amiral tint un moment la balle près de son nez, fixant l'adversaire, puis lança un lob qui partit en ronflant. Stephen regarda voler la balle, s'en fut d'un pas dansant l'attraper comme elle touchait le sol, contrôla son rebond, la dribbla du côté du coverpoint stupéfait et, toujours courant, la saisit dans le creux de sa crosse, courut allégrement vers mid-off, prit ses appuis dans un silence médusé, fit passer la balle dans sa main, la lança au-dessus de lui et, avec un cri, la frappa et l'envoya tout droit vers le guichet de Jack dont il abattit le piquet droit, projetant en une longue et gracieuse trajectoire un des témoins qui atterrit au moment même où le premier coup de canon de *La Flèche*, saluant le pavillon, résonnait sur le terrain.

Chapitre deux

— Ho, du canot ! rugit le militaire en sentinelle sur le *Leopard*, appel rituel pour demander : Quel est ce canot ? Qui transportez-vous ?

Question inutile : *La Flèche* se trouvait à moins d'une encablure au vent et tous les Leopards inoccupés avaient vu son capitaine embarquer dans sa gigue, en réponse au signal de l'amiral, gagner le rivage en grand apparat, revenir une heure plus tard avec un paquet officiel, certainement des dépêches, remonter à son bord par bâbord, réapparaître en silence avec un paquet d'une forme tout à fait différente et se diriger droit vers le *Leopard*. Question inutile aux fins d'information mais cependant d'importance, car seule la réponse du patron de canot, « *La Flèche !* », pouvait déclencher la cérémonie indispensable.

Les acteurs étaient miteux, le navire manquait de peinture mais le rite fut exécuté jusque dans les moindres détails, les hommes de coupée bruns comme des Malais et presque aussi nus se précipitant pour tendre les tire-veilles avec des mains revêtues de gants immaculés, confectionnés par le voilier, le sifflet du bosco gazouillant tandis qu'il alignait ses aides derrière la lisse, l'infanterie de marine dépenaillée présentant ses armes étincelantes au capitaine Yorke qui saluait le gaillard d'arrière. Byron, officier de quart et donc aussi respectable qu'il pouvait l'être, le reçut et, quelques instants plus tard, Jack Aubrey, ayant pris le temps de libérer la grand-chambre des wombats et d'enfiler un pantalon intact, émergea de la chambre.

— Yorke ! Bienvenue à bord. Je suis enchanté de vous voir !

Après une poignée de main, Jack présenta ses officiers, Babbington, Moore, Byron, et ceux des aspirants qui se trouvaient à proximité, cependant que le capitaine Yorke s'attachait à ne pas voir la misère du *Leopard*, puis le conduisit à l'arrière. Aussitôt la porte refermée derrière eux, Yorke dit :

— J'ai une lettre pour vous, Aubrey — il la tira de sa poche —, j'ai pris la liberté de passer voir Mrs Aubrey en descendant à Portsmouth, pensant qu'au cas où le *Leopard* aurait... c'est-à-dire, aurait atteint les Indes orientales, vous seriez heureux d'avoir de ses nouvelles.

— Quel homme merveilleux vous faites, Yorke, sur mon âme ! s'exclama Jack soudain rouge de bonheur.

Il prit la lettre et la fixa de son regard bleu brillant.

— Vous n'auriez pu me faire plus grand plaisir, sauf à l'amener ici vous-même. Remarquablement amical de votre part : j'en suis extrêmement touché. Comment allait-elle ? Comment l'avez-vous trouvée ? Comment semblait-elle se porter ?

— Tout à fait à merveille, je vous assure. Débordante d'entrain ; elle est descendue en chantant ; je ne l'ai jamais vue si belle. Elle avait un bébé tout neuf dans les bras et ne cessait de rire de le voir si chauve et sans dents.

— Oh, dit Jack.

— Un tout nouveau neveu ou une nièce à vous ; j'ai oublié. J'avais pris un air assez solennel, je peux vous le dire, avec cette vilaine histoire de chaloupes et le *Leopard* si terriblement en retard ; j'ai donc été pris à contre en la trouvant si pleine d'entrain — plus encore quand elle s'est mise à rire et m'a dit qu'elle me serait obligée de vous apporter des bas chauds. En fait, j'étais tellement décontenancé que j'ai eu du mal à suivre ses explications ; mais il semble qu'elle avait reçu une lettre d'Amérique lui disant que tout allait bien. J'ai oublié les détails bien qu'elle m'ait montré la lettre — elle l'avait sur son cœur. Non point qu'elle en ait eu besoin, m'a-t-elle dit ; elle savait parfaitement que vous étiez sain et sauf. Mais elle était infiniment obligée à l'expéditeur et dès l'instant où elle l'avait reçue, elle s'était mise à vous préparer du linge et des bas : mais elle n'avait pas eu besoin de cette lettre.

— Ce doit être le brick américain qui a fait escale à Désolation alors que nous nous efforcions de remettre le navire en état, dit Jack tout sourire. De braves gens bien honnêtes ; quoiqu'on ne l'eût pas cru, à les voir. Ha, ha, ha ! Bénis soient-ils. Il y a du bon chez toute personne, Yorke, même chez un Américain.

— Sans aucun doute, dit Yorke, j'en ai une demi-douzaine à bord de *La Flèche* en cet instant, et ce sont des gabiers premier brin, tous jusqu'au dernier. Je les ai récupérés sur un trois-mâts barque de Salem, un peu au sud de Madère. Ils nous ont donné du fil à retordre au début, mais se sont vite fait une raison. Excellents marins.

— Vous n'avez pas vu les enfants, je suppose ? dit Jack.

— Non. Mais je les ai entendus. Ils chantaient un cantique, le psaume C.

— Bénis soient-ils, dit Jack à nouveau, puis il leva la tête.

— Ce doit être mon chirurgien qui embarque. Il vous plaira ; c'est un homme de lecture, lui aussi, étonnamment érudit ; un remarquable médecin, de plus, et mon ami très cher. Mais il faut que je vous dise, Yorke ; il est riche.

En fait, le capitaine Aubrey n'avait que fort peu d'idée sur la fortune de son chirurgien, en dehors du fait qu'il possédait en Catalogne une vaste superficie de terres montagneuses agrémentées d'un château en ruine. Mais la campagne de l'île Maurice avait assez bien rapporté à Stephen ; il vivait en spartiate — un habit tous les cinq ans et peut-être deux chemises — et en dehors des livres, on ne lui connaissait aucune dépense visible. Jack, sans être le moins du monde machiavélique, savait que l'on ne prête qu'aux riches ; que la fortune revêt une aura mystique ; que même l'homme le plus désintéressé la respecte, ainsi que son propriétaire ; et que si un chirurgien de marine n'était en temps ordinaire qu'une personne de peu d'importance, le même homme passait dans une catégorie tout autre dès l'instant où il se trouvait doté de moyens confortables. En bref, que si un chirurgien ordinaire vivant de son traitement risquerait d'avoir du mal à obtenir sur le navire d'un étranger assez de place pour des animaux exotiques, un calmar géant mal conservé et plusieurs tonnes de spécimens naturels, un naturaliste fortuné pourrait y rencontrer plus de considération ; et Jack savait combien Stephen attachait de prix à la collection qu'il avait constituée au cours de ce voyage difficile.

— Il est riche, et il ne vient avec moi que pour les occasions de philosophie naturelle que cela lui offre ; mais c'est aussi un chirurgien de première classe, et nous avons beaucoup de chance de l'avoir. Ce voyage lui a offert des occasions prodigieuses et il a transformé le *Leopard* en véritable arche de Noé. La plupart des créatures venues de Désolation sont empaillées ou conservées dans l'alcool, mais il y en a quelques-unes de Nouvelle-Hollande qui gambadent et sautillent : j'espère que vous n'êtes pas trop encombré à bord de *La Flèche.*

— Pas du tout, dit Yorke. Nous avons amené une quantité de soldats et leurs provisions pour Ceylan et à présent il y a beaucoup de place. Beaucoup, enfin, pour un vaisseau de vingt canons.

— Donc, ceci est un vaisseau de vingt canons, dit Stephen Maturin à Babbington debout à ses côtés près de la lisse, en regardant *La Flèche* à travers la baie :

elle était particulièrement belle avec ses lignes pures, son pont lisse sans les verrues du gaillard d'avant ou d'arrière — c'était un navire franc-tillac —, et ses mâts à forte quête lui donnaient un air d'audace. On l'avait récemment repeinte : une ligne bleue, un peu plus foncée que la mer parfaite, jusqu'au niveau des sabords, puis une bande blanche coupée par les sabords noirs, et surmontée d'un bleu plus clair, avec un peu d'or scintillant discrètement du reflet des vaguelettes, à l'avant et à l'arrière. Bichonnée pour l'inspection de l'amiral, elle était tirée à quatre épingles, ses voiles ferlées sans le moindre pli ; ainsi posée, encadrée par la pointe boisée de Kampong, un bon mille derrière son étrave sur tribord, et une île de sable basse avec quelques palmiers, très loin sur la hanche, elle semblait un objet sans poids, sans substance réelle, idéale, immatérielle, appartenant à une autre dimension.

— Je vois dix sabords de ce côté, poursuivit-il, et sans doute y en a-t-il dix de plus de l'autre côté, ce qui fait le même nombre de canons qu'elle annonce, pour une fois. Mais quant à l'appeler vaisseau, je n'en vois pas la raison si ce n'est qu'elle porte une sorte de mât supplémentaire à l'arrière.

— Non, monsieur, dit Babbington, c'est son mât de pavillon. Nous en avons tous, vous savez. Non : on l'appelle vaisseau parce qu'elle est commandée par un capitaine de vaisseau — je veux dire que c'est un vaisseau de sixième rang, le plus petit navire correspondant au rang de capitaine de vaisseau. Me suivez-vous ?

— Imparfaitement. Elle a toutefois une étrange et touchante beauté. Mais dites-moi, Mr Babbington, n'est-elle pas très petite ?

— Eh bien, j'imagine qu'elle doit jauger environ quatre cent cinquante tonneaux quand nous en faisons mille. Sans doute pensez-vous à vos collections, monsieur.

— C'est vrai. Mais peut-être n'y a-t-il pas beaucoup

de monde à bord, peut-être trouvera-t-on la place. On peut vider les éléphants de mer empaillés et les replier.

— Son équipage doit être de cent cinquante-cinq personnes, les mousses compris. Et puis il y a nous autres, bien entendu, les passagers.

— Oh, mon Dieu, mon Dieu, dit Stephen à voix basse.

Il allait suggérer que les aspirants du *Leopard* se trouveraient beaucoup mieux de gambader au soleil et à l'air frais des Indes orientales que de se morfondre et d'attraper la phtisie dans un poste surpeuplé quand Babbington partit en courant. Le capitaine Yorke quittait le navire, avec les cérémonies habituelles ; mettant le pied dans sa gigue, il lança :

— A la renverse, d'accord ? L'appareillage sera facile, à la renverse ; et je ne veux pas perdre une minute de cette mousson.

— A la renverse, répondit Jack en regardant sa montre. (Puis, tourné vers Stephen :) Le capitaine Yorke a l'amabilité de dégager tout son coqueron pour vous, et vos affaires doivent être à bord d'ici une heure. Mr Babbington vous donnera une équipe pour le transport et vous n'aurez qu'à superviser le rangement. Les canots de *La Flèche* seront bord à bord dès que je serai remplacé. Il n'y a pas une minute à perdre.

Stephen était habitué à la brusquerie consternante, à la promptitude inhumaine des décisions navales — le cri « Pas une minute à perdre » résonnait à son oreille depuis son premier jour de service —, mais il ne s'était pas attendu à devoir transférer d'un navire à l'autre le fruit de tant de mois de patient labeur en cinquante-trois minutes. Les minéraux, à eux seuls, pesaient plusieurs tonnes. Il ouvrit la bouche pour protester puis, sachant que c'était sans espoir, la referma et jeta autour de lui un regard égaré.

— Par ici, monsieur, dit Mr Forshaw de sa petite voix claire, le conduisant vers le capot avant. Je sais exactement où les éléphants de mer sont rangés. Attention à la marche, monsieur, et tenez-vous des deux mains.

Mr Forshaw protégeait souvent le docteur Maturin, qu'il considérait comme un homme de valeur mais à ne jamais, en aucun cas, laisser seul. Pourtant, en dépit de la protection du jeune monsieur et de celle du premier lieutenant, de la bonne volonté de l'équipe et de la gentillesse de bon nombre d'autres Leopards qui prêtèrent la main dès que les biens de leurs propres compagnons eurent été transportés — ce n'était pas une tâche énorme, car ils portaient presque toutes leurs possessions sur leur dos et le reste tenait dans un petit sac, tandis qu'il suffisait d'un seul coffre pour deux officiers —, en dépit de tout cela, le docteur passa un après-midi diabolique dans la chaleur étouffante, la hâte et surtout l'inquiétude. Il ne remarqua même pas l'arrivée de l'officier désigné par l'amiral qui prit le commandement quand le navire se transforma brutalement en sloop, étant confié aux soins d'un lieutenant. De joyeux matelots hissèrent l'interminable calmar géant en bout de vergue de hune, multiplièrent les rires, réflexions et gestes paillards à l'apparition de l'éléphant de mer mâle, très mâle, ballottèrent de mains en mains des bocaux d'animaux conservés dans l'alcool — spécimens irremplaçables d'une rareté incroyable. A bord de *La Flèche,* ce fut pire, bien pire. Là, il était inconnu de l'équipage ; là, le premier lieutenant n'était plus Babbington, jeune homme que Stephen connaissait depuis sa puberté précoce, et ami sincère, mais un être gris, sévère et attaché à la discipline qui prit très mal la longue trace vert jaunâtre laissée par le calmar géant sur le hunier, la grand-voile et leur gréement, et les fumées déposées par un wombat sur le gaillard d'arrière ; et là ce qu'il avait toujours craint se produisit effectivement : dans l'obscurité du coqueron, les matelots goûtèrent à l'alcool rectifié dans lequel il conservait ses spécimens, et leur hilarité s'accrut à mesure que leur dextérité diminuait. A un moment, Forshaw le tira par la manche et lui dit de venir dire au revoir — ils étaient partis, ils rentraient à la maison. Il se hissa de l'obscurité dans le plein soleil : par le travers tribord, il vit le pauvre vieux navire tout endommagé qui avait bien failli leur servir de cercueil. Il s'éloignait déjà et, quand *La Flèche* borda ses huniers, les derniers Leopards lancèrent une faible acclamation : « Hourra ! Hourra ! Embrassez-les pour nous sur le Hard de Portsmouth ! » Stephen agita sa perruque — son chapeau était perdu de vue depuis longtemps — et le regarda s'éloigner, de plus en plus lointain ; puis il replongea dans l'intérieur. C'était pire que jamais. Une odeur de beuverie mélangée au remugle d'un marché aux poissons (beaucoup de ses spécimens étaient de cette espèce) ; les voix étaient plus fortes ; la niaiserie plus évidente. Deux des mousses jouaient ouvertement à se disputer une peau de phoque ; par une violente manifestation d'autorité accompagnée de quelques bons coups de pied et de poing, Stephen sauva la peau et un panier d'œufs d'albatros qui était à deux doigts de se faire piétiner quand *La Flèche,* sous perroquets à présent, s'inclina dans la mousson. Mais à peine avait-il sauvegardé un panier, un pingouin, un cormoran à l'œil bleu, qu'un autre était en danger, soit par désinvolture, soit par bonne volonté mal appliquée ; le navire, sorti du mouillage abrité, prenait la houle par l'avant bâbord, de sorte que le coqueron et tout son contenu s'animaient d'un mouvement perpétuel. Dans son angoisse, Stephen n'entendit pas un second maître lui dire :

— Les compliments du capitaine, monsieur, et il requiert la faveur de votre compagnie pour dîner.

— Silence partout ! rugit le jeune homme et dans la pause qui suivit il répéta l'invitation, ajoutant :

— Ce sera dans vingt-trois minutes, monsieur.

— Je ne saurais concevoir de laisser mes collections agitées dans tous les sens ; elles ne pourront être en sécurité avant ce soir. Veuillez dire au capitaine, avec mes compliments, que je serai heureux de lui rendre visite à n'importe quel autre moment. Honoré. Enchanté. Vous, monsieur ! (à l'adresse du coin le plus sombre :) posez cela immédiatement.

Cinq minutes plus tard, le lieutenant gris apparut. Ayant réussi à obtenir l'attention du docteur Maturin, il dit :

— Il doit y avoir une erreur, monsieur, le capitaine vous invite à dîner. C'est le *capitaine* qui vous invite à dîner.

Il avait remplacé son bel uniforme par une jaquette ronde de travail et, dans l'obscurité, Stephen ne le reconnut pas.

— Mon cher monsieur, vous voyez dans quel état sont les choses dans cet asile de fous, dans ce purgatoire. Vous vous rendez certainement compte qu'il m'est impossible d'abandonner ce qui se trouve déjà ici, sans même parler de ce qui est encore en haut. Chaque chose en son temps.

Mr Warner admonesta, parla d'une « apparence d'irrespect — involontaire, il en était certain » et fit une allusion malheureuse aux « curiosités naturelles ». Le ton s'éleva au point que Stephen, ayant brisé lui-même un de ses très rares œufs de prion, se rebiffa et lui dit :

— Vous êtes importun, monsieur. Vous êtes indiscret. Vous m'opprimez de vos civilités. Je vous prie de vaquer à vos affaires et de me laisser aux miennes.

— Très bien, monsieur. Très bien, Mr..., dit le premier lieutenant, avec une enflure visible qui lui donnait l'air encore plus rigide. Que votre sang retombe sur votre tête.

— De quel sang parle-t-il ? marmonna Stephen revenant à ses caisses fragiles. Je n'en finirai pas de cette affaire. Oh, vous, bande de brutes infernales !

L'interruption suivante de cette activité fébrile, de ces tentatives inefficaces pour attacher avec de la ficelle boîtes, paniers et coffres, pour maîtriser ses aides, fut celle du capitaine Aubrey lui-même. Mais

Jack ne s'adressa pas d'abord à lui ; au plus ancien des matelots présents, il dit :

— Quel est votre nom ?

— Jaggers, Votre Honneur, équipe du charpentier, bordée tribord.

— Très bien, Jaggers : remontez sur le pont avec vos aides. Dites à mon patron de canot et à mon valet que je les veux ici immédiatement.

— Bien, monsieur.

Les matelots disparurent en silence, maladroits comme des souris ivres, sans un bruit ni un cri avant d'être parvenus hors de vue.

— Stephen, dit Jack, amarrant rapidement un panier baladeur à une épontille, vous êtes en bien mauvaise posture, me semble-t-il.

— Eh oui, vraiment, s'écria Stephen, avec ces animaux, ces Goths, ces Huns ivrognes tout autour de moi — j'en pleurerais de désespoir — tant de choses à préserver, tant de choses déjà perdues — auriez-vous par hasard un autre morceau de ficelle dans votre poche ? Et une espèce d'abruti insistait pour que je dîne avec le capitaine de cette machine infâme. Je l'ai renvoyé à ses affaires ; je lui ai dit d'aller régler ses voiles.

L'infâme machine fit une embardée et l'éléphant de mer femelle glissa sur tribord. Jack attendit le retour du roulis, la saisit, lui passa une ligne autour du corps, amarra le tout et dit :

— Oui : c'était Warner, le premier lieutenant. Stephen, il y a quelque chose dans la marine que j'aurais déjà dû vous dire. L'invitation d'un capitaine ne se refuse pas.

— Et pourquoi, juste ciel ? Ah, si j'avais une bonne pelote de ficelle.

— La coutume immémoriale du service exige qu'elle soit acceptée. Cela équivaut en quelque sorte à un ordre royal ; et le refus s'apparente presque à la mutinerie.

— Balivernes, Jack. Par sa nature même, l'invitation implique une option, la possibilité d'un refus. On ne peut pas plus obliger un homme à être votre invité au sens, le seul sens valable, d'un commensal de bonne volonté, partageant votre repas avec joie, qu'on ne peut obliger une femme à vous aimer. Un prisonnier n'est pas un invité ; une femme violée n'est pas une épouse ; une invitation n'est pas un oukase.

Jack abandonna la coutume immémoriale du service, qui pourtant avait fonctionné dans d'autres cas : il ne restait plus que quatre minutes.

— Tenez bon, lança-t-il par l'ouverture du panneau de descente, et à voix basse il ajouta :

— Faites-moi la faveur particulière de venir. Yorke vous a invité par égard pour moi. Ce serait un bien malheureux début de voyage s'il y avait le moindre soupçon d'offense, bien malheureux pour moi et pour tous nos compagnons.

— Mais, Jack ! s'écria Stephen, montrant avec désespoir ses collections en désordre, la plupart animées de mouvements malaisés, toutes menacées de chute décisive, comment puis-je laisser tout cela ?

— Bonden et Killick seront ici dans l'instant, tous deux sobres et armés de tous les cordages nécessaires, et tous les autres Leopards vous prêteront la main dès que le dîner sera terminé. Je vous en prie, Stephen, soyez bon, pour une fois.

— Bon — avec un regard désolé à tout ce qu'il abandonnait —, je vais venir. Mais notez bien, mon frère, que c'est uniquement pour vous faire plaisir. Je me moque complètement de votre tyrannie, de votre oppression immémoriale et de Sa Majesté le tsar, là-haut.

— Bonden, Killick ! lança Jack.

Ils passèrent instantanément par le panneau, Killick chargé du reste d'uniforme que possédait encore le docteur Maturin, d'une chemise propre et d'un peigne, car ils savaient parfaitement de quoi il retournait : le chirurgien du *Leopard*, pris de boisson, avait refusé l'invitation du capitaine. On s'attendait tout à fait que Mr Warner le fasse conduire à l'arrière chargé de chaînes, qu'on lui écarte la mâchoire avec un épissoir pour lui faire avaler son dîner, de gré ou de force, qu'on le mette aux arrêts, avec interdiction de quitter sa cabine pour le reste du voyage et un passage en cour martiale dès l'instant où *La Flèche* atteindrait le mouillage de Pompey. C'est donc avec une certaine déception, le sentiment d'une déconvenue, qu'on le vit passer presque au pas de course, propre et à peu près correctement habillé, dans le sillage de son capitaine, une minute avant l'heure.

— Vous serez poli ? lui murmura Jack à l'oreille, devant la porte de la cabine.

Le vague reniflement de Stephen ne le tranquillisa pas mais il fut bientôt rassuré de le voir faire un petit salut, d'entendre son courtois « Serviteur, monsieur ». Stephen, en somme, était un homme d'excellente éducation, quoique totalement ignorant des manières de la Navy : un jour où il assistait à un petit lever royal, Jack l'avait vu circuler tout à fait à l'aise, bien connu et même cajolé par nombre de personnes dont certaines fort haut placées.

Quoique ignorant des coutumes navales, Stephen savait du moins que les invités d'un rang inférieur à celui de capitaine ne devaient pas adresser la parole au commandant du navire avant qu'on leur parle ; c'était un prolongement de l'étiquette de cour. Il resta donc muet, l'air aimable, pendant que l'on buvait une pinte de sherry et qu'on mangeait une soupe de tortue fraîche ; il regardait autour de lui cette chambre, la seule chambre tapissée de livres qu'il ait jamais vue — livres nombreux, en rangées superposées, et dessous, installé entre les in-quarto, les partitions et le canon de neuf livres à l'aspect incongru, un petit piano carré ; Jack lui avait dit que le capitaine Yorke était musicien et manifestement c'était aussi un grand lecteur — aucun homme n'aurait emporté ces livres en mer uniquement pour la montre. Il parvenait à lire les titres de quelques-uns des plus proches : Woodes Rogers, Shelvocke, Anson, l'immense *Histoire Générale des Voyages*, Churchill, Harris, Bougainville, Cook, tout cela bien naturel chez un marin ; et puis Gibbon, Johnson, et toute la longueur du Voltaire dans l'édition Kehl. Au-dessus de Voltaire, un nombre plus grand encore de petits in-octavo et in-douze dont il ne distinguait pas les étiquettes : des romans, sans doute. Il regarda leur propriétaire avec plus d'intérêt : un homme au poil sombre, assez dodu, le visage intelligent ; à peu près l'âge de Jack ; rien de typiquement maritime dans l'aspect. Il semblait capable, mais Stephen eut l'impression qu'il aimait ses aises.

— Nous avons bien failli être en retard, dit Jack. Un de mes bas a littéralement éclaté quand je l'ai enfilé, le fil complètement pourri — ceux que vous m'avez apportés n'auraient pu arriver à un meilleur moment —, et le docteur avait un mal terrible à ranger ses créatures philosophiques et leurs œufs.

— « *J'ai failli attendre* », comme disait Louis XIV, dit Yorke avec un sourire. Proprement scandaleux. Je suis certain que vous avez remarqué, docteur Maturin, que les capitaines en mer adoptent une sorte de stature royale ; cela peut parfois sembler assez comique. Mais je suis désolé d'apprendre que vos créatures vous ont donné du mal ; et plus désolé encore de penser que peut-être mon invitation n'était pas opportune. Mes gens peuvent-ils vous être de quelque assistance ? Le responsable des volailles, notre Jemmy Ducks, était castreur de porcs à terre et il sait très bien s'y prendre avec les bêtes et les oiseaux.

— Vous êtes fort bon, monsieur, mais mes spécimens vivants sont parfaitement bien élevés ; ils sont assis en rang dans ma cabine à se regarder. Non, ce sont les objets inanimés qui m'ont causé quelque inquiétude car ils bringuebalaient terriblement.

— Mais tout cela est en ordre à présent, dit Jack.

Mon patron de canot est dans le coqueron, à surveiller le rangement ; tout sera parfaitement en sécurité. Et fort heureusement, le docteur n'avait pas mis tous ses œufs dans le même panier, ha, ha, ha ! Non, non, il y en a des douzaines, chacun d'une espèce différente — albatros, pétrel, pingouin... Le capitaine Aubrey dut s'arrêter, étouffé par son humour. « Tous ses œufs dans le même panier » n'était peut-être pas d'un niveau très élevé, mais assez poussé pour lui, et il l'avait trouvé tout seul ; il en tira tant de joie honnête que son visage, déjà rouge acajou sous l'effet du soleil et du vent, tourna au violet. Ses yeux disparurent et il s'esclaffa de son rire profond et intense, jusqu'à faire résonner les verres. Yorke le regardait avec affection, ce que Stephen remarqua, et il se prit de sympathie pour le capitaine de *La Flèche*.

— Vous n'avez pas beaucoup changé depuis le vieux *Reso*, Aubrey, dit enfin Yorke. J'espère que vous jouez toujours du violon ?

— Oui, bien sûr, dit Jack s'essuyant les yeux. Tous dans le même panier, ha, ha, ha ! Grand Dieu, il faut que je me souvienne de raconter cela à Sophie quand je lui écrirai. Oui, bien sûr : et je vois que vous avez installé un piano-forte. Comment le tenez-vous accordé ?

— Je n'y arrive pas, dit Yorke, j'ai une clé et je fais quelques tentatives mais ce n'est qu'une pauvre petite caisse. Comme je voudrais pouvoir recruter un accordeur de piano ! Mais je ne pourrais pas m'en passer ; je ne pourrais pas me passer d'un peu de musique pendant tous ces mois de mer.

— Je suis entièrement de votre avis. Le docteur et moi nous grattons, bien que son violoncelle et mon violon aient cruellement souffert — presque plus de colle ni de vernis, et il a fallu regarnir nos archets avec les plus longues queues de cheveux qu'on ait trouvées dans l'équipage.

— Vous jouez du violoncelle, monsieur ? (Stephen

s'inclina.) Je suis ravi de l'apprendre, et j'espère beaucoup que nous pourrons faire un peu de musique ensemble. Je suis dégoûté du son de ma propre voix, et un capitaine, vous le savez, n'en entend guère d'autres.

Le dîner suivit confortablement son cours — le capitaine Yorke avait un cuisinier meilleur que beaucoup d'autres — et tandis que les marins sirotaient leur porto, Stephen s'intéressa aux livres.

— Où les rangez-vous quand vous faites le branlebas ? demanda Jack qui le suivait des yeux.

— Ils sont dans des boîtes qui s'enclenchent, voyez-vous, dit Yorke. C'est une de mes inventions ! Il suffit de tourner le cabillot derrière Richardson et elles se libèrent toutes. Devant chacune la barre empêche les livres de tomber et les boîtes peuvent être rangées dans la cale en un instant. Enfin, en une couple d'instants. Quoique, à vous dire le vrai, je ne fasse pas le branlebas aussi souvent qu'il le faudrait. Certainement pas aussi souvent que mon premier lieutenant le souhaiterait. S'il ne tenait qu'à lui, nous serions vides comme une grange chaque fois qu'on rappelle l'équipage aux postes de combat — pas une cabine, pas une cloison en place, toujours parés pour la bataille.

— Est-il donc grand guerrier ?

— Ah, il est impatient de connaître le combat, bien entendu. Il donnerait un bras et une jambe pour être promu, comme chacun de nous avant d'être nommé capitaine de vaisseau, et une action est sa seule chance. Il n'a aucune relation, le pauvre homme, et les années passent.

— Vous parliez de Richardson, monsieur, dit Stephen qui avait sorti le premier volume de l'*Histoire Générale* et regardait le visage aimable et rond de l'abbé Prévost, j'ai appris voici quelques mois que l'abbé Prévost l'a traduit en français. Cela m'a étonné. C'est une dame qui me l'a dit, ajouta-t-il avec un hochement de tête à l'intention de Jack.

— Cela m'étonne aussi, dit Yorke, je n'aurais

jamais cru qu'il puisse en trouver le temps, avec son œuvre personnelle superbe et tous ses voyages ; Richardson représente plusieurs milliers de pages — *un travail de bénédictin*. Mais si je me souviens bien, Prévost était d'ailleurs bénédictin, quoique peut-être de manière assez irrégulière parfois ; en tout cas, qui pourrait mieux convenir que l'auteur de *Manon Lescaut* pour traduire *Clarissa Harlowe* ? Tant de pénétration, tant de connaissance d'un esprit qui ne se connaît pas lui-même. Vous avez lu Richardson, monsieur, j'en suis certain ?

— Non point, monsieur. La dame dont je parlais m'y a encouragé et j'ai effectivement jeté un coup d'œil au premier volume de *Pamela* ; mais le navire allait sombrer, le capitaine était dans une inquiétude folle, il me demandait sans cesse mon avis et il ne m'est pas apparu que le moment fût propice à une telle entreprise.

— Sans doute, Richardson demande une longue période de tranquillité ; il ne faut pas s'y embarquer à la légère. Mais à présent, vous l'avez, mon cher monsieur ! Des mois de tranquillité devant vous — je touche du bois : *absit omen* —, des mois de tranquillité mentale, avec seulement vos quelques Leopards à soigner, puisque nous avons nous-mêmes un excellent chirurgien en la personne du jeune Mr McLean. Laissez-moi vous encourager à vous lancer à nouveau dans *Pamela*, puis dans *Clarissa*. Je ne vous recommande pas autant *Grandison,* mais je pense que même la compréhension de la nature humaine du docteur Maturin pourrait être renforcée par les deux premiers. Prenez, je vous prie, le premier volume de *Pamela* avec vous — il est juste au-dessus de votre tête —, et venez chercher les autres quand vous l'aurez lu.

— Je n'ai jamais été un grand lecteur, dit Jack. Ses amis plongèrent le regard dans leur verre et sourirent. Je veux dire que je n'ai jamais pu me faire aux romans et aux histoires. L'amiral Burney — il était capitaine

Burney à l'époque — m'en a prêté un, écrit par sa sœur, alors que nous revenions avec un convoi très lent des Indes occidentales ; je n'ai pas réussi à en voir le bout — une triste chose. Mais je dois dire que la faute était mienne, tout comme d'autres personnes ne peuvent aimer la musique ; car Burney en pensait le plus grand bien et c'était un excellent marin, l'un des meilleurs du service. Il a navigué avec Cook, on ne peut mieux dire.

— C'est la meilleure qualification que j'aie jamais entendue pour un critique littéraire, dit Yorke. Quel était le nom de ce livre ?

— Je ne saurais vous le dire, dit Jack, mais c'était un petit livre en trois volumes, je crois, et on n'y parlait que d'amour. Tous les romans que j'aie jamais regardés ne parlent que d'amour ; et j'en ai regardé beaucoup car Sophie les adore et je lui fais la lecture le soir pendant qu'elle tricote. On n'y parle que d'amour.

— Bien entendu, dit Yorke. Qu'y a-t-il d'autre pour échauffer au plus haut point le sang, l'esprit, tout l'être, pour faire la vie triomphante ou tragique selon le cas, et que chaque journée vaille un an d'une existence ordinaire ? Que l'on reste à trembler en attendant une lettre ? Que toute votre vie prenne un sens profond, doublement profond ? A vrai dire, lorsqu'on parvient en fait à ce que certains appellent le point crucial, on peut trouver la position ridicule et le plaisir momentané ; mais les romans, dans l'ensemble, traitent de ce qu'il faut faire pour y parvenir. Et d'ailleurs, qu'y a-t-il d'autre pour faire tourner la terre ?

— Eh bien, quant à cela, dit Jack, je n'ai rien contre le fait que la terre tourne : j'y suis même tout à fait favorable. Mais quant à échauffer au plus haut point l'esprit, que dites-vous de la chasse, ou du jeu avec de gros enjeux ? Que dites-vous de la guerre, du combat ?

— Allons, Aubrey, vous avez certainement observé que l'amour est une sorte de guerre ; vous avez sûrement vu l'analogie. Quant à la chasse et au jeu, qu'y a-t-il de plus évident ? L'amour est une chasse et si ce jeu mérite qu'on y joue, les enjeux sont effectivement fort élevés. Ne le pensez-vous pas, docteur ?

— Bien sûr, vous avez absolument raison. *Intermissa, Venus diu, rursus vella moves.* Cependant peut-être que la guerre réelle, la guerre martiale, conduit encore plus d'émotion jusqu'au point de rupture — les émotions sociales de la camaraderie, l'entreprise commune extrême, le patriotisme, même, et la dévotion altruiste peuvent y participer ; et le but est la gloire plutôt qu'un lit humide. Les enjeux sont peut-être encore plus élevés, puisque la défaite conduit à l'annihilation physique. Mais comment refléter tout cela dans un livre ? Dans l'engagement vénérien entre un homme et une femme, les événements se produisent tour à tour, à la suite ; chacun peut être décrit quand il apparaît. Alors que dans une lutte martiale tant de choses arrivent en même temps que la main la plus habile désespère de tirer de cette confusion l'apparence d'un fil conducteur. Par exemple, je n'ai encore jamais entendu deux récits de la bataille de Trafalgar dont les détails coïncident.

— Vous étiez à Trafalgar, Yorke, dit Jack, sachant que si Stephen n'était pas arrêté net, avec un tour mort et deux demi-clés, il pourrait poursuivre pendant des heures. Dites-nous s'il vous plaît comment cela s'est passé. (Se tournant vers Stephen, il ajouta :) Le capitaine Yorke était second de l'*Orion*, voyez-vous, un vaisseau de ligne.

— Eh bien, comme vous le savez, dit Yorke, j'étais responsable des canons de l'abattoir, la batterie basse, je n'ai donc pas vu grand-chose une fois la fête commencée et je suppose que mon récit contredira tout ce que le docteur Maturin a déjà entendu. Mais, jusqu'à ce moment, j'avais une vue magnifique car nous avons retenu notre feu plus longtemps que les autres navires de la flotte et le capitaine Codrington nous avait tous appelés en haut pour bien voir. *Orion* était dans l'arrière de la division au vent : nous étions en neuvième position, avec *Agamemnon* devant et *Minotaure* derrière, et quand nous avons laissé porter, j'ai pu voir l'ensemble de la division de Collingwood et la ligne ennemie tout entière, du *Bucentaure* jusqu'au *San Juan de Nepomuceno.* Ils se trouvaient ainsi (il disposa une série de miettes de biscuits) et leurs frégates comme ceci... non, je vais aller chercher une boîte de cure-dents et les couper en deux pour faire les frégates.

Deux charançons étaient sortis des miettes.

— Vous voyez ces charançons, Stephen, ces maux éternels du marin ? dit Jack d'un ton solennel.

— Je les vois.

— Lequel choisiriez-vous ?

— Il n'y a pas la moindre différence. *Arcades ambo.* C'est la même espèce de curculio et il n'y a rien à choisir entre les deux.

— Mais admettons que vous ayez à choisir ?

— Alors je choisirais le charançon de droite ; il a un avantage perceptible en longueur et en largeur.

— Je vous tiens ! s'exclama Jack. Vous êtes fait, vous êtes fait comme un rat. Ne savez-vous pas que dans la marine, entre deux maux il faut toujours choisir le moindre ? Ha, ha, ha !

— J'aime bien votre ami, dit Stephen rejoignant le capitaine Aubrey après une visite hâtive au coqueron où il avait trouvé tous les Leopards sagement installés parmi ses collections parfaitement rangées.

— J'en étais sûr. Il n'y a pas dans tout le service un homme de plus grand cœur que Charles Yorke. Savez-vous qu'il est passé voir Sophie en allant s'embarquer, alors que c'était en dehors de son chemin et qu'il était horriblement pressé, courant la poste avec des dépêches, simplement pour m'apporter des nouvelles au cas où nous aurions survécu — possibilité fort peu probable. Mais elle était au courant ! Cela ne vous stupéfie pas, Stephen ?

— Si, vraiment. Quoique, à voir votre entrain remarquable, votrc hilarité démesurée pour une couple de plaisanteries lamentables et votre conduite exubérante, j'aie bien pensé que quelque chose vous avait fait plaisir. Me direz-vous comment elle le savait ?

Jack hésita un instant, puis dit « Diana lui a écrit » d'un ton étrange, gêné, sans aucun rapport avec ses manières antérieures.

— Diana Villiers ?

— Oui. J'espère que je ne vous blesse pas, Stephen ? J'ai cru préférable d'être franc.

— Pas le moins du monde, mon cher. Je suis extrêmement heureux de l'apprendre, et d'avoir de ses nouvelles. M'en direz-vous un peu plus à présent ?

— Eh bien, il semble que la Mrs Wogan qui nous a faussé compagnie avec Herapath sur Désolation connaissait Diana et qu'en regagnant les Etats-Unis elle lui a tout raconté de ses aventures et de nous — la montagne de glace, le départ des canots, l'arrivée à Désolation, l'arrivée du baleinier, l'état du navire et ainsi de suite. Et Diana, imaginant ce que devait être l'ambiance à la maison du fait de notre retard considérable, s'est installée sans perdre un instant pour écrire une lettre à Sophie et lui dire que tout allait bien. Je trouve que c'est extrêmement aimable de sa part après tout ce qui s'est passé. Sophie aussi : elle jure qu'elle ne dira plus jamais un mot méchant — enfin, c'est-à-dire, elle lui en est extrêmement reconnaissante. J'ai sa lettre ici, dit-il tapotant sa poche. Ce n'est qu'un petit mot, écrit alors que Yorke attendait, mais plein d'amour et de joie. Et elle vous envoie l'un et l'autre, Stephen ; elle est impatiente de vous voir revenu en sécurité.

« Mon cœur », écrivit Jack dans sa lettre quotidienne, lettre qui atteignait désormais le volume d'un petit livre car, sauf lorsque son navire était en train de sombrer ou de combattre, il ne pouvait s'endormir sans y ajouter quelques mots, et il n'avait rien pu envoyer depuis les jours lointains de Port Jackson — lettre tout à fait inutile à présent, puisque, selon le cours naturel des choses, il la livrerait lui-même.

« Mon cœur, j'ai reçu votre chère lettre ce matin, apportée avec les bas, fort bienvenus, par cet homme si aimable qu'est Yorke. Je n'ai jamais été si ravi de ma vie que de savoir que vous-même et les enfants allez bien et que vous ne vous rongez pas d'inquiétude malgré cette triste affaire des canots et les rumeurs qui ont dû se répandre quand Grant a amené la chaloupe au Cap. C'est extrêmement aimable de la part de Diana d'avoir écrit si vite, élégant et attentionné. Je l'avais mal jugée : elle a bon cœur, et je lui en serai toujours reconnaissant. Je l'ai dit à Stephen et il m'a répondu que cela ne l'étonnait pas d'elle — c'est une femme de cœur, m'a-t-il dit, qui ne connaît ni méchanceté ni rancune. Pour sa part, il est en belle forme, et mieux que je ne l'ai vu depuis des années : il a passé un moment merveilleux pour un homme de son goût sur Désolation, puis ensuite à Botany Bay et dans d'autres régions de Nouvelle-Hollande où nous avons fait escale, et il a rempli le *Leopard* d'un certain nombre d'animaux fort curieux. Mais le *Leopard* n'est plus à moi. L'inspection l'a trouvé incapable de porter plus que quelques pièces de neuf ou de six livres sans être reconstruit, on en a donc fait un transport ; et comme on m'a donné l'*Acasta,* je rentre à la maison aussi vite que *La Flèche* peut voler, avec Stephen, Babbington, Byron, mes derniers aspirants, Bonden et Killick. Vous ririez de voir Killick s'occuper de Stephen comme il le fait depuis que son valet — un abruti — est parti avec les canots. Stephen n'aime pas du tout qu'on s'occupe de lui, mais Killick s'est mis en tête que c'est de son devoir et il lui coud ses boutons, lave et ravaude ses deux chemises et demie, repasse sa cravate, brosse son seul habit décent et l'oblige à se raser au moins une fois par semaine en le harcelant de sa voix grinçante, en dépit de toutes les injures. On dirait une vieille mère poule anguleuse avec un poussin grognon. Il l'a rendu assez présentable pour le dîner avec Yorke aujourd'hui et il travaille à ce qu'il considère comme la perruque appropriée pour un docteur, faite de bitord frisé au feu de la cuisine : ce sera peut-être une amélioration par rapport à la vieille horreur qui a survécu à tant de tempêtes, d'œufs cassés et de plantes moussues et humides. Yorke nous a offert un dîner remarquable, avec buffle rôti, une paire de canards, un ragoût et un pudding roulé. Et Stephen et lui se sont merveilleusement entendus, comme je l'espérais. Les gens diront peut-être que Yorke n'est pas un grand marin, mais c'est un homme extrêmement sympathique et il a bu ses deux bouteilles sans coup férir ; de toute manière il a un excellent premier lieutenant, un homme du nom de Warner, qui mène le navire à un rythme remarquable — presque aussi vite que je pourrais le souhaiter pour lui voir dévorer les quinze mille milles qui nous séparent. Il y en aura deux cent cinquante de moins à midi demain, le croiriez-vous, car, à présent que la terre a disparu, nous avons toute la mousson et Warner est sur le pont à tout moment, à faire envoyer le foc, rentrer le foc, mouiller les cacatois et les perroquets comme si nous pourchassions un galion d'or, et à aiguillonner les gabiers de misaine. *La Flèche* a toujours été bon voilier, comme tant de ces corvettes françaises, franc-tillac, mais Warner en tire mieux que je ne l'aurais cru possible : peut-être a-t-il convaincu Yorke de donner au mât de misaine un peu plus de quête qu'il ne faudrait, mais c'est un excellent marin et pour le moment nous filons neuf nœuds une brasse. Il est bien dommage que Stephen et lui aient réussi à se disputer, mais c'est ainsi : quelques désaccords avant le dîner, et une sorte de chose poilue à mi-chemin entre l'ours et le singe s'est mal conduite sur le gaillard d'arrière. Et puis la règle ici veut qu'il soit interdit de fumer ailleurs que dans la cuisine, et Warner l'a souligné : c'est une excellente règle, mais peut-être aurait-il pu faire preuve de tact. Quoi qu'il en soit, nous avons devant nous des milliers de milles de belle navigation (j'espère) et en route vers la maison, avec tout le monde de bonne humeur, ils en viendront certainement à s'aimer avant que nous atteignions les sondes à l'entrée de la Manche. J'ai fait un merveilleux mot d'esprit au dîner, car votre lettre m'avait enivré et il y avait aussi du vin ». Suivait une description du mot d'esprit, puis Jack poursuivit : « Quant à ce maudit bonhomme Kimber, mon cœur, ne soyez pas trop tourmentée : si l'on en vient au pire et s'il nous ruine, les dots des filles sont en sécurité et j'ai toujours ma solde. Dès mon arrivée je le remettrai à sa place, je vous le promets ; jusque-là j'ai l'intention de ne pas me tracasser mais de profiter de l'oisiveté, de la bonne vie, de la belle navigation et de la musique. Et peut-être m'occuperai-je des jeunes messieurs plus que je n'ai eu l'occasion de le faire jusqu'ici : ils ont par nécessité acquis quelques notions pratiques de la vie maritime, mais leurs notions de navigation sont fort étranges. Le jeune Forshaw est un bon garçon — bien plus joli que ses sœurs, ce à quoi l'adolescence mettra bientôt bon ordre — mais je doute parfois qu'il connaisse la différence entre longitude Est et longitude Ouest, ce qui serait un inconvénient pour un marin, surtout pour un marin faisant en toute hâte le tour du monde pour retrouver sa femme. Et donc, bonne nuit, ma chère âme. »

Dans une autre partie du navire, Stephen Maturin, n'ayant personne à qui se confier, écrivait à lui-même, au Stephen Maturin de quelque période future, seul capable de lire ce journal privé, codé :

« Ainsi Diana a écrit. Un geste aimable et généreux de sa part ne devrait pas me surprendre car il est parfaitement dans le personnage ; la méchanceté n'a jamais fait partie de ses défauts. Pourtant, je suis absurdement heureux. Herapath disait de sa Louisa Wogan que même lorsqu'elle couchait avec d'autres hommes elle restait son amie ; et lui ou moi avons observé que l'amitié vraie telle que les hommes la comprennent est rare chez les femmes de l'espèce courante. Wogan ressemblait à Diana par bien des côtés, à une échelle plus réduite : peut-être aussi en ceci. J'aime à me persuader — je me persuade facilement — que Diana Villiers conserve à mon égard une amitié et peut-être une tendresse ». Une pause, puis il reprit : « Le rapport de Wallis sur la situation en Catalogne est le plus intéressant que j'aie jamais lu. Si seulement la moitié de ce que déclare Mateu est vrai, les perspectives n'ont jamais été aussi prometteuses ; mais, à présent, il leur faut un homme en qui ils puissent avoir confiance, pour assurer la liaison entre les différents mouvements et coordonner leurs efforts avec ceux du gouvernement britannique — dans ce cas le gouvernement représenté par la Navy. A présent que les Français ont tué En Jaume, je ne pense pas qu'il y ait un homme plus qualifié que moi. J'ai hâte d'y être. Mais ma hâte n'affecte en rien les innombrables milles de mer qui nous en séparent et je passerai ces mois avec mes collections, heureux de disposer d'une telle profusion de temps (même si des années ne seraient pas de trop pour une description complète et scientifique de tous les spécimens). Un peu de musique et de lecture aussi, je crois. Le capitaine Yorke me semble un homme poli, aimable et cultivé, mieux qu'un officier de marine ordinaire ; il n'a pas lu ou voyagé en vain. Je n'ai guère encore rencontré mes compagnons du carré. J'espère qu'ils ressembleront plus à leur capitaine qu'à leur premier lieutenant ; car c'est d'eux que dépendent dans une grande mesure les agréments sociaux de ce voyage. »

Les agréments sociaux du carré étaient assez maigres et après l'espace vaste et bien éclairé du *Leopard*, l'endroit même semblait encombré. Warner n'était vraiment rien d'autre qu'un officier de marine : son seul objectif dans la vie semblait être de faire courir *La Flèche* à la plus grande vitesse possible en respectant la sécurité de ses mâts, et s'il n'était pas l'un de ces premiers lieutenants uniquement préoccupés de propreté que Stephen considérait comme le fléau de la marine, il n'était pas non plus de bonne compagnie, sauf peut-être pour ceux qui savaient parler bonnettes, papillons et ailes-de-pigeon. Il ne semblait prendre plaisir à rien ; et chez lui, l'habitude navale de la ponctualité approchait quelque peu la manie. Nettement plus vieux que tous les autres officiers du carré, il en dirigeait l'existence d'une autorité ferme et sombre. Tout comme le second lieutenant et l'officier d'infanterie de marine, Warner était de grande taille ; et comme les entreponts de *La Flèche* avaient été conçus pour la vitesse et des Français de petite taille, la première impression de Stephen en entrant dans le carré fut d'un lieu bas, étroit et obscur, occupé par trois silhouettes démesurées, penchées, les yeux fixés sur leur montre. Une quatrième personne entra juste derrière lui, apportant une odeur de tabac froid, d'alcool et de vêtements mal lavés, un homme encore plus grand, encore plus courbé sous les barreaux ; Warner présenta McLean, le chirurgien. C'était un homme jeune qui semblait presque paralysé de timidité ; d'ailleurs il resta profondément silencieux, à part un plongeon maladroit et un grognement quand Warner prononça son nom. On entendit le tambour, la pièce se remplit rapidement et quand tous furent là, avec leurs valets debout derrière leur chaise, il restait à peine la place aux serviteurs pour apporter la soupe aux pois et le porc salé. Le commissaire, dernier arrivé, reçut un coup d'œil significatif de Mr Warner, un coup d'œil qui passa lentement du visage du commissaire à la montre encore visible dans la main de Warner ; mais il n'y eut pas de paroles sévères, peut-être en l'honneur des invités. Babbington et Byron apportèrent avec eux le soleil, ou du moins (le carré n'ayant pas de fenêtre de poupe) une partie de la chaleur et de la gaieté que Stephen avait toujours associées à un rassemblement de marins. Ils se trouvèrent un compagnon chez le maître, et leur bout de table fut vite plongé dans un flot de conversation, de souvenirs, d'anecdotes et de rires — souvenirs d'autres compagnons de bord, comparaison avec d'autres navigations. Stephen se donna quelque peine pour être aimable avec McLean, assis auprès de lui et qui mangeait avec voracité et beaucoup de bruit ; mais il ne reçut pratiquement aucune réponse jusqu'au milieu du repas. Enfin persuadé que le docteur Maturin n'allait pas le rembarrer ou le mépriser, McLean déclara « J'ai vos livres », ajoutant quelque chose que Stephen ne saisit pas, l'accent étant si fort et la voix si basse et embarrassée. Mais d'après l'expression du jeune homme, les mots devaient être obligeants, aussi Stephen s'inclina-t-il en murmurant : « Vous êtes très bon... trop bon. Vous êtes, monsieur, vous-même naturaliste, sans doute ? »

Oui. Tout p'tiot, McLean avait commencé par dépiauter un grand whaup — un courlis — qu'son papa avait estourbi d'une caillasse, et puis tous les bestiaux qui lui étaient passés dans les mains ; l'anatomie comparée était son bonheur, et il nomma certains des « bestiaux » dont il avait comparé les intérieurs. Mais comme la référence au scoutie-allen, au partan, au clokie-doo et au gowk ne semblait transmettre aucune idée précise, il passa aux noms linnéens du macareux, du crabe, du ramier et du coucou ; Stephen en fit autant pour les créatures dont il parlait, et il ne leur fallut pas longtemps pour se lancer dans la description en latin de leurs procédures les plus intéressantes. McLean parlait latin couramment, ayant étudié à l'université d'Iéna, et Stephen le trouvait beaucoup plus compréhensible ainsi ; ils se mirent à bavarder très vite, avec à peine de temps en temps un mot d'anglais. Ils étaient profondément plongés dans le cæcum de *Monodon monoceros* quand Stephen, conscient d'un silence à sa droite, leva la tête et rencontra le sourire enchanté de Babbington et Byron.

— Nous étions justement en train de fanfaronner à propos de vous, monsieur, dit Babbington. Nous disions que vous êtes capable de parler latin à battre un évêque et ces messieurs ne voulaient pas le croire.

— Dilke, s'exclama Warner, vaguement mécontent de tout cela, retirez la nappe. (Et dès que l'exécrable porto fut apparu :) Au vice-amiral, au roi !

Stephen bénit Sa Majesté, maîtrisa une grimace involontaire, tâta sa poche qui renfermait un cigare d'Amboine, se reprit et dit :

— Quand vous aurez le temps, Mr McLean, je serai heureux de vous montrer une partie de mes collections.

McLean se dressa aussitôt : il était tout à fait disponible, dit-il, si l'on pouvait simplement lui donner la permission de passer par la cuisine pour fumer une pipe — cela avec un coup d'œil nerveux vers Mr Warner.

— La cuisine ? Pour fumer ? Je me joindrai à vous, dit Stephen, veuillez me montrer le chemin.

Et en lui-même il ajouta : « Il y a dans ma volonté quelque imbécillité naturelle : à peine me suis-je débarrassé de la dépendance de l'opium que je plonge dans une autre. Comme j'ai envie de ce cigare ! Jc vais me remettre à priser. »

Ils ne furent pas bienvenus dans la cuisine. Tous les fumeurs du quart en bas y étaient déjà réunis et un silence gêné accueillit l'arrivée d'officiers. Silence et désapprobation. Ils étaient habitués à leur propre docteur ; ils n'aimaient pas beaucoup sa présence dans la cuisine, à quelque moment que ce fût, car elle mettait évidemment un frein à toute conversation libre ; mais ils étaient habitués à lui. Ils n'aimaient pas toujours ce à quoi ils étaient habitués, mais selon toute probabilité ils détesteraient toujours ce à quoi ils n'étaient pas habitués : et ils n'étaient pas habitués à ce nouveau docteur. Les Leopards en faisaient grand cas, il était peut-être très habile à la scie et aux pilules, mais pour l'instant les Flitches (car Flitches on les appelait) ne souhaitaient que le voir tomber raide mort.

Au bout de quelque temps, le docteur Maturin en vint à le comprendre, non par des mots ou même des regards, mais par la densité de la pensée ; il jeta dans le feu son cigare à demi fumé et dit :

— Venez, collègue, allons-y.

Ce fut le début d'une étroite association ; ce fut aussi le début du plus agréable voyage que Maturin ait jamais fait. La mousson les poussait régulièrement vers l'ouest et le sud sur une mer aimable et sans limite, sans la moindre île, sans le moindre navire, avec à peine de temps à autre un oiseau pour leur rappeler l'existence de la terre, avec des nuages pour seuls compagnons. C'était une vie maritime, réglée par une suite précise de coups de cloche et de rites : le bruit des pierres à briquer, de l'eau et des fauberts sur le pont au petit matin, la sortie des hamacs au sifflet, les tâches de la matinée, la cérémonie de la méridienne, où une douzaine de sextants visaient le soleil du gaillard d'arrière encombré de *La Flèche* et où le capitaine Yorke disait « Notez-le, Mr Warner », le bosco et ses aides appelant l'équipage au dîner, le fifre signalant la distribution du tafia ; et puis le tambour pour le dîner du carré, l'après-midi silencieuse et le tambour à nouveau pour le rappel aux postes de combat et la retraite du soir, l'accrochage des hamacs au son du sifflet, la prise des quarts. Tout cela était parfaitement familier à Stephen ; mais, ce qui lui était moins familier et qui finit par avoir un effet hypnotique, comme s'il vivait au cœur d'une illusion, ces rites n'étaient jamais interrompus par les urgences habituelles de la vie d'un marin : pas de grain brutal, pas de calme fâcheux pour rompre l'écoulement régulier des jours. *La Flèche* filait à travers l'océan, à travers un vaste disque de mer dont les limites restaient toujours les mêmes, ni plus près ni plus loin ; elle filait sans être gênée par l'ennemi, par la tempête, par le crime ; elle aurait pu filer ainsi pour l'éternité. Stephen était coupé du passé, et l'avenir se trouvait à une distance si vaste et si mal définie qu'il avait peu de réalité. Ses Leopards et les Flitches de McLean étaient en bonne santé, et quoi que l'on pût en penser, le bœuf salé, le porc salé, les pois séchés, les durs travaux, l'excès de rhum, les entreponts encombrés et peu de sommeil les maintenaient dans cet état ; leur chirurgien n'avait guère à faire sur le plan physique, et tous les matins après le petit déjeuner, ils se retiraient dans le coqueron où ils triaient, classaient et décrivaient les richesses de Désolation et de la Nouvelle-Hollande, découvrant des analogies fascinantes entre ces formes de vie et celles auxquelles ils étaient plus habitués. Parfois ils se repliaient dans un refuge derrière les bittes, le domaine de McLean, où, à la lumière de puissantes lanternes, ils disséquaient jusque tard dans la nuit, au milieu d'une forte odeur d'alcool et d'autres produits de conservation. McLean ne buvait pas — les relents alcooliques qui l'accompagnaient étaient fort innocents — mais il fumait, il fumait beaucoup, et c'est dans son repaire qu'il expliqua à Stephen comment il défiait le premier lieutenant, en conservant sa pipe allumée. McLean était un jeune homme respectable, fils d'un petit fermier, qui avait réussi par une persévérance et des efforts extraordinaires à acquérir les connaissances en médecine nécessaires pour se qualifier pour une carrière de chirurgien de marine, et un fonds plus grand encore d'anatomie, son délice. C'était un collègue admirable pour ce genre de travail, précis, consciencieux, érudit et totalement dévoué aux recherches de son choix ; il avait étudié avec l'illustre Oken à Iéna et il avait des connaissances immenses sur les os du crâne, de tous les crânes, considérés comme des excroissances vertébrales hautement développées. D'une ignorance prodigieuse en littérature, en musique et en bonnes manières, il aurait été l'idéal, du point de vue scientifique, s'il n'avait pas absorbé à tel point la métaphysique des Allemands érudits que même son respect pour le docteur Maturin ne pouvait l'empêcher d'en ressortir des bribes, accompagnées de nuages de fumée. Sur un plan plus humain, il pouvait être un compagnon ennuyeux. Il se lavait rarement, ses manières à table étaient repoussantes, il était extrêmement ombrageux ; et découvrant que le docteur Maturin était irlandais, il donna libre cours à son aversion pour les Anglais. Ces voyous du Sud ne connaissaient pas la propreté ; ils ne connaissaient d'ailleurs pas grand-chose d'autre, avant que les Chasseurs leur aient enseigné l'anatomie ; ils profitaient sans honte de l'Union ; et ils méprisaient leurs supérieurs. Une belle troupe de bons à rien : où en seraient-ils sans généraux écossais !

Stephen n'appréciait guère le comportement du gouvernement anglais dans ses rapports avec l'Irlande ; il avait même activement conspiré contre lui. Mais il était profondément attaché à certains Anglais, hommes et femmes, et de toute manière il n'aimait pas que quelqu'un d'autre que lui injurie ce pays. « Vous vous trompez, Mr McLean, dit-il, en supposant que les

Anglais n'ont pas de généraux. Ils en ont ; et le plus clair de l'affaire est que tous ceux qui accomplissent quelque chose, comme Lord Wellington, sont irlandais. Il en est à peu près de même pour leurs écrivains. Revenons au foramen pariétal et aux dents carnassières anormales de cette *Otaria* : au rythme actuel nous n'aurons pas décrit la moitié des *phocidae* avant d'atteindre Le Cap. Non, avant d'atteindre l'Angleterre ! Et ils pourrissent très vite. Je vous en prie, prenez soin de votre pipe, Mr McLean, elle est appuyée sur le pot d'alcool et vous devez considérer que s'il prend feu, tous les spécimens que nous avons déjà décrits seront irrémédiablement perdus. »

Les journées de Stephen étaient fort occupées et fort plaisantes en dépit de la morosité du carré et des points faibles de McLean. Il passait habituellement ses soirées dans la grand-chambre à faire de la musique avec Jack et le capitaine Yorke, tandis que le navire continuait à foncer, poussé par le zèle incessant de Warner. Il y dînait aussi fréquemment, échappant ainsi à la conversation purement navale et au régime spartiate du carré ; car si les officiers de *La Flèche* n'avaient rien d'autre que leur solde, Yorke disposait d'une fortune confortable. Sa table était bonne et il invitait pratiquement chaque jour deux ou trois de ses officiers ou aspirants.

Après l'un de ces dîners, où étaient présents le premier lieutenant, le maître et Forshaw, Stephen arpentait le gaillard d'arrière pour s'aérer l'esprit et disperser les fumées du porto du capitaine avant de rejoindre McLean dans les profondeurs. La belle brise de hanche avait faibli, passant plus sur l'arrière, de sorte qu'elle rafraîchissait fort peu ; en dépit du taud, le soleil tapait avec une force peu commune. C'était un jour de repos et les Flitches étaient dispersés sur le pont en avant du grand mât, tranquillement occupés à coudre et ravauder, mais à peine Warner avait-il fait deux tours, jeté un coup d'œil au gréement et posé la main sur l'un des bras qu'il lança un ordre : les groupes placides entre les canons se dispersèrent dans un chaos apparent. Trois coups brefs du sifflet du bosco et le chaos prit forme ; un autre coup de sifflet et le navire établit ses bonnettes. Les guis cintrèrent sous la contrainte, et la vitesse augmenta de manière perceptible ; en même temps le peu de fraîcheur disparut tout à fait. Stephen ôta son habit et le plia négligemment, l'esprit occupé par la question de l'*Otaria* anormale, avec les *quatre* racines de ses dents carnassières : s'il s'avérait que ce fût une espèce distincte, ce qui semblait probable, il lui donnerait le nom de McLean. Ce serait un joli compliment, un soupçon de célébrité de plus grande valeur que la nomination à bord d'un vaisseau de ligne ; cela contrebalancerait aussi nettement les réponses sèches de Stephen au cours d'une période récente où McLean s'était montré plus lassant qu'à l'habitude à propos des Anglais. Comme certains autres Ecossais de sa connaissance, McLean semblait chargé de quelque sentiment d'infériorité dont il gardait rancune. Etrange : voilà qui n'arriverait jamais à un Irlandais. Et pourtant, la situation des deux pays... à ce point, une cascade de petite monnaie, une tabatière, une boîte d'amadou, une boîte d'allumettes, un canif, deux lancettes, une boîte à cigares, un Horace en in-douze, quelques morceaux de colophane, une variété de petits os et de dents de mammifères et un biscuit en partie croqué tombèrent des poches de son habit. Forshaw l'aida à les ramasser, lui donna quelques conseils sur la manière de plier un habit comme un marin, lui recommanda de ne pas le froisser ou l'exposer au soleil, et dit qu'il descendrait l'habit à Killick pour l'accrocher dans la cabine du docteur. La cabine était en bas, bien entendu, mais le chemin de Forshaw le conduisit en quelques bonds légers par le sommet des filets à hamacs, sans rien qu'un peu de toile glissante pour le séparer de l'eau blanche filant le long des flancs : à l'instant où il allait se faufiler entre la misaine et sa bonnette, le pied lui manqua d'une manière qui aurait fait pâlir Mrs Forshaw et qui conduisit le docteur Maturin à s'inquiéter pour son habit ; mais il saisit l'écoute et resta suspendu un instant, souriant à un ami dans la hune de misaine avant de disparaître entre les voiles, aussi sûr qu'un jeune singe dans sa forêt natale ; et suspendu là, vêtu de son plus bel uniforme, souliers à boucle d'argent, culottes blanches et habit bleu, les dents éclatantes dans son visage bronzé et les cheveux flottant au vent, il était tout à fait ravissant.

— Pouvez-vous imaginer quelque chose de plus beau ? dit Warner de sa voix rude et discordante.

— Difficilement, dit Stephen.

— Faire force de voile sous un grand soleil est toujours une joie pour moi, dit Warner très vite, et nous portons à présent tout ce qu'elle peut supporter.

— Noble voilure, sur ma foi, dit Stephen.

D'ailleurs il n'était nullement insensible à la beauté de cette pyramide de voiles, toutes tendues, rondes, vivantes, ou des vastes ombres incurvées, de la géométrie compliquée des lignes et des surfaces. Mais s'il avait souvent vu un navire filer sous cacatois et bonnettes, tranchant la mer d'un bleu profond, une belle moustache à l'étrave, il avait rarement vu un visage habité d'une telle faim, une faim combinée avec autre chose — l'admiration, ou plutôt l'émerveillement, l'affection, la tendresse.

« Le pauvre homme, pensa-t-il, un instinct si fort, si invincible même pour un flegmatique. S'il est, comme je le suppose, pédéraste, sa morosité n'a rien d'étonnant. Quand je pense à ce que le désir a fait de moi, comment il a déchiré mon cœur — et c'était un désir avouable, glorifié de noms héroïques et trompeurs —, je suis stupéfait que de tels hommes ne se consument pas entièrement. Quel sort funeste, d'être enfermé jour après jour avec une telle convoitise dans un navire, où tout se sait, où cela ne doit pas se savoir, où il ne peut y avoir le moindre commencement d'acte manifeste. »

Les Flitches n'étaient pas plus brillants qu'un autre

équipage mais, comme le nota le docteur Maturin, ils n'ignoraient pas grand-chose de ce qui se passait à bord. Ils connaissaient la nature des goûts de Warner en dépit du contrôle incessant et rigoureux que celui-ci exerçait sur lui-même. Ils savaient leur capitaine indolent, aimable et de bonne compagnie, peu ambitieux de s'élever, de briller dans sa profession ou toute autre ; ils savaient qu'il se battrait bravement s'il le fallait — il en avait donné la preuve — mais qu'il n'avait pas un désir ardent du combat, qu'il se contentait d'un petit vaisseau au lieu d'une frégate fringante ; et s'il eût bien sûr préféré qu'on l'envoie en Méditerranée où il aurait pu admirer les ruines grecques, il était heureux d'apporter des dépêches aux Indes, laissant à son excellent premier lieutenant le soin de faire marcher le navire. Ils savaient que le bosco et le charpentier avaient réussi à déplacer vers des lieux peu fréquentés une étonnante quantité des réserves du navire, et ils ne doutaient guère que ces objets s'évanouiraient dès que *La Flèche* aurait atteint Le Cap : seule question à résoudre, qui en aurait sa part ? Ils savaient bien d'autres choses, dont certaines sans aucune importance, par exemple que les aspirants du *Leopard* trouvaient ce voyage bien pesant.

Jack Aubrey était un capitaine consciencieux ; il estimait de son devoir de former les jeunes messieurs dont la plupart lui avaient été confiés par des amis ou des relations pour en faire non seulement des officiers comprenant leur profession, mais aussi des personnages à peu près présentables sur le plan social et moral. Pendant la première partie de la traversée du *Leopard*, il avait délégué une bonne part de ses tâches au maître d'école et à l'aumônier ; puis, ces hommes disparus, il avait eu peu de loisirs à consacrer à l'éducation ; mais à présent ses journées lui appartenaient en entier et il en consacrait beaucoup trop, de l'avis de ses aspirants, à piloter les jeunes messieurs à travers les *Elements of Navigation* de Robinson, l'*Epitome* de Norie et la

Polite Education de Gregory. Pour sa part, Jack avait reçu fort peu d'éducation, polie ou non, et le Gregory lui apporta mille choses — par exemple une liste complète des rois d'Israël. Il existait certes des capitaines consciencieux à l'époque de la guerre d'Espagne où il avait pris la mer pour la première fois ; mais ceux avec lesquels il avait navigué se contentaient de vérifier que leurs aspirants ne boivent pas et ne jurent pas au-delà de certaines limites, limites qui variaient selon le capitaine. Un seul de ces premiers navires disposait d'un maître d'école, un monsieur qui passait ses heures d'éveil dans une brume alcoolique ; de sorte qu'à part un ou deux trimestres d'école à terre, où on lui avait inculqué par la force un peu de latin, il restait, du point de vue de la littérature, aussi innocent qu'un animal. Son métier acquis tout naturellement — c'était un marin-né —, il était par la suite tombé amoureux des mathématiques, amour tardif mais fructueux. Pourtant cela ne pouvait suffire dans cette marine nouvelle, plus réglée, plus scientifique, qui naissait alors : ces jeunes gens devaient ajouter à leur Robinson une bonne dose de Gregory. Il les obligeait à lire *The Present State of Europe, Impartially Considered* ; il vérifiait que les journaux qu'ils devaient tenir puissent supporter l'inspection du jury le plus sévère ; il surveillait son patron de canot lorsqu'il leur enseignait les finesses des nœuds et des épissures. Dommage que la matière fût si indifférente, si réfractaire à tout ce qui n'était pas épissure et nœud ; car ses intentions étaient bonnes. Sur certains navires, il avait eu des aspirants qui aimaient eux aussi les mathématiques, qui se passionnaient pour la trigonométrie sphérique, de sorte que leur enseigner la navigation devenait un plaisir ; ce n'était pas le cas cette fois.

— Mr Forshaw, dit-il, qu'est-ce qu'un sinus ?

— Un sinus, monsieur, dit Forshaw, parlant très vite, c'est quand on tire une ligne droite d'une extrémité d'un arc perpendiculaire sur le rayon du centre à l'autre extrémité de l'arc.

— Et quel est son rapport avec la corde de cet arc ?

Mr Forshaw eut l'air perdu, regarda tout autour de lui la chambre de jour que le capitaine Yorke avait consacrée à son hôte, mais ne trouva aucun secours dans ses ferrures bien nettes, sa claire-voie ou le canon de neuf livres qui y prenait tant de place, pas plus que dans le visage hideux et sans expression de son compagnon, Holles, ou dans le titre du roman *The Vicissitudes of Genteel Life* : la vie à bord de *La Flèche* n'était pas particulièrement aimable mais elle était certes remplie de vicissitudes. Après une longue pause, il ne put exprimer aucune opinion, sauf que le rapport était sans doute très étroit.

— Bon, bon, dit Jack, je vois qu'il vous faut relire la page dix-sept. Ce n'est pas pour cela que j'ai fait venir... ce n'est pas pour cette raison que je vous ai fait venir. J'ai eu beaucoup de correspondance à lire à Poulo Butung et je viens tout juste de trouver cette lettre de votre mère. Elle me prie de prendre grand soin que, lorsque vous vous brossez les dents, vous les brossiez de haut en bas et pas uniquement de côté. Me comprenez-vous, Mr Forshaw ?

Forshaw aimait tendrement sa mère, mais à ce moment il souhaita qu'elle fût privée à jamais de la possibilité de tenir une plume.

— Oui, monsieur, dit-il, de haut en bas et pas seulement de côté, monsieur.

— Qu'est-ce qui vous fait ricaner, Mr Holles ? demanda le capitaine Aubrey.

— Rien du tout, monsieur.

— A présent que j'y pense, j'ai une lettre de votre tuteur, Mr Holles. Il souhaite que je l'assure que votre santé morale est en de bonnes mains et que vous ne négligez pas la Bible. Vous ne négligez pas votre Bible, ni l'un ni l'autre, j'espère ?

— Oh non, monsieur.

— Je suis heureux de l'entendre ; où diable seriez-vous si vous négligiez la Bible ? Dites-moi, Mr Holles, qui était Abraham ?

Jack était particulièrement ferré sur cette partie de l'histoire sainte, ayant vérifié les remarques de l'amiral Drury à propos de Sodome.

— Abraham, monsieur, dit Holles, son visage terreux et boutonneux prenant une déplaisante teinte rose marbré, eh bien, Abraham était..., mais il n'en dit pas plus, en dehors d'un vague murmure, « son sein ».

— Mr Peters ? Mr Peters exprima sa conviction qu'Abraham était un homme de bien. Peut-être bien un marchand de blé, puisque l'on parle toujours d'Abraham et de sa semence.

— Mr Forshaw ?

— Abraham, monsieur, dit Forshaw qui avait repris ses esprits avec sa rapidité habituelle, oh, ce n'était qu'un de ces méchants juifs.

Jack le fixa. Forshaw se moquait-il de lui ? Probablement, à en juger par son air de totale innocence.

— Bonden, lança-t-il, et son patron de canot, qui attendait derrière la porte avec toile à voile et bitord pour enseigner aux jeunes messieurs à faire des tresses de ragage, entra : Bonden, amarrez-moi Mr Forshaw à ce canon, et faites quelques nœuds dans ce bout de cordage.

— Jours d'or et de gloire, docteur, d'or et de gloire, dit le maître de *La Flèche* à Stephen Maturin.

Très loin sous le vent, une énorme tempête de sable avait levé en Afrique un voile immense derrière lequel le soleil se couchait, baignant l'air maritime si transparent d'une lumière ambrée qui teintait les vagues de jade ; quelques minutes plus tard il disparaîtrait dans une gloire cramoisie des plus spectaculaires, et les mêmes vagues se teinteraient d'améthyste. Stephen, debout sur le gaillard d'arrière, les mains derrière le dos, les lèvres serrées, les yeux grands ouverts, fixait sans le voir un piton à œil. Il émit un faible sifflement.

— Je disais que nous vivons des jours d'or et de gloire, docteur, dit le maître un peu plus fort en lui souriant.

— C'est bien vrai, s'exclama Stephen, surgi d'un rêve de Diana Villiers et jetant un regard autour de lui. Une lumière comme le Lorrain aurait pu en peindre s'il avait jamais pris la mer, le pauvre homme. Mais vous parlez au sens figuré, sans aucun doute, vous faites allusion à la facilité de notre progression, à ce vent favorable, à l'océan aimable ?

— Oui. Je n'ai pas touché bras ou écoutes de tout le quart de minuit, et tout le monde a pu dormir, sauf les vigies et l'homme de barre. Jamais vu de tel parcours : au moins deux cents milles régulièrement, de midi à midi, sans désemparer. Jours d'or et de gloire, quoique diablement pénibles pour lui — avec un hochement de tête en direction de Forshaw qui marchait lentement, d'un pas raide, vers le capot avant, le menton tremblant, entouré de ses compagnons qui l'encourageaient à voix basse : « Tiens le coup, mon vieux, et ne laisse rien voir à ces... de Flitches », car une petite troupe de jeunes gens sardoniques se tenait près de la lisse bâbord.

— Il y a toujours dans le malheur des autres quelque chose pour nous plaire, observa Stephen. Avez-vous vu le coup d'œil méchant de ces morveux d'aspirants ? Pauvre enfant, je vais lui mettre un bon emplâtre à l'huile de lin ; et un solide analgésique (une pause) mais jours d'or et de gloire comme vous le dites si justement, maître. A présent que j'y pense, je ne me souviens pas d'avoir jamais passé en mer un moment si plaisant. N'était la santé de mes marsupiaux, je ne souhaiterais pas le moindre changement.

— Dépérissent-ils, monsieur ?

— Leur saleté leur manque. C'est-à-dire que leur saleté manque aux wombats. Leurs quartiers sont nettoyés rigoureusement deux fois par jour et parfois, me semble-t-il, la nuit. Je sais, bien sûr, qu'il n'y a pas de place pour la saleté sur un navire de guerre — peut-être pas non plus pour une troupe de wombats —, pourtant je le regrette, et je serai heureux quand nous atteindrons Le Cap. J'ai à Simon's Town un excellent ami qui conserve plusieurs aardvarks tout à fait satisfaits dans une captivité nominale : je lui confierai mes marsupiaux. N'allez pas croire toutefois que j'en veuille le moins du monde à *La Flèche,* qui est... il avait failli dire « une machine fort commode », mais la vue d'une bonne centaine de Flitches envahissant le pont étroit armés de nombreux barils vides le fit remplacer ces termes par « fort bien menée ».

— Cela ne sera plus long, docteur. Car si l'ouest est tout sanglant pour l'instant — grand Dieu, comme le pont est rouge ! —, je crois pouvoir vous promettre que la brise tiendra et qu'à moins que je me trompe lourdement nous verrons la terre demain.

Le maître ne s'était pas trompé. *La Flèche* fit le plus bel atterrissage que l'on pût souhaiter et à l'aube suivante elle se glissa, sous huniers, poussée par la marée, tout au fond de Simon's Bay, jusqu'au mouillage bien connu ; silence merveilleux après toutes ces semaines de sifflement du vent dans le gréement et de chant de l'eau sur les flancs. Silence, et la rive qui défilait ; silence prolongé, irréel, brisé enfin par le salut de *La Flèche,* le rugissement de la réponse, et le plouf de l'ancre de bossoir.

Dès cet instant, la paix disparut. Un navire porteur de dépêches devait agir encore plus vite qu'un navire de guerre ordinaire. *La Flèche* entreprit de faire de l'eau douce comme s'il lui fallait, au risque de périr, partir à la troisième marée ; elle embarqua en quantité du bois, des vivres, des provisions, et débarqua en secret bien d'autres choses ; Stephen entendit mille fois

« Pas une minute à perdre » et parcourut à plusieurs reprises la route poussiéreuse du Cap à bord d'une charrette délabrée remplie de marsupiaux étonnés, confinés sous un filet, avant de leur trouver un havre convenable ; car son ami Van der Poel avait déménagé avec ses aardvarks. Il fut si occupé à terre que c'est seulement quand *La Flèche* reprit la mer et que son capitaine s'assit pour dîner qu'il entendit parler de la déclaration de guerre des Etats-Unis.

La nouvelle fut reçue avec des sentiments mitigés à bord de *La Flèche* : certains des officiers, qui ressentaient encore le dépit du résultat de la guerre d'Indépendance, l'accueillirent avec joie ; d'autres, qui avaient des amis américains ou qui jugeaient que toute l'affaire avait été bien mal traitée par les tories et l'armée, et considéraient de toute façon comme naturel un désir d'indépendance, la regrettaient. D'autres encore laissaient la politique aux politiciens mais jugeaient que s'il leur fallait se battre contre les Américains en plus de Bonaparte et de ses alliés, c'était après tout leur métier ; et que du moins on pouvait espérer quelques parts de prise. La glorieuse époque des galions espagnols et de leurs trésors était à jamais passée ; les prises françaises brillaient par leur rareté ; mais les navires marchands américains transportaient désormais une bonne part du commerce mondial et l'on pouvait en rencontrer partout. Bonden dit à Stephen que dans l'ensemble le premier pont n'était pas satisfait : mis à part quelques vrais matelots de navires de guerre, la plupart des hommes avaient été recrutés de force, à bord de navires marchands ou à terre ; beaucoup avaient navigué sur des navires américains et tous s'étaient fait des compagnons américains. L'idée des parts de prise ne leur déplaisait pas, mais ils ne voyaient pas très bien à quoi revenait de combattre les Américains : on en comptait une demi-douzaine à bord en ce moment et ils ressemblaient fort à des Anglais ; ils n'avaient rien de particulier ; ils étaient comme tout le monde. Combattre les Français, c'était autre chose ; c'étaient des étrangers, en somme, c'était naturel. Mais, d'une manière générale, l'ensemble de l'équipage considérait cette nouvelle guerre comme une affaire de peu d'importance ; il pourrait y avoir certains avantages mais ce n'était pas vraiment un combat, comparé à la guerre contre la France. Au Cap on ne disposait d'aucun détail mais chacun savait que les Américains ne possédaient pas un seul navire de guerre alors que la Royal Navy en avait plus d'une centaine en mer, sans même parler de ceux qui étaient en construction ou en réserve.

Si l'issue de la guerre ne faisait pas le moindre doute pour les matelots — la Royal Navy, après tout, battait depuis vingt ans toutes les flottes qui s'opposaient à elle, capturant, brûlant ou coulant l'ennemi en masse et en détail, où qu'elle pût le trouver —, le capitaine Yorke, pour son compte, était sceptique et même découragé quant à l'issue terrestre. Si les Américains avaient réussi à battre l'armée anglaise en quatre-vingt-un, ils pouvaient le faire à nouveau, surtout du fait que tant des meilleurs régiments étaient engagés dans la péninsule ; et les Français du Québec ne risquaient guère de montrer beaucoup de zèle en faveur des Anglais. Ce qu'il craignait, c'était un franchissement brutal de la frontière pour s'emparer par-derrière de la base navale de Halifax. Ce serait extrêmement gênant ; toutefois, il était assez tranquille quant à l'aspect naval. On avait les Antilles, on avait les Bermudes, on avait évidemment les bases d'Angleterre, et Jack et lui s'attachèrent à composer l'escadre nécessaire pour tenir la marine américaine en échec ou la détruire, dans l'éventualité d'un engagement général, en partant de l'hypothèse qu'Halifax était pris. Ils avaient toujours porté un très vif intérêt professionnel aux marines des autres puissances, même d'une puissance aussi jeune que les Etats-Unis, et quand Stephen demanda : « De quoi se compose donc la marine américaine, s'il vous plaît ? », ils purent lui répondre aussitôt.

— En dehors de leurs sloops et de leurs bricks, ils n'ont que huit frégates, dit Yorke. Huit, pas plus. Ce serait folie pure de déclarer la guerre avec huit frégates seulement alors que votre adversaire dispose de six cents navires en croisière, si l'on voulait tenter quoi que ce soit dans le domaine maritime ; mais évidemment l'objectif réel est ici le Canada — ils ne peuvent avoir l'intention de faire quoi que ce soit en mer, sauf s'emparer de quelques prises avant que leurs navires ne soient pris ou bloqués dans la Chesapeake.

— Huit frégates, dit Jack, et il y en a deux que nous qualifierions à peine de frégates aujourd'hui : une de trente-deux canons et une de vingt-huit, nommée *Adams* ; ensuite trois navires armés de pièces de dix-huit livres, trente-huit canons chacune, ressemblant beaucoup aux nôtres, quoique un peu plus larges, peut-être : *Constellation, Congress* et *Chesapeake* ; et encore trois autres, plus lourdes que tout ce que nous avons, *President, Constitution* et *United States,* toutes armées de quarante-quatre pièces de vingt-deux livres. Je suis à peu près certain que l'on enverra l'*Acasta* s'en occuper, de même qu'*Endymion* et *Indefatigable*. J'en serai ravi ; il y a de superbes terrains de chasse derrière Halifax.

— Quand vous dites plus lourdes que tout ce que nous avons, voulez-vous parler de leur masse physique ou de la puissance de leur artillerie ?

— Je voulais surtout parler des canons. Ils ont des pièces longues de vingt-quatre à opposer à nos pièces de dix-huit — ils tirent des boulets qui pèsent vingt-quatre livres au lieu de dix-huit. Six livres de plus, vous voyez, dit Jack avec gentillesse. Mais évidemment l'un ne va pas sans l'autre. Les frégates américaines de quarante-quatre doivent jauger environ quinze cents tonneaux tandis que nos frégates de trente-huit dépassent à peine le millier. *Acasta,* si je ne me trompe, jauge mille cent soixante tonneaux et porte quarante canons de dix-huit.

— Cette prépondérance donnerait-elle à l'ennemi un grand avantage ? S'il lançait contre vous son éperon, sa masse plus forte ne vous coulerait-elle pas comme on coulait les Turcs à Lépante ?

— Cher docteur, dit Yorke, ce sont là tactiques de galère. Dans la guerre scientifique moderne le poids seul n'est pas significatif, si ce n'est que l'épaisseur des échantillonnages apporte une certaine protection aux servants des canons à longue portée et permet de s'armer de pièces plus lourdes. Vergue à vergue, cela ne fait guère de différence : un boulet de dix-huit livres fait à peu près autant de dégâts qu'un boulet de vingt-quatre si les pièces sont bien pointées et bien servies. Quand j'étais troisième lieutenant de la *Sybille*, trente-huit, nous nous sommes attaqués à la *Forte*, portant quarante-quatre pièces de vingt-quatre, et quand nous l'avons prise nous avons constaté que nous avions tué ou blessé cent vingt-cinq de ses hommes alors qu'ils n'en avaient tué que cinq chez nous. Nous l'avions aussi démâtée entièrement, sans perdre le moindre espar. C'était en quatre-vingt-dix-neuf.

— Et puis, l'année de Trafalgar, dit Jack, Tom Baker — vous vous souvenez de Tom Baker, Stephen, cet homme très laid aux cheveux carotte avec une femme ravissante qui l'adore —, Tom Baker, sur le *Phoenix*, trente-six canons et particulièrement petit pour un trente-six, a pris la *Didon*, quarante canons, en un combat très sanglant. Mais je vais vous dire, Yorke, il ne servirait à rien d'envoyer trop de vaisseaux de ligne ; on ne peut attendre d'une frégate, même de quarante-quatre canons, qu'elle sorte pour s'attaquer à un vaisseau de ligne. Je suggère donc l'*Acasta*, l'*Egyptienne*...

L'attention de Stephen s'égara ; il saisit son violoncelle, chuchota sur les cordes. Il avait depuis longtemps exprimé à Wallis son opinion sur cette guerre néfaste, inutile — inutile et pourtant, avec un tel ministre, peut-être inévitable : il n'allait pas se répéter. Ce qui le préoccupait, c'était l'effet qu'elle pourrait avoir sur Diana Villiers, prise au piège de ce qui était à présent un pays ennemi ; et sur le renseignement. Quoique du point de vue du renseignement, la Catalogne le souciât infiniment plus ; il était impatient d'y aller et bien que *La Flèche* filât à présent dans l'Atlantique sud avec autant d'ardeur magnifique que pour sa traversée de l'océan Indien, il devait maîtriser son esprit avec une force inhabituelle pour ne pas se laisser aller à l'impatience et aux plaintes stériles. Il lui semblait que Yorke pourrait bien avoir raison pour le Canada, mais il ne parvenait pas à s'intéresser beaucoup à une hypothétique guerre navale. Si elle avait lieu, beaucoup d'hommes des deux côtés seraient sans doute tués ou cruellement estropiés, beaucoup de femmes frappées d'un malheur terrible, beaucoup d'énergie, de matériaux et de trésors gaspillés — détournés du seul objectif réel —, mais quoi qu'il en soit cette guerre resterait une question annexe, une imbécillité sanglante et gratuite. Il aurait voulu que Jack et Yorke soient moins prolixes, moins enclins à négliger la musique pour la marine américaine : il était fatigué de leurs escadres idéales, de leurs stratégies, de leurs nouvelles bases navales.

La marine américaine était l'unique sujet de toutes les conversations — la marine américaine, jour après jour. Pour y échapper il passait plus de temps sur le pont ou dans la hune d'artimon. Ils étaient à présent dans les eaux des albatros, dans le courant froid longeant la côte ouest de l'Afrique, et il observait longuement ces superbes voiliers planant sur la longue houle verte. Mais quand la nuit ou le froid — et il faisait particulièrement froid, si froid qu'il bénissait le jour où il avait débarqué ses marsupiaux, créatures sujettes aux maladies des bronches — le poussait vers le carré, il y retrouvait toujours les Américains, et non seulement leurs frégates, mais chacun de leurs huit bricks et sloops, du *Hornet,* vingt canons, à la *Viper,* douze pièces, avec tous les détails insipides des mouvements de canons et de caronades, de pierriers dans les hunes ou le long des passavants.

L'impression était ici bien différente. Mr Warner ne craignait pas pour le Canada, ne craignait pas pour Halifax ; il se moquait tout à fait de la marine américaine. Et comme il était le seul homme à bord ayant jamais combattu les Américains, son opinion avait du poids.

— Quand j'étais aspirant, en l'an quatre-vingt, monsieur, dit-il, sous les ordres de Jack Byron Temps de Chien à la station d'Amérique, nous les avons beaucoup vus. Méprisables, monsieur, méprisables : ils n'ont jamais livré un seul combat de manière honorable. Des navires dégoûtants : ressemblant plus à des pirates qu'à une vraie marine. Mais que peut-on attendre de gens qui pensent que commodore est un rang permanent, qui mâchent du tabac sur le gaillard d'arrière et crachent leur jus de chique de tous les côtés ?

— Mais peut-être se sont-ils améliorés avec le temps, dit Stephen. Il me semble me souvenir que pendant leur petite guerre manquée contre la France, en mille sept cent quatre-vingt-dix-neuf, leur frégate *Constellation* a pris l'*Insurgente*.

— Tout à fait vrai, monsieur, mais vous oubliez que la *Constellation* portait des pièces de vingt et l'*Insurgente* des pièces de douze. Vous oubliez que la *Vengeance*, avec ses canons de dix-huit livres, a réduit la *Constellation* en pièces. Et, docteur, vous oubliez que dans ces deux combats les Yankees se battaient contre des étrangers, pas contre des Anglais.

— Ah, dit Stephen, je ne saurais le nier.

— Mon frère Numps..., dit le commissaire.

— La *Vengeance* portait des caronades de quarante-deux livres en laiton, dit le second lieutenant, je le sais parfaitement car j'étais troisième lieutenant de la *Seine* quand nous l'avons prise, dans le passage de Mona.

— Mon frère Numps..., dit le commissaire.

— Et ses caronades étaient montées sur un nouvel affût sans recul : je vais vous le dessiner sur la nappe.

Désespérant d'élargir son public, le commissaire se tourna vers Stephen et McLean ; mais Stephen, estimant qu'il ne pourrait rien sortir de bon de mon frère Numps, ni de l'affût sans recul, quitta sa place sans bruit.

La discussion se poursuivit sans lui dans le carré, toujours à propos des Américains, car il semblait que Numps ait visité les Etats-Unis ; et elle continua dans la grand-chambre, à un niveau peut-être un peu plus élevé mais toujours assez fastidieux pour qui n'était pas marin. A certains moments, Stephen avait l'impression qu'ils ne s'arrêteraient jamais et que tant d'ennui le tuerait, car pour échapper à leurs bavardages incessants il était obligé soit d'arpenter le pont dans le froid et l'humidité, soit de se réfugier dans le coqueron, tout aussi froid et humide, avec en plus une puanteur de charnier. Sa cabine n'était pas inconfortable, mais séparée du poste des aspirants par une cloison si mince que même les grosses boulettes de cire qu'il s'enfonçait dans les oreilles ne parvenaient pas à arrêter leur vacarme. « En vieillissant, se dit-il, je tolère de moins en moins le bruit, l'ennui et la promiscuité ; je n'ai jamais été fait pour la vie en mer. »

Puis, brusquement, d'un jour à l'autre, *La Flèche* se trouva dans une eau d'un bleu profond ; l'air du matin fut tendre ; on rangea gilets et cache-nez, et le soleil de midi fut observé par un gaillard encombré d'hommes et de gamins en petites vestes rondes. Bientôt les vestes disparurent aussi, et l'on franchit le Capricorne en bras de chemise : le dîner avec le capitaine, qui impliquait un uniforme complet, n'était plus source d'autant de joie sauf parmi les aspirants, troupe affamée, nécessiteuse, dont les rares vivres privés achetés au Cap avaient depuis longtemps disparu, et qui maigrissait à présent, réduite au cheval salé et au biscuit.

C'est bien au nord du Capricorne que le vent, jusque-là si favorable, les abandonna. Les alizés du sud-est avaient si peu de sud en eux que *La Flèche* se trouvait plus près du Brésil qu'elle n'en avait eu l'intention quand ils moururent tout à fait, la laissant ballottée dans une forte houle sous un soleil si vaste, si proche et si féroce que même à l'aube le métal des canons restait encore très chaud.

Après une semaine de cela, quand tout souvenir du froid fut évanoui, quand même la fraîcheur parut appartenir à quelque existence idéale, une légère brise venue de l'équateur, donc exactement contraire, gonfla enfin les voiles, rendant au navire la vie et le mouvement. Désormais, Warner put employer tout son art et les matelots recuits de soleil tout leur zèle pour louvoyer lentement vers le nord.

Il le fit avec une habileté admirable, applaudi par ceux qui, tel le capitaine Aubrey, savaient apprécier ses efforts, ignoré par d'autres tels Stephen et McLean qui ne s'en souciaient guère. Ils avaient à présent quelques coups de soleil intéressants dans leur infirmerie, en même temps que les maladies habituelles que certains des hommes avaient trouvé le temps d'attraper à Simon's Town, dans leurs rares moments de temps libre ou volé ; mais leur préoccupation principale était les restes non encore décomposés des trésors amassés dans le coqueron, essentiellement des os, des peaux salées et quelques petites créatures ou organes conservés dans l'alcool. Du moins tout était catalogué à présent, et presque tout décrit. McLean était un descripteur fanatique, un disséqueur d'une dextérité étonnante : un travailleur acharné, opiniâtre. Après une journée d'une telle chaleur que le goudron dégouttait du gréement et que le brai des coutures du pont faisait des bulles sous le pied — peut-être la vingtième journée de cette sorte à la suite, avec tous les canots en remorque pour préserver leur étanchéité —, Stephen l'abandonna dans son refuge privé, occupé à disséquer un fœtus de phoque à oreilles, la fierté de leur plus grand bocal d'alcool. C'était probablement le fœtus de la nouvelle espèce qui porterait le nom d'*Otaria macleanii* et qui devait leur apporter une gloire éternelle, pourtant Stephen ne supportait plus la densité du nuage de fumée de tabac (car McLean travaillait la pipe à la bouche), les vapeurs d'alcool et la chaleur fétide de l'espace confiné après la soupe aux pois du carré. Il souhaita bonne nuit à McLean, lui conseilla de ne pas trop fatiguer ses yeux, reçut en réponse un grognement distrait et se fraya un chemin d'échelle en échelle jusqu'au pont. Le quart de nuit était commencé depuis longtemps et le navire était très silencieux ; il courait sous huniers seuls, avec le vent un quart sur l'arrière du travers, filant peut-être deux nœuds dans une houle longue et douce. Le maître avait le quart et il n'était pas homme à tourmenter l'équipage avec des manœuvres de foc et de voiles d'étai après une journée épuisante passée à brosser et gratter les algues sur les flancs du navire pour gagner un rien de vitesse. Stephen l'aperçut, quand ses yeux s'habituèrent à l'obscurité, debout près du quartier-maître dans la lueur de la lampe d'habitacle. Derrière lui, près du couronnement, Jack montrait les étoiles à ses aspirants et l'on entendait la jeune voix fraîche de Forshaw jacasser à propos de la Croix du Sud. Quelles étoiles ! La jeune lune s'était couchée et elles scintillaient dans un ciel de velours, comme accrochées à différentes hauteurs, ponctuées de l'éclat rouge de Mars. Une certaine fraîcheur s'élevait de la mer, un souffle humide, presque froid, et Stephen s'en alla vers l'avant, traversant l'espace où d'habitude les canots étaient posés sur leurs cales et qui était à présent parsemé de silhouettes endormies ou du moins étendues, la tête dissimulée sous leur jaquette. Il se fraya un chemin jusqu'à l'étrave, puis, avec soin, le long du beaupré jusqu'à la vergue de civadière. Là, il se retourna, s'assit et se laissa prendre par le mouvement aisé du navire ; il regardait tantôt le petit hunier fantomatique, tantôt la tête de mât décrivant parmi les étoiles des courbes régulières et compliquées, tantôt le taille-mer, qui avançait perpétuellement sans jamais l'atteindre, tranchant l'eau noire d'un faible reflet blanc. Un bruit vivant, continu : craquement de poulies, tension et crissement des bois et des cordages, chuintement, clapotis, bouillonnement de l'eau, habitait la nuit. Il était très fatigué sans savoir exactement pourquoi, si ce n'était l'effort d'écarter son esprit du souci anxieux et inutile de Diana — elle était très présente à sa pensée depuis quelques jours — et des événements de Catalogne. Là-bas la cloche résonnait, coup après coup, et chaque fois les sentinelles lançaient « Bon quart partout ! » de leurs différents postes. C'est peut-être leurs appels réitérés qui imprimèrent leur sens sur son être irrationnel, ou peut-être un millier d'autres causes, mais après quelque temps sa fatigue écrasante fut remplacée par une douce lassitude physique, calme, un confortable désir de sommeil. Et il se glissa vers l'arrière, retenant son souffle et cramponné à tous les cordages qui lui tombaient sous la main : si Jack ou Bonden le découvraient, il aurait à supporter leurs reproches, il se ferait gronder sévèrement. Il réussit pourtant à rentrer et à regagner l'arrière ; Jack et ses observateurs d'étoiles n'étaient plus là. Aussi, après un mot au maître et un long regard au sillage, doucement phosphorescent, éclairé par les étoiles, où les canots flottaient tout noirs comme de petites baleines, il descendit.

Malheureusement, les aspirants n'étaient pas encore couchés. Le plus animé de ces jeunes messieurs avait été élevé par son oncle, professeur à Oxford, et il avait lancé la mode des nuits de fête. C'en était une, et à travers ses boules de cire, Stephen entendit :

Notre capitaine nous a bien gâtés,
Quand il s'est trempé la queue dans l'phosphore,

Elle a tant brillé qu'avec la clarté,
On a pu de nuit passer le Bosphore.

Ils reprenaient sans fin le couplet, qui se terminait toujours par un hurlement de rire ; à chaque répétition cela semblait plus drôle et quand on piqua quatre coups, ils n'arrivaient plus à dépasser « nous a bien gâtés » sans succomber à l'hilarité.

« Quatre coups, brutes infâmes », dit Stephen en enfonçant plus encore la cire. Mais il n'entendit jamais les cinq coups. Il était loin, très loin : et l'impression suivante fut d'une violence extrême, générale, incohérente — Jack le secouait, le tirait de sa bannette en criant « Au feu, au feu, le navire est en feu, montez sur le pont ! »

Sans rien voir dans l'épaisse fumée il attrapa son carnet et son écritoire et suivit la lanterne de Jack à travers le faux pont désert jusqu'au panneau avant. Le pont était illuminé d'une lumière rose reflétée par la fumée et les voiles ; on apercevait parfois une langue de flammes au-dessus du panneau principal. Les tuyaux crachaient, les hommes à demi nus actionnaient violemment les pompes. Il resta là un moment, en chemise, à saisir la situation, puis se retourna pour regagner sa cabine, mais la fumée brûlante le repoussa et, quand il émergea, une fontaine de flammes jaillit par la claire-voie de la chambre. Les huniers et leur gréement goudronné prirent feu aussitôt : des morceaux enflammés tombaient sur le pont, déclenchant d'autres feux — glènes de cordages, bois sec comme l'amadou s'enflammaient avec une vitesse et un éclat extraordinaires —, un immense rugissement omniprésent trahit l'emprise invincible du feu.

Les hommes quittèrent les pompes et coururent vers la lisse, les yeux fixés sur le capitaine Yorke.

— Bordée tribord, embarque ! cria-t-il, doucement, doucement là-bas ! Les Leopards au cotre bleu.

Une ruée vers l'étrave, où les canots avaient été tirés le long du bord. Pas une ruée de panique indisciplinée, mais assez violente pour que Stephen soit jeté par terre et piétiné. Il se sentit ramasser, entendit la voix forte de Bonden, « Faites place, là ! », et sentit Babbington lui saisir les jambes et le guider dans le canot.

— Ecartez-vous ! cria Yorke. (Et quelques instants plus tard :) Bordée bâbord, embarque !

Les flammes montaient toujours plus haut. Il y eut un peu de confusion, des hommes se jetèrent à l'eau, on cria : « Venez, monsieur, venez ! » Dans l'éclat de l'incendie, on put voir Yorke, Warner et le canonnier courir sur le pont, faisant tirer les canons pour qu'ils ne se déclenchent pas au hasard quand la chaleur les atteindrait, en risquant de couler les canots. Les trois derniers canons partirent ensemble et Yorke descendit, dernier homme à quitter le navire.

— Nage ! lança-t-il, et sa gigue fila, passa entre les autres et s'écarta très vite, montrant la route.

Ensuite, ils s'appuyèrent sur les avirons pour regarder leur navire : ils regardaient, le regard fixe, sans un mot, et au bout d'une demi-heure il explosa, vaste lueur cramoisie déployée à toute vitesse, couvrant le ciel, suivie d'une obscurité totale et du bruit des bois, des mâts, des espars plongeant dans la mer vide.

Chapitre trois

Le cotre bleu faisait dix-huit pieds de long : avec treize hommes à bord, le canot était désagréablement encombré et dangereusement bas dans l'eau. Silencieux, à peu près immobiles, ils se serraient dans le peu d'ombre qu'ils trouvaient — fort peu, sous le soleil tropical, un peu plus quand il descendait très vite vers l'horizon occidental. Soulagement sensible car le plein soleil de midi aurait pu être qualifié d'insupportable, si ce n'est qu'ils le supportaient. Ils avaient beaucoup de choses à supporter, en dehors de la chaleur et de l'encombrement : la peur, la faim, la soif et les brûlures du soleil, ces dernières étant les plus immédiates.

Leurs chemises composaient désormais la petite voile triangulaire qui devait leur faire traverser l'océan jusqu'au Brésil, et si les visages et les avant-bras étaient tannés au point qu'aucun soleil ne pouvait plus les atteindre, il n'en était pas de même pour les dos : ceux qui avaient des queues les avaient défaites pour étaler leurs longs cheveux en guise d'écran, mais cela ne servait pas à grand-chose sous un soleil aussi torride et ils avaient le dos rouge ou violet, craquelé, pelé, à vif ; car si le cotre était correctement équipé en avirons, marchepieds de nage, mâts et cordages, ses voiles avaient fait partie de ce que le bosco s'était approprié au Cap, leur disparition camouflée par un petit morceau de tissu rempli de bric-à-brac. Il restait peu de jaquettes à bord : on les mouillait, on les passait à ceux qui prenaient place côté soleil, à tour de rôle, à chaque coup de cloche hypothétique. La peur, présente dès l'instant où elle avait remplacé le soulagement intense d'avoir échappé au navire en feu, s'était amplifiée durant le coup de vent qui avait séparé les canots, dans la nuit même où *La Flèche* avait brûlé — une série de grains levant une mer si forte qu'ils s'étaient tous assis sur le plat-bord au vent pour arrêter les vagues de leurs dos, serrés les uns contre les autres, tout en vidant furieusement l'eau avec leur seule écope et deux chapeaux. Ensuite la peur était retombée en une sorte d'inquiétude constante, tempérée de confiance : le capitaine Aubrey avait déclaré qu'il savait où l'on était et qu'il les conduirait à San Salvador, au Brésil ; et si quelqu'un pouvait les tirer d'affaire, c'était lui. Mais elle était remontée depuis quelques jours, car le biscuit et l'eau diminuaient, et ils n'avaient pas vu un poisson, pas une tortue sur la vaste étendue de mer d'un bleu profond. Même le capitaine Aubrey n'était pas en mesure de faire surgir la pluie de cet implacable ciel pur, ni d'augmenter le petit paquet de biscuits posé près de lui, dans la chambre, d'où il barrait le cotre, cap à l'ouest. Sous son banc, soigneusement calée et couverte, une baille contenait les dernières pintes d'eau. Il en distribuerait le tiers d'une chope au coucher du soleil, avec le tiers d'un biscuit ; le docteur y ajouterait une certaine quantité d'eau de mer ; et ce serait tout, la baille étant à peu près vide. On pourrait trouver un peu de rosée à lécher sur le mât, les plats-bords ou la voile — cela arrivait parfois —, mais pas assez pour les tenir longtemps, pas plus que l'urine qu'ils buvaient depuis une semaine. Depuis mercredi, le docteur leur montrait des oiseaux qu'on ne voyait jamais à plus de quelques centaines de milles de la terre, disait-il, et ils s'étaient sentis encouragés. Mais, avec cette brise légère et variable, quelques centaines de milles pouvaient représenter une autre semaine, et ils n'avaient plus la force de tirer longtemps sur les avirons si la brise tombait ; ils avaient mâché tout ce que l'on pouvait extraire de leurs ceintures de cuir ou de leurs chaussures, et le biscuit terminé il n'y aurait plus rien. Personne ne se plaignait, mais chacun savait très bien qu'ils ne pouvaient plus tenir très longtemps ; et si l'espoir n'était pas effacé, loin de là, l'inquiétude pesait très lourd dans le canot.

« Changez », croassa le capitaine. On mouilla les jaquettes pour les passer aux hommes qui prendraient place à l'avant ; il y eut un mouvement général. Pourtant, même ce mouvement ne changea pas l'ordre établi : le capitaine restait assis dans la chambre, les deux lieutenants à ses côtés, les aspirants plus en avant, ensuite les Leopards et enfin les trois Flitches qu'ils avaient recueillis — des hommes qui s'étaient jetés à l'eau dans la confusion finale et avaient perdu leur canot. Chacun était assis près de ses affaires, de ce qu'il avait emporté : c'était parfois le résultat d'un hasard, ce qui s'était trouvé à portée de main au dernier moment, mais parfois aussi cela montrait ce que chacun appréciait le plus. Jack Aubrey avait son chronomètre près de lui, à côté du biscuit, du lourd sabre de cavalerie utilisé depuis tant d'années et d'une paire de pistolets. Il s'en était tiré mieux que les autres car Killick, prévenu quelques minutes plus tôt, avait aussi attrapé une liasse des papiers du capitaine, son meilleur télescope, et une demi-douzaine de ses plus belles chemises à jabot, tout juste repassées ; mais les chemises faisaient à présent partie de la chute de la voile. Babbington avait sauvé son brevet ; Byron, les journaux officiels et les certificats dont il aurait besoin pour faire confirmer son poste temporaire, et un sextant. Un aspirant avait encore son poignard et les deux autres leur cuiller d'argent. Plusieurs des gabiers avaient sauvé leur petit sac, souvent tout brodé, leur boîte à aiguilles et, bien entendu, leur couteau. L'écritoire fermée du docteur Maturin était posée sur son journal, avec pardessus sa nouvelle perruque. Quant à lui on ne le voyait pas, à l'exception de ses doigts accrochés au plat-bord, car il était suspendu dans l'océan. La sueur ne pouvait s'évaporer dans l'eau, et peut-être le fluide pur réussirait-il à pénétrer à travers la membrane perméable de sa peau.

— Quelqu'un pourrait-il m'aider ? dit-il en se hissant sur le plat-bord jusqu'à la poitrine.

Bonden se leva ; ce faisant, la brise se prit dans ses longs cheveux, lui couvrant le visage. Il se tourna nez dans le vent pour se dégager, se raidit, l'œil fixe, et dit à Jack :

— Une voile, monsieur, par l'avant tribord.

Aucune discipline maritime ou terrestre ne pouvait tenir dans de telles circonstances. Quand Jack se leva, tous les autres en firent autant. Le cotre fit une embardée terrible et faillit embarquer une vague.

— Asseyez-vous, maudits maladroits, s'exclama Jack très fort — un son inhumain.

Ils s'assirent immédiatement, ils avaient vu tout ce qui importait : un navire à l'horizon nord, huniers visibles. Jack monta sur le banc milieu, se mit en équilibre et regarda longuement à la lunette. L'éclairage était parfait : trois fois, à la montée de la houle, il aperçut la coque.

— Un navire des Indes, probablement, dit-il. Bonden, Harboard, Raikes, asseyez-vous sur le plat-bord bâbord. Paré à virer.

Le navire était sur le bord opposé, cap un peu au sud de l'est, avec le vent au nord, et filait six ou sept nœuds. Jack vira et fit cap pour l'intercepter. Seule question, le pourrait-il avant la nuit ? La nuit tropicale, si brutale, sans crépuscule pour prolonger le jour ?

Pourrait-il faire marcher le cotre assez vite pour parvenir en vue des vigies avant la chute du soleil ? Il s'en faudrait de peu. La même pensée occupait tous les esprits, et tous les yeux observaient le soleil. Les hommes perchés sur le plat-bord au vent se penchaient en arrière pour équilibrer le canot ; et déjà les autres projetaient de l'eau sur la voile pour qu'aucun souffle ne se perde en traversant l'étoffe.

— Killick, dit Jack, essayez de nous faire une trinquette avec n'importe quoi, des mouchoirs, dcs sacs.

— Bien, monsieur.

On lui tendit sans un murmure les précieux sacs ; des couteaux tranchèrent leurs coutures ; certains torsadaient du bitord pour faire du fil, d'autres maniaient l'aiguille — tâche cruelle, car les voiliers et leurs aides ne pouvaient regarder le navire que par moments.

— Mr Babbington, dit à nouveau Jack, étalez la poudre de ma poire pour qu'elle sèche.

Ce n'était guère nécessaire à bord d'un canot aussi surchauffé, mais il voulait être tout à fait sûr que le signal ultime fonctionne.

Leurs routes convergeaient lentement ; à présent, même assis, les hommes du cotre pouvaient apercevoir la coque peinte d'un damier noir et blanc qui montait à la houle. Une sorte d'acclamation desséchée s'éleva quand la minuscule voilure nouvelle, triangle multicolore, monta le long de l'étai et que l'on put sentir une légère accélération. Mais par Dieu, le soleil tombait si vite — une main de plus chaque fois qu'ils regardaient derrière eux — et, sans rien dire, ils sentaient bien que la brise aussi tombait.

La course animée de l'eau le long des flancs s'atténuait. Il n'était plus nécessaire de se pencher pour que le canot tienne mieux le vent car il n'y avait presque plus de vent. Mais le navire n'était guère à plus d'un mille — peut-être un mille et demi — et toujours sur l'avant bâbord. Il n'avait pas encore coupé leur route ; il ne s'éloignait pas encore. La distance ne pouvait que diminuer tant qu'il n'aurait pas coupé leur route, et les vigies ne pouvaient manquer de les voir à tout instant.

Jack observa la mer, le ciel, le soleil couchant, les signes de brise incertaine :

— Sortez les avirons, dit-il, en nommant les plus forts. Il faut essayer de l'atteindre.

Encore un demi-mille, et la vigie la plus inattentive ne pouvait manquer de les voir. Encore un demi-mille et ils seraient à portée de voix — à portée de bruit du pistolet. Et le soleil n'était pas encore dans l'eau.

— Nagez, nagez, s'exclama-t-il, au ras du visage épuisé, tourmenté, du chef de nage.

Ils nagèrent plus vite : l'eau écumante courait le long des flancs. Le navire approchait très vite et l'on voyait des hommes marcher sur le pont. N'avaient-ils pas de vigie ?

— Nagez, nagez !

— Rentrez les avirons, tournez-vous. Tous ensemble, à présent. Un, deux, trois, holà !

— Holà, holà, ho, du navire !

Le navire déferla ses perroquets, les borda : il prit de la vitesse, sa vague d'étrave augmentant à mesure. Le bleu de la mer s'assombrissait très vite avec la chute du soleil.

— Holà, holà !

Jack tira deux coups de pistolet, un joli claquement bien net.

— Holà ! Ah, mon Dieu, ho, du navire !

Le ton était désespéré. Le navire coupa la route du cotre à un demi-mille, sa vague d'étrave plus blanche encore, son sillage bien net.

La distance augmentait de seconde en seconde.

— Holà, holà !

Il s'arrachait la gorge de fureur. La nuit s'étendit, rapide. Derrière le navire, des étoiles. On vit s'allumer sa lanterne de poupe, un feu de hune ; et le feu de hune s'éloigna très vite parmi les étoiles.

Silence, sauf le halètement pénible des hommes qui avaient nagé si dur, à se briser le cœur, et les sanglots secs du plus jeune. Les rameurs étaient étendus au fond du canot. L'un d'entre eux, un grand homme osseux du nom de Raikes, cessa un moment de respirer ; Stephen se pencha, lui massa la poitrine, lui jeta de l'eau au visage. Au bout d'un moment il se remit et resta assis, tête penchée, sans un mot.

— Ne perdez pas courage, compagnons, dit enfin Jack. Il porte un feu de hune, comme vous voyez. Cela prouve que nous sommes sur la route des navires. A présent je vais distribuer le souper et mettre le cap sur la terre. Je parie à n'importe qui dix guinées pour un shilling que nous verrons demain un navire, ou la terre, ou les deux.

— Je ne tiens pas le pari, monsieur, dit Babbington aussi fort que sa voix éraillée pouvait s'élever. C'est une certitude.

Peu après le lever de la lune, Stephen se réveilla. La faim extrême lui donnait à nouveau des crampes d'estomac et il retint son souffle pour les laisser passer ; Jack était toujours assis, la barre sous le genou, l'écoute en main, comme s'il n'avait pas bougé, comme s'il était aussi inamovible que le rocher de Gibraltar et aussi insensible à la faim, à la soif, à la fatigue ou au découragement. Dans cette lumière il avait même l'air d'un roc, la lune soulignant le saillant de son nez, de sa mâchoire, et transformant ses larges épaules et son torse en un bloc massif. Il avait en fait perdu à peu près autant de poids qu'il est possible sans périr et dans la journée son visage creusé, barbu, aux yeux profondément enfoncés, était à peine reconnaissable ; mais la lune montrait l'homme inchangé.

Il vit que Stephen était éveillé et son sourire fit un éclair blanc. Il se pencha, lui tapota l'épaule et pointa vers le nord. « Douche » fut tout ce qu'il put dire — tout ce que sa langue parcheminée put prononcer.

Stephen suivit la direction du bras et là, au vent, il ne vit plus d'étoiles mais une noirceur prodigieuse, parcourue d'éclairs.

— Bientôt, dit Jack.

Une demi-heure plus tard il émit un cri inarticulé,

assez proche de « Tout le monde » pour réveiller ceux qui pouvaient l'être. Raikes, le grand aide-canonnier de *La Flèche,* était mort ; et les autres rameurs risquaient fort de le suivre s'ils n'étaient pas rapidement soulagés. Il était mort avec un halètement de surprise, un regard perplexe, tandis qu'on distribuait le souper, et ils ne l'avaient pas passé par-dessus bord, bien que personne n'ait encore parlé de manger son corps.

— Voile, croassa Jack, entonnoir : baille.

D'un coup, la brise de nord vira au sud : une pause sur la mer agitée pendant que la noirceur courait dans le ciel. Les premières gouttes tombèrent en grêle, d'énormes grêlons blessants ; et puis, venant à nouveau du nord, les nappes de pluie arrivèrent, remplissant leurs bouches ouvertes, offertes, lavant leurs bras tendus, leurs corps brûlés, croûtés de sel.

— Vite, vite ! s'écria Jack beaucoup plus fort en dirigeant le flux d'eau de la voile tendue à l'horizontale vers la baille et tous les autres réceptacles qu'ils possédaient.

Mais cette agitation était inutile ; longtemps après qu'ils eurent tout rempli, la pluie continua, si abondante qu'ils perdaient le souffle en se vautrant dans ce luxe pur, en l'absorbant par tous les pores, tombant en masse avec un sifflement, un rugissement, à tel point qu'ils durent écoper, jeter l'eau précieuse par-dessus bord pour rester à flot.

C'est pendant qu'ils écopaient que Babbington cria « Oh ! » et puis « C'est tout mou ». C'était le premier d'une pluie de calmars volants, passant par centaines tout autour et par-dessus le canot, certains heurtant les hommes et tombant dans l'eau douce au fond de la coque, brillant d'une faible phosphorescence, leurs multiples bras enlacés. Trop nombreux pour qu'on pense au partage. Les hommes les poursuivirent, fouillant d'un bout à l'autre, fouillant sous les jambes du mort, et les mangèrent vivants.

La noirceur partit ; la lune brilla de nouveau ; au

nord, les étoiles étaient plus brillantes encore. Stephen s'aperçut qu'il avait froid, qu'il grelottait ; il sentait son ventre comme un sac plein, lourd comme un corps étranger.

— Tenez, monsieur, lui dit Forshaw à l'oreille, voici ma jaquette. Etendez-vous sur le banc et faites un petit somme. Il fera jour dans une heure ou deux. A présent nous pouvons tenir au moins une semaine ; vous serez très bien.

L'aube : première lueur montant vers le zénith. Un ciel pur sur une mer voilée de blancs tourbillons de brume, de brume remplie de formes changeantes, irréelles, parfois de nuages. Puis, tout à coup, le bord supérieur du soleil ; puis le soleil tout entier, aplati comme un citron, mais un citron d'un énorme pouvoir incendiaire qui s'arrondissait en montant, dispersant les brumes de ses rayons horizontaux. Et là, là où la brume avait disparu, non pas un navire, mais deux, juste sous le vent, à deux milles.

Le plus proche avait masqué son petit hunier pour parler à l'autre, mais cela ressemblait terriblement à un mirage. Personne ne prononça un mot distinct avant que Jack ait mis le canot vent arrière pour foncer à quatre ou cinq nœuds dans une brise ferme et régulière. Aucun risque que le navire puisse leur échapper — c'était bien un navire : aucun mirage n'aurait pu tenir si longtemps — et pratiquement aucun risque qu'on ne les ait pas déjà vus : ce navire était un vaisseau de guerre, sa flamme flottant au vent. Nationalité incertaine car ses couleurs, anglaises, françaises, hollandaises, espagnoles ou même américaines, flottaient à l'opposé — un soupçon de bleu, rien de plus —, mais de toute façon un paradis. Pourtant aucun homme ne voulait tenter le sort : ils restaient assis, rigides, regardant de toutes leurs forces, poussant le canot de toute leur volonté. Silence total jusqu'au moment où Jack, passant la barre à Babbington, se glissa tout engourdi vers l'avant avec sa lunette et dit, presque aussitôt :

— Il est à nous. Enseigne bleue. *Java*, grand Dieu. Mais oui, la *Java*. Je la reconnaîtrais n'importe où. L'autre est un portugais.

Murmures confus : *Java* — tous les Leopards ayant servi avec Jack la connaissaient bien ; c'était la *Renommée*, frégate française capturée au large de Madagascar, un joli navire de trente-huit canons.

— Ils nous ont vus, dit Jack.

Il avait l'officier de quart dans sa lunette, et l'officier, lunette à l'œil, le regardait bien droit.

Problème à résoudre : fallait-il à présent passer Raikes par-dessus bord ? Cela paraissait plus convenable, en quelque sorte. Garder un cadavre à bord porte malheur, la *Java* pouvait encore border un hunier et partir. Et puis il avait horriblement gonflé ; et bien que personne n'en dît rien, une partie de sa cuisse gauche avait été dévorée dans la nuit : les calmars n'étaient qu'un pauvre substitut pour une faim aussi énorme. Non, dirent ses compagnons de *La Flèche* : non, après l'avoir amené si loin il lui fallait un aumônier. Il fallait faire les choses dans les règles, avec un hamac et deux boulets aux pieds, et les prières.

— D'accord, dit Jack, mais couvrez-le décemment pour l'instant. Et, docteur, je vous demande de mettre votre tablier.

Pour les mille derniers yards, sous les yeux des Javas rangés le long du bord, la timidité les saisit. Deux par deux les matelots se mirent à tresser leurs queues de cheveux, les officiers enfilèrent les vêtements qui leur restaient et tripotèrent leur barbe.

Plus près, plus près encore ; puis l'appel :

— Qui êtes-vous ?

Dans la gaieté soudaine de son cœur, la dernière tension effacée, Jack imagina quelque réponse facétieuse : « La reine du bal » ou « Les défenseurs de la chrétienté », mais c'était impossible avec un cadavre à bord. Il lança « Marins naufragés », lâcha les écoutes et amena doucement le canot contre le flanc de la *Java*.

Pas d'hommes de coupée, pas de sifflet du bosco pour le capitaine Aubrey, cette fois ; mais voyant dans quel état étaient les hommes, l'officier fit descendre deux matelots costauds avec des tire-veilles et l'un d'eux dit à Jack :

— Peux-tu monter, compagnon ?

— Je crois, merci, dit Jack en sautant pour s'accrocher aux taquets.

Quand il se redressa, la tête lui tournait étrangement mais il fallait à tout prix qu'il embarque de manière correcte — il en faisait un point d'honneur. Fort heureusement, la *Java* était joliment frégatée — ses flancs s'inclinaient vers l'intérieur à partir de la flottaison —, et en tirant deux fois sur ses bras, avec l'aide du roulis, il se retrouva sur le gaillard d'arrière, particulièrement encombré. Il se redressa sur ses genoux tremblants — la réaction l'envahissait très vite —, toucha son chapeau, sans saluer personne en particulier mais plutôt cette auguste étendue de pont, concentra son regard sur l'officier qui s'avançait et lui dit :

— Bonjour, monsieur, je suis le capitaine Aubrey, autrefois commandant du *Leopard,* et je vous serais obligé d'en informer votre capitaine.

Le visage du jeune homme exprima la surprise, l'étonnement, peut-être l'incrédulité, mais avant qu'il ait pu émettre un mot, un petit homme rond et vif sortit du groupe de silhouettes à l'arrière en s'écriant :

— Aubrey ? Par Dieu, mais c'est lui, je ne vous avais pas reconnu ; je vous croyais perdu depuis longtemps, comment êtes-vous ici ? Votre Excellence — vers un grand personnage en blanc juste derrière lui —, permettez-moi de vous présenter le capitaine Aubrey, de la Royal Navy. Général Hislop, gouverneur de Bombay.

La tête lui tournait, mais Jack réussit une inclination courtoise, un « Serviteur, monsieur » et une sorte de sourire aux paroles du gouverneur : « ... j'ai connu votre père... enchanté... rencontre fort intéressante », puis, incapable de retrouver le nom du visage familier, il dit :

— Capitaine, peut-on s'occuper de mes hommes ? Ils sont un peu sonnés. Mon chirurgien aura besoin d'une chaise de gabier. Et nous avons un cadavre avec nous. Dites-moi, s'il vous plaît, avez-vous des nouvelles des canots de *La Flèche* ?

Aucune nouvelle, hélas. Le capitaine Lambert — car il s'appelait Lambert —, ayant donné ses ordres, incita Jack à descendre :

— Venez, prenez mon bras. Un verre de cognac ?

— Dès que mes hommes auront embarqué, dit Jack.

Il eût donné tout l'or du monde pour s'asseoir sur l'affût de la caronade, là tout près, mais il resta debout pendant que les Leopards et les Flitches montaient sur le pont. Il présenta ses officiers ; et il remarqua même que les Javas n'étaient pas très habiles à embarquer le canot. Quand il atteignit la chambre, tandis que le capitaine Lambert réclamait « Un verre de cognac, holà ! et des tartelettes, mais toutes petites, vous m'entendez, toutes petites », il fut obligé de se diriger à l'aveuglette vers la galerie de poupe, où il s'effondra. « La chute vient parfois avant l'Eden », se dit-il à demi étendu, à demi appuyé — pas assez de place pour sa taille inhabituelle —, parfaitement détendu, confortable. Et, bien plus tard : « Pourquoi parlait-il de tartelettes ? Il s'appelle Lambert, Harry Lambert : il avait l'*Active* en l'an deux ; il a pris le *Scipion*, épousé la sœur de Maitland. Des tartelettes. Ah oui, bien sûr, des tartelettes aux fruits confits : on doit être tout près de Noël. »

Noël était effectivement proche et, en dépit du soleil écrasant, la cuisine de la *Java* produisit des tartes et des puddings en quantités prodigieuses, bien assez pour plus de quatre cents hommes et gamins dotés d'un solide appétit et pour douze autres à la fringale à peine humaine. C'était un beau navire, rapide, sec et très marin, avec une bonne hauteur sous barrot entre les ponts et que l'on aurait qualifié de vaste, pour la marine, s'il n'avait porté que l'équipage normal d'une frégate de trente-huit canons ; mais il était en route vers Bombay, avait à son bord le nouveau gouverneur ainsi que sa nombreuse suite, et comme si cela ne suffisait pas, des contingents destinés au *Cornwallis*, au *Chameleon* et à l'*Icarus* s'y étaient joints, de sorte que là où trois cents hommes auraient pu vivre, respirer et se nourrir presque à l'aise, c'était impossible pour quatre cents — les jours de punition, le bosco pouvait à peine manier le chat — et en caser douze de plus s'avéra difficile. Difficile pour la place, pas pour les vivres ; la *Java* était bien approvisionnée, ses cales encore peuplées de moutons, porcs et volailles en plus de ses vivres ordinaires, et si l'on savait son capitaine assez pauvre, le carré était relativement riche et l'officier chargé des vivres ordonna aussitôt un massacre d'oies, de canards et de porcelets.

Mais, en dépit de la saison et du parfum puissant des festivités, l'esprit de Noël ne régnait pas à bord. La première impression de Stephen fut qu'il n'avait jamais connu de vaisseau aussi triste. Son équipage était gentil, d'une totale gentillesse : il regréa ses hôtes avec la plus grande générosité ; le plus grand des lieutenants fournit des vêtements au capitaine Aubrey et le capitaine Lambert contribua pour les marques de splendeur dues à son rang, tandis que le chirurgien de la *Java* donnait à Stephen son meilleur habit et sa meilleure culotte, sans même parler du linge anonyme apparu dans sa cabine. Mais il n'y avait aucune gaieté à bord et quand, après une longue nuit d'un parfait sommeil, Stephen, rasé de près, eut rendu visite à ses plus graves brûlés dans l'infirmerie et fait un tour sur le pont, il fit connaissance de l'ensemble du carré au petit déjeuner : étrange troupe silencieuse, sans un sourire, pas la moindre expression de ces éclats d'esprit caractéristiques, calembours vaseux, plaisanteries traditionnelles, proverbes et dictons auxquels il était habitué et qui lui manquaient étrangement. Ce n'était pas faute de conversation ; au contraire, on parlait beaucoup mais toujours d'un ton acharné, sombre, déclamatoire, indigné ou furieux. Toujours sur des sujets très professionnels aussi, et il lui apparut qu'il avait simplement échangé l'ennui de *La Flèche* pour un ennui plus grand encore, car ici aussi on ne parlait que de la marine des Etats-Unis, et il y avait deux fois plus d'hommes autour de la table.

« Vive les femmes en mer pour remplacer les éternels trélingages croisés, se dit-il, pour éliminer les gambilles de revers et pour injecter un peu de civilisation, même de nature équivoque, même au risque de quelque déviation morale. »

Il était le premier des Léopards à apparaître et en dehors de lui offrir café, thé, côtelettes, bacon, œufs, harengs marinés, pâté froid, jambon, beurre, toast, marmelade, et de veiller à son confort, on ne lui parla guère. On le voyait encore très amoindri par son épreuve ; on le croyait sourd ; et leur chirurgien avait dit qu'il ne fallait pas l'exciter :

— Il a un vilain teint livide qui trahit quelque dommage au cœur.

Le maître lui demanda bien ce qu'il pensait du *President,* mais il répondit :

— Un choix très malheureux, monsieur. Pas de fond, faible, se laisse pousser de côté et d'autre.

— Vraiment, monsieur ? s'exclama le maître, et plusieurs autres officiers prêtèrent attention.

— Il connaît peut-être assez bien l'hébreu ; il a des manières subtilement distinguées et une jolie femme ; il peut déborder de vertu privée. Mais l'amour du pouvoir corrupteur, le désir dévorant d'autorité...

— Je parlais du navire, monsieur, de la frégate, le *President.*

— Oh, quant au navire, je ne suis pas qualifié pour émettre la moindre opinion.

Le maître se tourna vers son voisin, qui avait quelque chose à dire sur les échantillonnages tels qu'on les comprenait aux Etats-Unis ; aussi, comme ni Babbington ni Byron n'étaient encore là, Stephen échappa à la marine américaine en avalant son petit déjeuner à la hâte, en dépit des mises en garde de son collègue — « ne mangez pas trop, mâchez quarante fois chaque bouchée » —, prit deux pincées fortifiantes de tabac à priser, retourna sur le pont et demanda des nouvelles du capitaine Aubrey. Le capitaine Aubrey dormait encore, lui aussi ; et, chose amusante, ces mots furent prononcés en un murmure, en dépit du vacarme qui remplissait le navire de l'avant à l'arrière.

Stephen fit encore quelques va-et-vient sous le brillant soleil matinal, savourant le luxe de son linge propre — du linge, tout simplement. Sur le gaillard on le regardait avec une curiosité discrète ; lui-même observait la routine du navire ; même à son œil non professionnel, elle paraissait un peu désordonnée. N'y avait-il pas plus de bruit, plus d'ordres, plus de bourrades qu'à l'habitude ? Forshaw interrompit sa réflexion, un Forshaw étrangement transformé, non seulement parce qu'il était vêtu, et vêtu d'habits beaucoup trop grands pour lui, mais parce qu'il avait perdu le sourire : il avait l'air d'avoir pleuré et d'une voix basse dit à Stephen que s'il en avait le loisir, le capitaine Aubrey serait heureux de lui dire un mot.

« J'espère que cet enfant n'a pas reçu de mauvaise nouvelle, se dit Stephen en gagnant la chambre. Quelque lettre annonçant un décès, envoyée au hasard et reçue ici. Venant après ce qu'il vient de subir cela pourrait avoir des effets néfastes. Je lui donnerai la moitié d'une pilule bleue. »

Mais l'air de chagrin n'était pas particulier au jeune Forshaw ; il était visible aussi sur le visage de Jack, et plus prononcé encore : un air de choc et de profond désespoir. Le capitaine Lambert, déjà très à l'étroit, avait chassé le maître de la *Java* de sa cabine de jour pour la donner à son dernier invité, et Jack y était assis, coincé entre un canon de dix-huit livres et la table à cartes, un pot de café sur le coffre à ses côtés. Avec un pauvre sourire, il souhaita le bonjour à Stephen, lui demanda comment il allait et l'invita à partager le pot.

— D'abord, montrez-moi votre langue et laissez-moi prendre votre pouls, dit Stephen, et un moment après :

— Vous avez eu de mauvaises nouvelles, mon frère ?

— Bien sûr, dit Jack d'un ton bas, véhément. On vous l'a sûrement dit ?

— Pas à moi.

— Je n'en dirai que quelques mots : je ne supporterais pas de m'étendre, dit Jack en reposant sa tasse intouchée. Tom Dacres, sur *Guerrière*, trente-huit canons, a rencontré l'Américain *Constitution*, quarante-quatre, l'a combattu, bien entendu, et s'est fait battre. Démâté, pris, brûlé. Puis leur sloop *Wasp*, dix-huit, s'en est pris à notre brick *Frolic*, du même poids de métal exactement, et l'a vaincu aussi. Ensuite l'*United States*, quarante-quatre, et notre *Macedonian*, trente-huit, ont combattu au large des Açores et la *Macedonian* a amené les couleurs. Deux de nos frégates et un sloop ont amené les couleurs pour les Américains, et pas un seul des leurs.

Dans son journal ce soir-là, Stephen écrivit :

> « Je ne crois pas avoir jamais vu Jack si ému. S'il avait appris la mort de Sophie, il aurait sans doute ressenti une émotion plus vive encore et plus cruelle, mais ç'aurait été un chagrin personnel, alors que ceci le dépasse, sauf dans la mesure où il s'identifie entièrement à la Royal Navy — qui est sa vie, après tout. Cette série de défaites sans une seule victoire, dans les premiers mois d'une guerre, est effectivement frappante, surtout du fait

que la frégate est le type même du navire de combat ; mais elle n'entraîne pas de conséquences réelles. Toute cette guerre américaine, et *a fortiori* ces défaites qui n'affectent guère l'énorme puissance navale des Anglais, tout cela ne compte pas : de plus, les défaites elles-mêmes s'expliquent facilement (et je ne doute pas que le ministère soit actuellement occupé à les expliquer à une opinion publique choquée, indignée). Les Américains ont mis en jeu des frégates plus grandes avec des canons plus nombreux et plus lourds : leurs équipages sont volontaires, m'a-t-on dit, et non constitués de ce que peuvent récolter la presse, les tribunaux et les prisons. Mais non, cela ne sert à rien ; les marins n'y trouvent aucun réconfort. L'armée britannique peut être vaincue à répétition, c'est acceptable ; mais la Navy doit toujours vaincre. Elle a toujours vaincu depuis quelque vingt ans ; on ne lui connaît d'ailleurs aucune défaite sérieuse depuis l'époque des guerres hollandaises. La Navy a toujours vaincu et doit continuer à le faire, haut la main et quels que soient les enjeux. Je me souviens du malheureux amiral Calder qui, avec quinze vaisseaux de ligne, affronta Monsieur de Villeneuve qui en avait vingt, et fut disgracié parce qu'il n'en avait pris que deux. Vingt ans de victoires et quelques vertus intrinsèques doivent l'emporter sur des canons plus forts, des navires plus grands, des hommes plus nombreux. Et bien que j'aie jusqu'ici considéré la Navy plutôt comme un milieu au sein duquel travailler, bien que je n'aie pas le sentiment que le ciel soit tombé ou que les fondations de l'univers soient ébranlées, je dois confesser que je ne suis pas sans émotion. Je n'éprouve pas la moindre animosité envers les Américains, sauf dans la mesure où leurs actions pourraient en quelque sorte aider Buonaparte, pourtant cela me ferait chaud au cœur (dénomination couvrant la partie illogique de mon être — et de quelle ampleur elle est parfois !), cela me ferait chaud au cœur d'entendre parler de quelque victoire en revanche. »

Dîner de Noël pour Jack, Stephen et Babbington avec le capitaine Lambert, le général Hislop et son aide de camp. Festin honorable ; on dévora bon nombre d'oies, de pâtés et de puddings ; mais Jack saisit le coup d'œil anxieux de Lambert vers son vin pitoyable et son cœur se serra : Jack avait été lui aussi un capitaine sans rien que sa solde, obligé de recevoir des hôtes voraces, assoiffés. Les militaires étaient assez joyeux malgré l'allusion du général Hislop aux malheureux effets que les événements récents auraient en Inde, où la force morale était si importante. Les autres firent de leur mieux, mais dans l'ensemble, la fête, avec sa gaieté factice, ne fut pas très réussie et c'est avec contentement que Stephen entendit le capitaine Lambert proposer de leur montrer le navire.

Le tour fut long, Jack et Lambert s'arrêtant à côté de chacun des canons de dix-huit livres, de chacune des caronades de trente-deux livres, et près des deux longues pièces de neuf, pour discuter leur qualité ; il prit fin, toutefois. Jack et Stephen se retirèrent dans la cabine de jour du maître où ils se mirent à grignoter des biscuits tirés de leurs poches : tous deux étaient capables de manger sans arrêt, et le faisaient presque automatiquement.

L'avenir pour eux était clair. La *Java* avait fait une prise, un navire marchand américain de bonne taille qui devait les retrouver au large de San Salvador où l'un et l'autre feraient de l'eau douce. Cette prise, le *William*, était un navire assez lent et le capitaine Lambert l'avait quitté pour partir à la poursuite du Portugais que la *Java* venait d'arrêter quand le cotre les avait vus. D'ici quelques jours ils embarqueraient sur le *Wil-*

liam pour se rendre à Halifax, ou partiraient tout droit pour l'Angleterre sur un autre navire de San Salvador. L'*Acasta* était encore au blocus de Brest avec un capitaine temporaire, Peter Fellowes, qui la tenait au chaud pour Jack.

— Je suis heureux que Lambert ait enfin fait une prise correcte, dit-il. Il est vaillant mais n'a jamais eu de chance, pourtant aucun homme n'a plus besoin d'argent que lui — avec une demi-douzaine de garçons et une femme malade. Jamais de chance, jamais : quand il prenait un vaisseau marchand, il lui était repris avant d'atteindre le port et, sur les trois navires ennemis qu'il a capturés, deux lui ont coulé sous les pieds et le troisième était si endommagé que le gouvernement a refusé de l'acheter pour le service. Ensuite il a passé deux ans à terre, vivant à Gosport avec toute sa nichée, une vie minable et difficile ; et à présent on lui a donné la *Java*, un commandement des plus coûteux. Il brûle d'être aux prises avec les Américains, comme nous tous, et voilà qu'on l'envoie à Bombay avec une cargaison d'invités, aucune chance de se distinguer et pas beaucoup de prises en vue. Ils auraient pu envoyer Hislop à bord d'un navire de la Compagnie ; c'est cruel d'avoir ainsi ligoté un homme comme Lambert, un capitaine aussi bon guerrier que n'importe qui. Et puis, quel équipage !

— Qu'en est-il de ses hommes ? Sont-ils mécontents ? Mutinés ?

— Non, non. D'honnêtes créatures, je crois, que Dieu leur vienne en aide ; mais je ne pense pas qu'il ait une centaine de vrais marins à bord. Comment ont-ils réussi à prendre le *William*, je n'arrive pas à l'imaginer, avec tant de terriens et de bons à rien à bord — j'ai rarement vu une telle foire d'empoigne pour amener les mâts de perroquet. Ça m'a rappelé nos premiers temps sur le *Polychrest,* et quant aux canons de l'avant, au moment du rappel aux postes de combat... Mais j'ai tort de juger Lambert et ses officiers. Il n'a quitté Spithead que depuis une quarantaine de jours, dont vingt de mauvais temps. Il n'a donc pas eu le temps d'entraîner ses servants de pièces. Ils y viendront, avec le temps, j'en suis sûr. Lambert s'y connaît bien en artillerie, et Chads, son premier lieutenant, est un officier très scientifique. Il adore les canons.

— Que voulait dire le capitaine Lambert quand il a répondu, à votre suggestion de tirer pour de bon une vraie bordée, que vous ne deviez pas oublier le règlement et qu'il s'était déjà fait taper sur les doigts pour avoir dépassé ses allocations ?

— Eh bien, selon une règle très stricte, sur les six premiers mois d'un armement, le capitaine n'a pas le droit de tirer chaque mois plus de boulets que le tiers du nombre de ses canons ; et la moitié après les six premiers mois.

— Dans ce cas vous avez dû enfreindre le règlement à peu près tous les jours : je ne me souviens guère de rappels aux postes sans tir de canon. Quelquefois tous, des deux côtés, sans oublier les armes individuelles et les pierriers dans les hunes.

— Oui, mais c'étaient de la poudre et des boulets que j'avais pris ou achetés. La plupart des capitaines qui en ont les moyens et qui apprécient l'artillerie tournent le règlement de cette manière. Lambert n'en a pas les moyens ; Chads le pourrait peut-être, mais ne saurait se mettre en avant.

— Mr Chads est donc riche. A-t-il eu de la chance en parts de prise ?

— Pas que je sache. Il a résolu la question de manière beaucoup plus expéditive — il s'est emparé de la fille unique d'un marchand turc, avec beaucoup d'audace, une chaise et quatre chevaux. Une prise de trente mille livres, m'a-t-on dit.

Mr Chads était peut-être riche, mais il n'était ni fier ni impatient. Très tôt le matin, quelques jours plus tard, alors qu'ils avaient aperçu à l'horizon les hautes terres du Brésil et attendaient le *William* d'une heure à l'autre, Stephen le rencontra à l'étrave en train de montrer à une équipe de canonniers et à leur aspirant comment pointer leur canon. Il leur faisait répéter les mouvements, rentrer, sortir, charger, viser, tirer : il tirait lui-même sur les palans, maniait l'anspect, s'efforçait de leur faire comprendre les notions d'élévation, de tir à bout portant, de ligne de mire, la différence entre le tir à la montée du roulis et à la descente. Il louait leurs efforts, sauva deux des terriens les plus ahuris dont les pieds faillirent être écrasés par le recul de l'affût et leur promit qu'ils tireraient pour de bon sur une cible. Il leur montra comment palanquer leur canon et l'amarrer tout contre son sabord pour que les deux tonnes de poids concentré ne se mettent pas à vagabonder sur le pont ; puis, s'essuyant le visage, il rejoignit le docteur et lui dit :

— Ils y arriveront. Des gens sérieux, sensés, réguliers.

— Sans doute, monsieur, dit Stephen, il doit falloir une très fine appréciation de la distance, de l'angle et de la direction pour juger du moment précis où il faut tirer quand le pont et la cible sont tous deux en mouvement.

— C'est vrai, docteur, c'est vrai, dit Chads, mais il est merveilleux de voir ce que l'habitude fait. Certains hommes s'y mettent très vite — c'est une question d'œil et d'intuition — et tirent avec une précision étonnante à mille yards au bout de deux mois.

— Ho, du pont ! s'exclama sans émotion la vigie perchée tout là-haut. Voile par l'avant tribord.

— Est-ce le *William* ? lança l'officier de quart.

— C'est bien le *William,* monsieur, répondit la vigie après une pause de réflexion. Et il se rapproche très vite.

Chads jeta un coup d'œil vers la masse lointaine du Brésil, à l'ouest, et dit :

— Je serais heureux qu'il soit bord à bord. Il y a trois de mes meilleurs chefs de pièces dans l'équipage de prise et un terrien qui s'y est mis de manière étonnante. Mais nous allons vous perdre, vous et les autres Leopards, monsieur, et nous le regretterons.

— Je le regretterai aussi : j'aurais aimé voir mieux votre ingénieux viseur. Il y a certains détails que je n'ai pas tout à fait compris.

Mr Chads avait inventé un dispositif destiné à supprimer une part de l'incertitude du travail d'artillerie en mer et adapté à la compréhension la plus élémentaire : il avait passé la soirée du jeudi à l'expliquer à Stephen.

— Mais je suppose que je dois aller emballer mes affaires.

Elles n'étaient pas insignifiantes ; le carré de la *Java* s'était montré généreux envers les Leopards, et Stephen, quant à lui, n'avait jamais possédé autant de mouchoirs de sa vie. Mais ses paroles lui remirent en esprit ses collections disparues. Il écarta aussitôt cette pensée. Une dame de sa connaissance, et grandement estimée, avait un jour remarqué qu'il est stupide de penser au passé sauf si c'était un passé agréable : il faisait de son mieux pour observer ce précepte mais cela ne servait pas à grand-chose ; le sentiment de deuil remontait en surface. Cela n'avait pas non plus servi beaucoup à la dame en question : elle avait dépéri après la mort d'un cousin de Stephen, Kevin, jeune homme engagé au service de l'Autriche.

Il n'était pas rapide ni très efficace pour faire ses paquets ; si Killick ne l'avait pas rejoint après avoir terminé le sac du capitaine, Stephen serait resté à regarder les mouchoirs, les cravates et les caleçons d'été jusqu'à ce que le tambour l'appelle au dîner.

— Allons, monsieur, remuez-vous, dit Killick en colère. Le *William* est bord à bord. Nous n'aurons jamais une cabine décente si vous ne vous remuez pas. Mr Babbington, Mr Byron et tous ces maudits gamins se sont précipités à bord comme des furets pour s'emparer de toutes les bonnes couchettes. Cela ne va pas du tout.

Il retourna le sac de toile et recommença tout. Il emballait avec des gestes rapides, habiles, et devint un peu plus aimable.

— Il y a un beau désordre sur le pont, monsieur, une voile à l'horizon et tout le gaillard a la lunette vissée à l'œil. Certains disent que c'est un rasé portugais.

— Qu'est-ce que c'est qu'un rasé ?

— Eh bien, un vaisseau de ligne rasé, bien sûr, le pont supérieur supprimé et tous les canons derrière la même ligne de sabords. Vous avez déjà vu ça, monsieur, non ? De toute manière, Bonden vient de passer une horloge dans les barres de hune et il jure que c'est leur *Constitution*, même qu'il l'a vue et qu'il est monté à bord pour visiter son ami Joe Warren quand ils étaient en Méditerranée à chatouiller les Etats de Barbarie. Mais ne vous en faites pas, monsieur, vous êtes en sécurité. Vous serez à bord du *William* et avec une bonne couchette, dans cinq minutes, ou je ne m'appelle pas Preserved Killick.

Nul sur le gaillard n'était aussi positif que Bonden ; on pouvait aisément se tromper sur la nature et la dimension relative d'un navire à une telle distance, et il était fort probable qu'il s'agisse d'un rasé portugais que l'on savait présent dans ces eaux ; mais Stephen se trouva dans une atmosphère pleine d'espoir et d'attente ardente. Son collègue Fox, par exemple, n'était plus un homme d'âge moyen, courbé, déprimé malgré sa gentillesse, mais une créature bien droite, l'œil brillant, du même âge que ses assistants ; il tourna son visage rougi d'excitation vers Stephen et s'exclama :

— Félicitations, docteur Maturin, je crois que nous avons l'ennemi sous notre vent.

Stephen regarda, très loin vers le sud et l'ouest, l'éclat blanc des voiles, et entendit le capitaine Lambert dire à Jack :

— Ce n'est rien qu'une possibilité, bien entendu, mais je vais aller y jeter un coup d'œil. Peut-être que vous et vos gens aimeriez passer sur le *William* tout de suite : je vais l'envoyer à San Salvador.

— Je pense parler pour tous les Leopards en disant que nous serions affreusement déçus d'être débarqués, dit Jack avec un sourire. Nous aimerions beaucoup mieux rester.

— C'est vrai, monsieur, dit Babbington, et Byron ajouta : Il a raison, il a raison.

Lambert n'en attendait pas moins, mais ces paroles lui firent plaisir ; il les accueillit d'un gloussement et donna l'ordre de virer.

La *Java* vira lof pour lof en une longue courbe régulière et s'établit bâbord amures, sur le même bord que l'étranger qui s'éloignait vers le large. Le *William* vira aussi, car leurs routes seraient à peu près les mêmes jusqu'après le cap, au sud, mais il n'était pas rapide et la *Java*, bordant ses perroquets et croisant ses vergues de cacatois, le laissa loin derrière.

La *Java* avait manifestement tous les matelots nécessaires pour naviguer : les vergues de cacatois s'établirent à toute vitesse. Jack descendit chercher sa lorgnette et quand le gréement fut à peu près dégagé il monta dans les barres traversières pour observer le lointain navire. Il fit une pause dans la grand-hune car, bien qu'il ait perdu cinquante livres d'après la balance du commissaire, il lui semblait traîner un poids inhabituel : manifestement il n'avait pas encore retrouvé toute sa force en dépit de ces jours de bonne nourriture. Mais de la grand-hune il ne voyait rien à cause du petit hunier, et au bout d'un moment il repartit : les barres, enfin, mais il était en nage. « J'aurais vraiment l'air ridicule si je leur tombais dessus comme de la lune », se dit-il en regardant le gaillard d'arrière, si loin, si étroit vu de là, si encombré des habits rouges de l'infanterie de marine, des chemises blanches des gabiers, des habits bleus des officiers, de l'habit noir de l'aumônier, tous soulignés par le brillant soleil. Il ne risquait pourtant guère de tomber ; ces régions aériennes lui appartenaient depuis si longtemps que ses mains s'y déplaçaient avec autant de sûreté que celles d'un singe ; sans même y penser, il retrouva la position confortable apprise en tant qu'aspirant puni d'un séjour en tête de mât, et saisit sa lorgnette. La *Java* gîtait sous la brise fraîche de nord-est, filant un peu plus de neuf nœuds ; allongeant la lunette au maximum, il se demanda combien de temps Lambert garderait les cacatois. Comme tous les navires français sur lesquels il avait déjà navigué, celui-ci était un peu sur le nez et pour sa part il aurait préféré des bonnettes basses et hautes ; mais c'était le problème de Lambert. Il savait comment faire marcher son navire, et comment le faire combattre, aussi.

Penché pour voir par-dessous l'arc tendu du petit perroquet, il fixa l'étranger, mit au point, le regarda longuement. Oui. C'était une frégate, pas de doute. Elle était par l'avant tribord de la *Java*, cap au large, elle s'écartait sur le même bord et il ne pouvait pas compter les sabords, mais un examen minutieux lui montra qu'elle les portait assez haut — ce qui semblait bien indiquer un navire lourd, robuste. Et malgré la présence de ses cacatois elle ne gîtait pas sous la brise fraîchissante, autre indice d'un navire assez lourd. Elle naviguait probablement aussi vite que possible mais, à en juger d'après son sillage large et agité, ce n'était pas très rapide. La *Java* la rattraperait en chasse prolongée. Par ailleurs, elle n'avait pas envoyé ses bonnettes basses ni la moindre aile-de-pigeon : *Java* n'était pas à la poursuite d'un navire en fuite mais d'un navire qui cherchait à l'attirer loin de terre, loin du *William*, conserve possible, éventuel vaisseau de guerre — à l'attirer très loin au large où ils auraient toute la place voulue. Jack hocha la tête : manœuvre raisonnable. L'homme là-bas menait bien son navire.

Mais Lambert aussi. Les bonnettes hautes et basses

de la *Java* fleurirent, sur la misaine et le grand mât ; de son perchoir, Jack sentit le navire répondre d'une merveilleuse poussée d'ardeur : c'était un bon navire et mieux encore, mais surtout un bien meilleur navire que la pauvre vieille *Guerrière*, toute disloquée, ses membrures démises cachées sous la peinture et le mastic, avec trop de canons et pas assez d'hommes. Il lui sembla qu'on gagnait sur la chasse et que dans trois ou quatre heures peut-être on serait à portée de canon ; et, si le poursuivi se révélait américain — il en était intimement convaincu —, ce serait l'épreuve de force. Il s'aperçut que son cœur battait si fort qu'il avait du mal à maintenir ferme sa longue lorgnette. Ce n'était pas un état approprié aux prémices d'un combat, bien qu'il ne fût que passager : le sang-froid avant tout. Restait à savoir s'ils allaient effectivement au combat. La *Java* gagnait-elle, et si oui, de combien ? Il ferma sa lorgnette et, toute lourdeur oubliée, dégringola jusqu'au pont pour retrouver Chads sur le gaillard. Le premier lieutenant et Babbington, fort occupés, mesuraient au sextant l'angle sous-tendu par le grand mât du chassé, en s'inclinant sur le pont en pente ; les embruns de la vague d'étrave les aspergeaient chaque fois que la *Java* tanguait, mais ils obtenaient à peu près les mêmes résultats. La *Java* gagnait, d'un peu moins d'un mille en une heure. A ce rythme et si le chassé envoyait plus de toile, ils ne pourraient ouvrir le combat que peu avant la nuit. Et d'ailleurs, s'agissait-il bien d'un Américain ?

— Nous devons présumer que c'en est un, dit Chads, même si cela implique d'arracher un ou deux espars.

Il jeta un coup d'œil inquiet vers les bômes cintrées des bonnettes.

— Exactement, dit Jack. En supposant que nos espoirs se révèlent justes, puis-je suggérer que vous nous donniez une paire de canons ? Nous sommes habitués à travailler ensemble.

— Si vous voulez bien vous charger de la batterie du gaillard d'avant, monsieur, je vous en serai infiniment obligé, avec les canons six et sept pour vous personnellement. J'avais dû les confier aux recrues d'infanterie de marine. Le sept est un peu dur au recul mais nous avons changé ses bragues la semaine dernière et les pitons sont robustes.

— Six et sept : parfait. Je suppose que le capitaine Lambert va manœuvrer pour couper son sillage et se placer sur sa hanche tribord, dit Jack, nous aurons donc à utiliser d'abord le canon bâbord.

— Eh bien non, monsieur, dit Chads, le capitaine parlait il y a cinq minutes à peine de son plan d'action — le général lui ayant demandé comment nous organisons ce genre de chose en mer, les lignes d'approche, etc., le capitaine a cité Lord Nelson : « Ne vous souciez pas de manœuvres, attaquez tout droit », en déclarant que puisque nous avions l'avantage du vent, c'était exactement ce qu'il avait l'intention de faire — attaquer tout droit, bombarder vergue à vergue quelque temps et monter à l'abordage dans la fumée.

Jack fut réduit au silence. Il ne pouvait contredire Lord Nelson, qu'il adorait, ni exprimer la moindre critique à l'égard du capitaine de la *Java*, qui s'était, de cette manière déterminée, emparé d'une corvette française à la volée moitié plus lourde que la sienne. Luimême, commandant un navire plus rapide dans l'eau que sa chasse, aurait certainement manœuvré, tirant à longue portée sur l'ennemi pour l'éprouver, le frapper à la hanche, s'efforcer de le prendre d'enfilade et saisir l'avantage d'une attaque sous le vent, car la brise en forçant abaissait les sabords de l'ennemi vers la surface de l'eau et pouvait même l'empêcher de tirer. Par ailleurs, dans un combat rapproché, le navire sous le vent était souvent dans l'impossibilité de voir l'adversaire en raison des énormes nuages de fumée. Mais ce n'était vraiment pas le moment d'exprimer son point de vue, d'autant que l'on appelait Mr Chads. Ils retournèrent vers le gaillard ; un moment plus tard le signal de reconnaissance apparut en tête de mât de la *Java*. Pas de réponse. Les signaux espagnols et portugais suivirent. Toujours aucune réponse, et la conviction grandit.

La conviction grandit encore, les voix dubitatives se turent quand l'étranger amena ses bonnettes, rentra dans le vent et vira de bord, tribord amures, cap au nord-ouest, dans l'intention apparente de passer devant la *Java*. La précision de la manœuvre était impressionnante, de même que la longue série de sabords qu'elle révéla : c'était sans aucun doute une frégate de quarante canons, grande et raide.

Le capitaine Lambert vira pour garder l'avantage du vent et se mit sur une route parallèle à celle de l'Américain, si proche à présent qu'il pouvait l'obliger à combattre dès l'après-midi, même si la grande frégate n'en avait pas envie ; mais pour l'instant il choisit d'attendre, et les navires poursuivirent leur route côte à côte, séparés par une vaste étendue d'eau.

Jack rassembla ses Leopards et ils s'occupèrent de leurs canons, le numéro six à tribord et le numéro sept de l'autre côté, juste sous le surplomb du gaillard d'avant : chaque équipe servait une paire de canons, sauf sur les quelques navires à équipage surabondant ; dans le cas assez rare où l'on engageait les deux côtés à la fois, l'équipe courait de l'un à l'autre et tirait alternativement. Les Leopards décidèrent rapidement quels hommes seraient premier et second capitaines — Bonden et Babbington —, qui monterait à l'abordage, qui serait canonnier, écouvillonneur, etc. ; ils vérifièrent les bragues, retirèrent les charges, ayant peu confiance dans ce que d'autres auraient fait, rechargèrent, rentrèrent et sortirent les canons une demi-douzaine de fois puis reprirent leur souffle. C'étaient des pièces de dix-huit habituelles, à cinq cents livres par homme et ne présentant aucun problème, même si les Leopards n'appréciaient guère la façon dont l'infanterie de marine de la *Java* avait disposé écouvillons et refouloirs ; dans leur état de faiblesse, ils trouvaient le canon tribord assez lourd à rentrer du fait de la pente du pont, mais comme l'observa Bonden, quand la poussière commencerait à voler le recul s'en chargerait.

Forshaw vint annoncer que le chassé avait viré et envoyait un chiffon, sans doute un signal de reconnaissance, et que la *Java* allait virer à son tour. Il était habité d'allégresse et sa voix perçante montait si haut qu'on ne l'entendait presque plus. Il avait l'air si frêle, si enfantin dans ses habits d'emprunt trop grands que Jack le regarda avec un peu de pitié et pensa : « Combien j'espère que ce garçon ne va pas rencontrer un boulet. »

— Rentrez vos canons, dit-il tout haut avec un coup d'œil à sa montre qui indiquait une minute avant midi.

Aussitôt après on siffla le dîner de l'équipage en même temps que le tambour convoquait les officiers à table. Cela plut à Jack : Lambert avait l'intention de profiter des dernières minutes avant qu'on éteigne les feux de la cuisine, lors du branle-bas de combat. Jack et lui pouvaient avoir des idées différentes quant aux manœuvres mais l'un comme l'autre préféraient aller au combat le ventre plein.

La *Java* était déjà presque entièrement dégagée et, s'il restait encore un peu à faire — une partie des innombrables bagages appartenant au gouverneur et à sa suite n'était pas encore descendue dans la cale — les cloisons de la grand-chambre et son ameublement avaient disparu, et son capitaine, le général Hislop, Jack et le capitaine d'infanterie de marine, assis autour d'un caillebotis suspendu entre deux canons, pouvaient observer, tout en mangeant, leur adversaire probable et presque certain. Tous ces hommes parfaitement accoutumés au feu mangeaient de bon appétit, mais sans guère quitter l'Américain des yeux.

— Comme je le disais à Chads, dit Lambert à Jack, j'ai l'intention d'y aller tout droit, tout simplement :

laisser porter, venir bord à bord, frapper le plus fort possible et monter à l'abordage dans la fumée.

— Oui, monsieur, dit Jack.

— Nous avons tout ce qu'il faut d'hommes de bonne volonté pour le faire, avec nos surnuméraires ; et je pense qu'ils seront plus à l'aise au coutelas qu'à tirer le canon à longue portée. Mais, j'y pense, Chads m'a dit que vous aviez fort aimablement proposé de servir vous-même deux canons et de surveiller la batterie avant. Je vous en suis fort obligé, Aubrey : il me manque un lieutenant, et la plupart de mes aspirants en sont à leur premier voyage ; les canons six et sept étaient servis par les militaires. Ce n'est pas qu'ils les servent mal, mais le capitaine Rankin sera heureux de récupérer ses mousquets.

Rankin en convint, en observant que les hunes n'avaient pas moitié autant de tireurs d'élite qu'il l'aurait souhaité si le combat se faisait vraiment de près. On piqua un coup et Lambert poursuivit :

— Je crois qu'il est presque temps : messieurs, je vous invite donc à boire au roi, et à la confusion de ses ennemis.

Les officiers sortirent sur le gaillard : le chassé était à peu près à deux milles devant eux, sous le vent, et les deux navires filaient dix bons nœuds ; mais à présent la *Java* souffrait sous ses cacatois et le capitaine Lambert les fit amener. Même sans eux elle gagnait perceptiblement ; ils poursuivirent leur route vers l'est, traçant un long sillon blanc dans la mer étincelante. Une mer vide : rien au vent, rien sous le vent et le *William* disparu à l'arrière depuis bien longtemps, tandis qu'il ne restait du Brésil qu'une légère trace, comme un nuage, visible du haut du mât.

Tout soudain l'étranger — qui n'était plus ni étranger ni pourchassé — envoya au grand mât la flamme de commodore ainsi que les couleurs des Etats-Unis. Bonden avait raison : c'était bien la *Constitution*.

Quelques moments après, ses cacatois disparurent, suivis de la misaine et de la grand-voile, et la frégate rentra dans le vent, perdant aussitôt de la vitesse. Manifestement l'ennemi cherchait le combat ; il l'avait toujours cherché, mais de la manière et au moment qui lui conviendraient : il avait attiré la *Java* loin de terre et loin du *William*, il était satisfait. « Un adversaire intelligent », se dit Jack, « froid et calculateur. »

La *Java* répondit aux couleurs américaines en envoyant les siennes, avec un pavillon britannique très haut dans le gréement sous le vent pour faire bonne mesure et pour éviter toute erreur ; elle aussi réduisit aux voilures de combat — pas un bruit à bord que les ordres brefs, l'appel du bosco, la course des matelots, le craquement des poulies et le chant du vent dans le gréement. Grand-voile et misaine ferlées, tous les hommes sur le pont virent clairement l'Américain, l'étrave tout juste écartée du lit du vent de nord-nord-est ; dans un silence total, le capitaine Lambert conduisit la *Java* comme il l'avait promis, en travers du vent, droit vers la hanche bâbord de l'ennemi. Dans une demi-heure la bataille commencerait.

Pour ceux qui n'avaient pas de tâche immédiate, dix de ces trente minutes se passèrent dans un état d'activité suspendue, la roue immobile, pas un mot sur le gaillard d'arrière encombré, attentif et grave. Puis le capitaine Lambert fit un signe de tête à Mr Chads et les tambours battirent de l'avant à l'arrière. La plupart des officiers et des aspirants coururent pour rejoindre leur division de canons ; le maître passa derrière la roue pour diriger le navire ; trois groupes de militaires grimpèrent dans les hunes, traînant leurs mousquets ; les chirurgiens descendirent, plus bas, plus bas encore, sous la flottaison ; et le silence retomba. Tout était prêt. Tout au long du pont net et propre, brillant au soleil, les mousses gargoussiers se tenaient avec leurs gargousses derrière les canons ; les râteliers et les guirlandes à boulets étaient pleins ; un mince filet de fumée s'élevait des bailles à mèche lente ; le bosco avait depuis longtemps fait assurer les vergues avec des garnitures et des élingues en chaîne ; au plus profond de la soute à poudre, le canonnier attendait, parmi ses barils ouverts ; les panneaux de descente étaient fermés par des écrans.

Jack s'enfonça dans l'obscurité relative du poste avant ; son équipe de canonniers l'attendait à côté du sabord ouvert ; torse nu, montrant leurs terribles brûlures, la plupart s'étaient noué des mouchoirs autour de la tête pour arrêter la sueur. Ils le regardèrent avec une expression sérieuse mais confiante, les équipes voisines avec curiosité et une sorte de déférence pleine d'espoir — bien peu, sauf les chefs de pièces, avaient déjà vu tirer les grands canons et l'on savait le capitaine Aubrey maître en la matière.

Soleil éclatant derrière le sabord où s'encadrait exactement la *Constitution*. Une frégate bien lourde : il pouvait à présent évaluer la taille réelle de ses espars massifs, la hauteur inhabituelle de ses sabords bien dégagés de la mer qui clapotait, blanche, contre ses flancs. Un rude adversaire, si les Américains tiraient aussi bien qu'ils naviguaient. Il connaissait les qualités marines des Américains ; mais pouvait-on s'improviser navire de combat ? Pouvait-on enseigner leur tâche en quelques mois à quatre cents hommes et officiers ? Quelques mois, opposés aux traditions et aux pratiques continuelles de vingt années de guerre ? Improbable, mais pas impossible ; après tout, bon nombre d'Américains avaient appris l'artillerie, souvent contre leur gré, dans la Royal Navy — il en avait eu des dizaines sous son commandement sur un navire ou l'autre. Il espérait que Lambert aborderait le plus vite possible : l'attaque déterminée de plusieurs centaines d'hommes se déversant à bord, armés de coutelas et de tomahawks, avait quelque chose de très décourageant. Bien peu d'équipages pouvaient le supporter.

Derrière lui, Forshaw, qui, étant trop léger pour tirer sur un palan avec le moindre résultat, leur servait de gargoussier, expliquait à l'un des aspirants de la *Java* qu'il se sentirait tout autre et beaucoup plus à l'aise dès le début du combat.

— En général je mâche une chique de tabac quand nous partons à l'action, dit-il, et j'encourage mes hommes à en faire autant ; cela fait passer plus vite cette attente agaçante.

Dans l'infirmerie où, à la lumière de trois lanternes, les chirurgiens mettaient la touche finale au fil de leurs instruments avec une pierre à fusil huilée, Stephen dit à Mr Fox :

— Ne trouvez-vous pas, monsieur, que la perception du temps est étrangement modifiée dans ces occasions, quand... ce rat, Mr McClure, vous pouvez certainement assommer ce rat si vous faites vite.

Mr Fox dut admettre qu'il n'avait aucune expérience de ce genre d'occasion ; mais il espérait que la dispersion des stimuli aurait bientôt un effet lénitif, que le vacarme du combat et l'activité nécessaire chasseraient un certain malaise illogique, ou plutôt une impatience.

— Là, s'écria Stephen, lançant un rétracteur vers un rat particulièrement audacieux. J'ai bien failli l'avoir, ce brigand. Vraiment, Mr Fox, il me semble que vous avez à bord plus de rats qu'à l'habitude. Avez-vous envisagé de lâcher une troupe de belettes ? Nous les trouvons fort utiles en Irlande.

— Je pensais que vous n'aviez ni belettes, ni serpents, ni salamandres dans votre pays.

— Nous n'en avons plus, les belettes irlandaises sont toutes des hermines. Mais elles sont le fléau des rats.

Un triple choc terrible, un fracas, un heurt se réverbérant dans la soute aux câbles coupa la réponse du chirurgien : la *Constitution* avait ouvert le feu à un demi-mille et trois de ses boulets avaient frappé le flanc de la *Java* en ricochet.

— Bonne précision, nota Jack. Et comme il observait, penché à travers le sabord, il vit un autre jet de fumée sortir de l'une des pièces arrière de l'Américain. Le boulet frappa la mer, ricocha trois fois, toujours en ligne droite, monta à bord — choc étouffé dans les hamacs bien serrés du gaillard d'avant — et on l'entendit rouler au-dessus de leurs têtes. Forshaw se précipita et revint avec le boulet de vingt livres.

— Dommage qu'il soit si gros, dit Jack en le tournant entre ses mains. Je me souviens, quand j'étais gamin à bord de l'*Ajax* et que l'*Apollon* nous tirait dessus, un vrai feu d'artifice, un boulet de dix-huit livres est passé en fin de course par notre sabord. Le lieutenant... c'était Mr Horner : vous vous souvenez de lui, Bonden ?

— Oh oui, monsieur, un monsieur très alerte et qui aimait bien rire.

— Il l'a ramassé, a demandé un morceau de craie, a écrit « port payé » sur le boulet, l'a enfoncé dans notre canon et l'a renvoyé au vaisseau en un rien de temps.

— Ha, ha, ha ! s'exclamèrent les servants de canons et leurs voisins, des deux côtés.

— Et peu de temps après, il est devenu capitaine de vaisseau, ha, ha, ha !

Plus près. La *Java* était presque par le travers bâbord de la *Constitution*. Le flanc de l'Américain disparut dans un nuage de fumée : sa volée, près de sept cents livres de fer, déchira l'eau en une série de fontaines blanches quelque cent yards avant son but ; quelques boulets inoffensifs vinrent toucher la *Java*.

Plus près encore. A peine plus d'une portée de mousquet, et ils voyaient les visages de l'ennemi. Ils étaient prêts, tendus, autour de leurs canons, attendant l'ordre de tirer ; Bonden visait le long du tube, modifiant sans cesse sa position à l'anspect tandis que la *Constitution* passait par le travers. A bout portant, mais toujours pas d'ordre. Les Américains sortaient leurs canons : Jack comptait les secondes depuis la première volée et il atteignit cent vingt avant que l'éruption tonnante ne dissimule à nouveau l'ennemi, sauf les mâts de perroquet que l'on apercevait au-dessus de la fumée, tremblant sous le choc. Cette fois toute la volée bien groupée passa en sifflant très au-dessus des mâts. Deux minutes ; assez bon entraînement, quoiqu'il ait déjà réussi soixante-dix secondes. Ils avaient mal jugé la...

— Feu à volonté !

L'ordre tant attendu vint au moment où la *Java* parvenait en haut de son mouvement de roulis et commençait tout juste à s'incliner sous le vent. Sa volée tribord tout entière rugit et le pont fut instantanément rempli de fumée et de la merveilleuse odeur de la poudre. Riant tout haut, Jack et ses compagnons embraquèrent les palans, rentrèrent le canon, écouvillonnèrent, rechargèrent, refoulèrent la charge, travaillant comme des machines puissantes, et quand la fumée se dégagea, ils virent qu'ils avaient frappé dur l'adversaire — trous dans les pavois de hamac, roue du gouvernail détruite, quelques haubans et un galhauban rompus. Des deux côtés, les Javas acclamaient comme des fous ; en gîtant ils vinrent plus près encore, à portée de pistolet de l'étrave de la *Constitution.* Et à portée de pistolet, la *Constitution* tira, une fois de plus. Quelques fracas et bruits de bois écrasé à l'arrière, mais rien qui pût interrompre les acclamations à l'avant où les canons ressortaient, cognant contre le seuil des sabords. Alors qu'ils s'efforçaient de voir à travers le nuage épais de la fumée américaine pour pointer leurs canons chargés, s'éventant de la main avec affectation, on appela les gabiers. La *Constitution,* ayant tiré sa volée, avait bordé ses voiles d'avant et viré lof pour lof, et la *Java,* sans attendre pour la prendre d'enfilade au moment du virement, virait derrière elle ; les canons tribord ne portaient plus. Les Leopards échangèrent un coup d'œil.

La fumée se dispersa entièrement, dérivant en bancs

épais et laissant voir la *Constitution* loin sous le vent, avec la *Java* qui la rattrapait rapidement par la hanche et l'accompagnait dans son mouvement quand elle lofa sur l'autre bord, présentant ses sabords tribord intacts. Au cours de la longue pause, Jack parcourut toute la batterie du gaillard d'avant, calmant les servants, leur faisant amarrer les canons tribord en sécurité et dégager ceux de l'autre côté. Les deux aspirants de la *Java*, qui n'en étaient qu'à leur premier voyage, ne connaissaient rien en dehors des mouvements formels de l'exercice des canons. Le cœur de Jack battait encore très fort de l'immense vitalité du combat, et cette activité violente — embraquer, pousser les hommes à leur place, vérifier les palans, les bragues, les gargousses, la mitraille et les boulets — dissimulait un léger sentiment de malaise. Lambert avait peut-être manqué une remarquable occasion, mais il en aurait bientôt une autre.

Très bientôt. La *Java* s'approchait du flanc tribord de la *Constitution*. Les canons bâbord, pointant très sur l'avant, commençaient à porter, et par conséquent à tirer. Un. Trois et cinq ensemble ; et quand Bonden tira le numéro sept, il vit son boulet frapper les porte-haubans du grand mât de la *Constitution* juste avant que la fumée ne se déploie. A présent, des éclairs orange apparaissaient dans la fumée quand les canons arrière de l'Américain répondaient ; après quelques moments sauvages, les deux volées entières se mirent en œuvre, rugissement continu ponctué par le vacarme encore plus fort des pièces longues et des caronades au-dessus de leurs têtes. Un tumulte prodigieux, omniprésent, au milieu duquel le numéro sept rompit ses bragues en reculant après la quatrième décharge. Pire encore, le numéro trois était renversé et plusieurs hommes étendus sur le pont, y compris les deux aspirants. Laissant à leur tâche les Leopards bien entraînés, Jack se précipita pour amarrer le canon. Les servants ne savaient que faire mais, entraînés par ses gestes, ses braillements et son exemple, dans le tumulte et les grondements, ils parvinrent à faire l'amarrage, à glisser un cadavre par le sabord et à transporter les blessés en bas.

Le feu était très ardent, avec une furieuse mousquetade, le plus ardent qu'il ait jamais connu ; et trois des canons du pont principal étaient renversés — peut-être aussi certaines des caronades bâbord. Au milieu et à l'arrière le feu de la *Java* avait perdu son rythme. Un officier qui courait pour résoudre cette confusion fut tué d'une balle venue des hunes de la *Constitution,* et son corps précipité l'instant suivant contre le pavois tribord par un boulet de vingt livres. Mais ce fut le dernier coup tiré par les canons de la *Constitution*, pour cette partie du combat ; un tourbillon de vent dégagea la fumée et elle vira lof pour lof, une fois de plus, très vite.

Cette fois, Lambert largua rapidement les écoutes des huniers, freinant la *Java*. Jack sourit : Lambert avait manifestement l'intention de couper le sillage de la *Constitution* pour la prendre en enfilade, attaque la plus meurtrière.

— Monsieur, monsieur, s'écria l'aspirant du numéro onze, le canon vers lequel courait le pauvre Broughton, que faut-il faire ? Le boulet est coincé.

Jack avait fait trois pas vers l'arrière quand il tomba — ce n'était rien, constata-t-il en se redressant, une balle de mousquet lui avait éraflé la tête — mais il glissa dans le sang de Broughton. A présent, la *Java* commençait à virer : dans moins d'une minute elle couperait le sillage de la *Constitution*, juste sous sa poupe — manœuvre superbe —, mais la plupart de ces pauvres idiots pleins de bonne volonté s'affairaient encore à bâbord, inconscients de la nécessité de tirer à tribord.

— L'autre côté, l'autre côté, rugit-il, enfin debout. Tous traversèrent le pont en courant, pleins d'ardeur et de courage en dépit de la grêle de mousqueterie ; mais il se rendit compte avec horreur que personne n'avait rechargé les canons tribord en les quittant. Le virement se poursuivit ; la haute poupe de la *Constitution*, sans protection, toute nue, infiniment vulnérable, était exposée à la volée de la *Java*, de la *Java* si magnifiquement barrée que sa grand-vergue vint effleurer le couronnement de la *Constitution* : et il n'y eut qu'un seul coup de canon.

Jurer ne servait à rien. Blasphémer portait malchance. Jack divisa ce qui lui restait d'équipage — Mr Byron avait attrapé un méchant éclat de bois dans la poitrine et Bates, le Flitche, avait filé son câble par le bout —, les répartit parmi les autres pièces avant et aida à en charger deux ou trois. Pas le temps de jurer, d'ailleurs : la *Java* courait bord à bord avec la *Constitution* et le feu avait repris dans toute sa fureur, on tirait, rechargeait, retirait aussi vite que la poudre pouvait monter de la soute. Et il lui fallait sans arrêt s'efforcer d'empêcher les Javas de trop charger, d'enfoncer deux gargousses dans leurs canons, et d'ajouter tous les bouts de métal qu'ils rencontraient.

L'Américain pointait mieux à présent, et pointait bas ; les boulets de vingt livres projetaient à travers le pont des nuages d'éclats de bois, de grandes échardes déchiquetées à bords aigus dont l'une vint frapper Bonden. Jack l'écarta du recul du canon et, quand le coup fut parti, s'agenouilla à ses côtés sur le pont et cria dans son oreille assourdie :

— Rien qu'un morceau de peau du crâne ; tu n'as pas perdu ta queue. Descends te faire recoudre.

— Le beaupré est parti, monsieur, dit Bonden, regardant à travers un flot de sang : en suivant son regard, Jack vit le foc et la trinquette qui flottaient.

— Mes compliments au docteur, dit-il, puis il repartit le long du pont, vérifiant chaque canon, aidant à pointer, encourageant les hommes.

Non pas qu'ils en aient eu besoin : ils tiraient beaucoup mieux, beaucoup plus vite à présent qu'ils avaient acquis le rythme, et rugissaient comme des démons quand leurs boulets touchaient le but. Pas de défaillance du côté des canons, bien que trois sabords aient été défoncés en un seul ; au milieu, morts et blessés gisaient par dizaines, dans des flots de sang.

— Embraque, embraque ! gueula Jack au numéro trois.

Pendant que le canon se mettait en batterie, il chercha à percer la fumée du regard pour placer son coup, attendant la levée à la houle, ses compagnons penchés sur le tube brûlant ; mais cette fois, pas la moindre trace du flanc ennemi. La houle passa, puis une autre, et la fumée restait aussi épaisse. Quand elle s'éclaircit, il n'y avait rien ; l'Américain avait à nouveau viré.

— Paré à virer ! s'éleva le cri, et puis : A virer !

Les régleurs de voiles coururent à leur poste ; dans le silence, Jack alla jusqu'au charnier d'eau douce et but une longue goulée bien nécessaire. Lambert allait virer vent devant plutôt que lof pour lof afin de passer tout près de la *Constitution* — tout près de son arrière. Jolie manœuvre, si seulement la *Java* parvenait à la réaliser assez vite ; elle n'avait pas beaucoup d'erre, et ses voiles d'avant ne portaient plus.

Bonden était revenu, un pansement rougissant autour de la tête.

— Tout va bien, monsieur ?

Jack acquiesça :

— Ça chauffe, Bonden. Comment ça va en bas, comment va Mr Byron ?

— Mr Byron a l'air un peu pincé, monsieur, à ce que j'ai pu voir. Beaucoup de travail là en bas — le docteur est tout affairé. Il vous dit bien des choses quand même. Le premier lieutenant, Mr Chads, a pris un méchant coup.

Les Leopards n'avaient pas de rôle à tenir dans un virement de bord : ils se rassemblèrent autour de leur capitaine et burent au charnier pendant que la *Java* rentrait dans le vent. Lentement, lentement.

— Tous ces virements de bord, ça ne me plaît pas, dit Babbington.

— Ce pourrait être une fois de trop, dit Jack. Le mouvement le plus dangereux que j'aie...

— Mon Dieu, nous allons manquer à virer, chuchota Babbington.

Et c'est vrai, sans foc ni trinquette il semblait bien que la *Java* ne passerait pas le lit du vent mais allait retomber, l'arrière vers l'ennemi, qui n'était plus qu'à un quart de mille sous son vent ; Jack jeta un coup d'œil : il était là, lofant pour montrer sa bordée tribord. Dans une minute la *Java* serait prise en enfilade.

— Couchez-vous, dit-il en appuyant sur l'épaule de Forshaw, et la volée vint, frappant l'arrière de la *Java* et dévastant toute la longueur de son pont.

Au même instant, son hunier masqué prit le vent et elle abattit, très lentement ; elle avait viré.

— Canons bâbord ! s'écria Jack en bondissant.

Les Javas n'avaient plus besoin de beaucoup d'encouragement. Ils bondirent vers leurs canons et quand leur navire tourna un peu plus, ils rendirent coup pour coup, volée vigoureuse quoique un peu désordonnée, qui alla droit au but ; et la *Constitution* vira de nouveau.

La *Java* lui fonça dessus, se mit bord à bord, reçut son feu, le rendit avec des canons si chauds qu'ils sautaient sur place, quittant le pont à chaque coup. Rude, très rude : la différence entre vingt-quatre et dix-huit livres se faisait sentir et la *Java* n'en pourrait plus supporter beaucoup. Dans les brèves secondes séparant les coups, tout en obligeant les hommes excités à réduire la charge, à tirer bas et régulièrement, à bien écouvillonner, Jack aperçut les énormes dégâts dans l'embelle, les canots détruits, les blessures sinistres du grand mât et surtout du mât de misaine déshaubané. « Il faut aborder, se dit-il. Il nous reste encore trois cents hommes. » Pendant que les mots se formaient dans sa tête, il entendit Lambert rugir :

— A l'abordage !

La *Java* lofa, fonçant droit vers le flanc de la *Constitution*. Les matelots s'amassèrent sur le gaillard d'avant, coutelas, pistolets, haches en main. Chads était revenu, pâle, aux côtés de son capitaine ; tous deux captèrent le regard de Jack — une grimace ardente, sauvage. Encore quelques yards et ce serait le choc du contact, le bond, le combat corps à corps. Les Américains tiraient de leurs hunes aussi vite qu'ils pouvaient recharger, sans rien changer à la furieuse impatience de la foule d'hommes prêts à bondir.

Mais par-dessus le vacarme, tranchant le vacarme, un cri aigu jaillit de la hune de misaine de la *Java* :

— Dégage là-dessous !

Et le mât, tout l'immense édifice du mât de misaine avec ses vergues, sa hune, ses voilures, ses innombrables cordages et poulies, s'effondra, la partie inférieure couvrant le pont principal et le haut le gaillard d'avant.

Un immense amas de gréement et d'espars les recouvrait, masquait les canons avant ; des hommes étaient coincés dessous, d'autres blessés ; pendant quelques minutes, travaillant comme un fou à dégager les canons pour qu'ils puissent tirer, Jack perdit toute notion de la position relative des navires. Quand enfin la batterie avant fut quelque peu remise en état, il vit la *Constitution* loin devant, en train de virer pour couper la route à la *Java*. Celle-ci n'avait pas un seul canon qui pût tirer dans cette position et la *Constitution* la prit d'enfilade, délibérément, de la proue à la poupe, tuant une vingtaine d'hommes et abattant son grand mât de hune.

A nouveau, le labeur effrayant du dégagement, à taillader à la hache tous les restes, tout ce qui leur tombait sous la main ; la *Constitution* était maintenant sur leur hanche tribord, et les inondait d'un feu en diagonale ; elle y resta un moment avant de lofer pour envoyer à la *Java* toute sa volée bâbord.

— Le capitaine est tombé, dit un Java qui venait

de transporter un camarade blessé. Mais Mr Chads est revenu.

— On tiendra ! s'écria le chef de pièce, et son boulet fit tomber la vergue de grand hunier de la *Constitution*, déchaînant les acclamations tout au long du pont.

Mais en même temps la brigantine de la *Java* passait par-dessus bord, et peu après l'artimon suivit. Les Javas, sans le moindre découragement, tiraient comme des démons, ruisselant, sous le soleil enfumé, de sueur souvent mêlée de sang ; et les flammes de la plupart de leurs coups enflammaient les débris goudronnés accrochés aux flancs : seaux d'eau, poudre, seaux d'eau, poudre, les officiers restants en commandaient l'alternance continuelle. A un moment les deux navires se retrouvèrent côte à côte et les canons de la *Java* rendirent coup pour coup ; comme elle était à présent basse dans l'eau, quelques-uns de ses boulets firent des blessures cruelles. Mais la *Java* n'avait plus de tireurs dans ses hunes — l'artimon et la misaine étaient partis, celle du grand mât était en ruine —, ce qui n'était pas le cas sur l'Américain : il avait quantité de tireurs d'élite et l'un d'eux abattit Jack. Le coup le coucha, sans l'impressionner, mais en se relevant il dut constater que son bras droit ne lui obéissait plus, qu'il pendait selon un angle anormal. Il se dressa, chancelant, car la *Java,* ayant perdu deux mâts et toutes ses voiles sauf une, roulait lourdement ; et tandis qu'il était là dans le vacarme, à crier à l'équipe du numéro neuf de baisser son canon, un éclat de chêne le remit à terre.

Il entendit vaguement la voix de Killick injurier un soldat : « Joliment, joliment, espèce de foutu bougre de paysan bas du cul ! » et reprit tout à fait ses esprits quant Stephen se pencha sur lui pour sonder la blessure.

— Stephen, dit-il, mettez-moi juste un pansement, une attelle. Vous pourrez le couper après si vous voulez. Il faut que je remonte.

Stephen acquiesça, pansa le bras, mit une attelle et

se tourna vers un homme couché sur son propre foie, tandis que Jack se frayait un chemin parmi les longues rangées de blessés, dans l'odeur du sang, jusqu'à l'échelle. Sur le gaillard d'arrière il trouva Chads, lui aussi pansé, lui aussi pâle, l'œil éclairé d'un feu déterminé : Chads avait à présent le commandement du navire. Il faisait dégager les ruines de l'artimon, avant que le mât très lourd, flottant le long du bord, ne vienne défoncer la *Java* de son pied et l'envoyer au fond avant son temps. Le charpentier, le canonnier, l'armurier étaient à ses côtés, attendant l'instant pour lui parler.

— Allez à l'avant, s'il vous plaît, monsieur, si vous pouvez, dit-il à Jack. Si nous parvenons à passer vent arrière nous pourrons encore aborder.

Il partit vers l'avant le long du pont sanglant, trébuchant dans l'énorme roulis et surveillant la *Constitution* : elle s'était écartée, hors de portée, et son équipage s'affairait à épisser et refaire les amarrages. Près des canons les équipes, quoique maigres, étaient pleines de courage et hurlaient des injures à l'Américain, le défiant de revenir en finir.

« Jeunes gens courageux », se dit-il en pressant le pas. Avec de tels hommes, si seulement ils parvenaient à se mettre vent arrière, si seulement ils parvenaient à aborder l'Américain, ils pourraient encore s'en emparer. Il avait vu des victoires sortir de situations plus désespérées que celle-ci, sur une erreur d'un ennemi trop confiant. La *Constitution* avait déjà fait au moins deux manœuvres très dangereuses : elle pourrait en faire une autre.

Sur le gaillard d'avant, Babbington et une équipe de matelots avaient tiré des débris un mât de perroquet presque intact et s'efforçaient d'en faire une misaine de fortune. Mais le roulis de la *Java* et surtout son tangage étaient si violents qu'ils avaient bien du mal ; à chaque plongeon, des débris de la grand-hune leur tombaient dessus tandis que le reste du grand mât, ayant perdu tous ses haubans des deux côtés et ses galhaubans, menaçait de passer par-dessus bord à tout moment.

— Le grand mât doit partir, dit Jack. Forshaw, courez au gaillard et demandez à Mr Chads sa permission et l'équipe du charpentier. Forshaw... où est Forshaw ?

Nul ne répondit pendant quelques instants, puis Babbington dit :

— Parti, monsieur. Massacré par-dessus bord.

— Ah, mon Dieu, dit Jack. (Puis, après une brève pause :) Holles, allez-y.

Holles revint avec les charpentiers et leurs haches. Le mât passa à l'eau, bien proprement, et le navire reprit son équilibre. Chads et tous les matelots de l'arrière étaient à présent sur le gaillard d'avant, travaillant à gréer la misaine de fortune avec beaucoup d'efforts et de concentration ; les équipes des canons ne cessaient d'acclamer et d'appeler la *Constitution*. Le nouveau mât se dressa, bien droit ; on l'amarra, on lui gréa une bonnette basse. Cette voilure bizarre s'éleva, se remplit et la *Java* prit de l'erre, répondit à la barre. Elle tourna, prenant la brise un peu par l'arrière du travers, et se rapprocha de la *Constitution*, son pavillon en lambeaux flottant fièrement au tronçon de l'artimon.

Ne disposant plus que d'un bras, et le gauche, Jack ne pouvait faire grand-chose. Il se tint près de Chads pendant cette manœuvre, étudiant la situation : le pont devant eux était en ruine, avec une douzaine de canons renversés, sans compter ceux qu'il ne voyait pas ; tous les canots étaient détruits ; et puis il y avait le sang. Mais ce n'était pas une ruine sans espoir. La seule pompe non encore détruite fonctionnait dur ; les équipes étaient près de leurs canons, prêtes à tirer avec ardeur ; tous les abordeurs avaient leurs armes en main ; un soldat s'avança pour piquer un coup du premier petit quart — son grêle et fêlé. Automatiquement, Jack fouilla avec maladresse sa poche, de la main gauche, pour vérifier l'heure — vaine tentative : il n'en sortit qu'un boîtier d'or tordu, une poignée de débris de verre et de petites roues. Le charpentier s'approcha de Chads pour dire :

— Six pieds quatre pouces dans la sentine, monsieur, s'il vous plaît, et gagnant vite.

— Dans ce cas, il nous faut aborder l'Américain sans tarder, dit Chads avec un sourire.

Ils regardèrent à l'avant : l'Américain était là ; ses réparations achevées, sous leurs yeux il borda ses voiles, vira et vint vers eux tribord amures.

C'était le moment, maintenant ou jamais, de profiter d'une aubaine éventuelle, si seulement la *Constitution* voulait bien faire une erreur, négliger l'avantage du vent, venir assez près pour leur permettre d'aborder dans un dernier élan malgré son feu... Mais la *Constitution* n'en avait pas du tout l'intention. Délibérément, parfaitement contrôlée, elle croisa la route de la *Java* à plus de deux cents yards, fit faseyer son grand et son petit hunier, et resta là, doucement balancée, toute sa batterie bâbord presque intacte visant tout droit la *Java* démâtée, et prête à la prendre d'enfilade encore et encore. Avec son unique voilure tout à l'avant, la *Java* ne pouvait rentrer dans le vent, ne pouvait plus approcher la *Constitution* ; elle ne pouvait plus que tourner lentement sur tribord pour faire porter ses sept canons bâbord : avant qu'ils puissent tirer, elle aurait été balayée trois fois à bout portant — et de toute façon la *Constitution* n'attendrait pas qu'ils puissent tirer, mais borderait ses voiles pour leur tourner autour. La *Constitution* ne bougeait pas : visiblement indulgente, elle n'ouvrait pas le feu. Jack vit son capitaine qui les regardait attentivement de son gaillard d'arrière.

— Non, dit Chads d'une voix éteinte. C'est impossible.

Il regarda Jack qui baissa la tête, puis il partit vers l'arrière comme un homme résolu irait à l'échafaud, passa entre les équipes des canons, silencieuses à présent, et amena les couleurs.

Chapitre quatre

La *Constitution* faisait route au nord, grand largue, écoutes choquées, avec l'aide du vaste courant sortant du golfe du Mexique ; le docteur Maturin, debout près du couronnement, regardait le sillage, blanc pur sur le bleu indigo. Il est peu de choses aussi favorables au libre cours de la pensée rétrospective, et celle de Stephen courait, libre comme le courant.

Le passé récent était sans cesse présent à sa vision intérieure ; il en voyait les divers incidents se dérouler à nouveau sur le fond d'eau blanche, parfois brouillés et fragmentaires, parfois aussi nets que l'image d'une camera obscura. Le transfert de tous les prisonniers de guerre, dont plus d'une centaine de blessés, sur une mer houleuse, dans le seul canot restant à l'adversaire, un cotre de dix avirons qui prenait l'eau. Le cri de Bonden, « Hé, Boston Joe ! », quand le matelot américain, un ancien compagnon de bord, lui avait passé les menottes. La *Java* incendiée ; l'énorme nuage de fumée qui s'était élevé quand elle avait sauté ; l'horrible voyage jusqu'à San Salvador dans ce navire terriblement surpeuplé, par une chaleur accablante et une molle brise de l'arrière, les matelots indemnes de la *Java* aux fers, enfermés dans les cales, pour éviter qu'ils ne se soulèvent contre leurs vainqueurs, les vainqueurs eux-mêmes furieusement affairés à leurs réparations. La soute aux câbles de la *Constitution* transformée en une vaste infirmerie, et tant de blessures terribles à traiter. C'est là qu'il avait rencontré

Mr Evans, le chirurgien de la *Constitution*, et appris à l'estimer : un opérateur hardi, habile, à l'esprit sûr, un homme dont le seul but était de préserver la vie et les membres et qui s'y consacrait totalement, avec beaucoup de science, de compétence et de dévouement — un homme qui ne faisait pas la moindre différence entre ses matelots et les prisonniers, et l'un des rares chirurgiens de sa connaissance qui voyaient l'homme tout entier et pas uniquement sa blessure. A eux deux, ils avaient cru sauver le capitaine Lambert, tout en désespérant presque de Jack quand la fièvre et une apparence de gangrène étaient apparues ; mais dans les deux cas ils s'étaient trompés — Lambert était mort le jour où on l'avait transporté à terre et Jack survivait, quoique trop proche de la mort pour être déplacé avant le départ de la *Constitution*.

« Lambert est mort de misère plus que de ses blessures, se dit Stephen. La troisième frégate à se rendre aux Américains ! Je pense que cela aurait tué Jack, affaibli comme il l'est, s'il avait été commandant : et même comme cela, il sent la mort. » Il s'attarda quelques instants sur l'effet des stimuli, positifs et négatifs ; sur ce qui avait rempli les Leopards, si affaiblis pourtant, d'une force et d'une activité prodigieuses durant le combat ; sur ce qui les avait fait retomber dans un état d'extrême fatigue et d'apathie. « Il a survécu, c'est vrai, et ses fonctions sont à peu près comme elles doivent être ; mais il a subi un choc effroyable. Il est parfois très humble avec moi, timide et comme contrit, comme surpris à utiliser des subterfuges, alors qu'avec d'autres il est froid, réservé et même arrogant, sans rien de commun avec son habituelle franchise ouverte et amicale ; et une rechute ne me surprendrait pas. A l'heure actuelle, maintenant qu'il peut déféquer aisément, sa plus grande difficulté est de préserver la gaieté obstinée, mécanique, destinée à montrer aux officiers américains qu'il ne s'en soucie pas, qu'il sait perdre aussi bien que gagner. Je l'ai vu y réussir de manière admirable lorsqu'il était captif des Français ; mais ici la situation est différente : ces messieurs sont américains et la *Java* est la troisième frégate que leur petite marine ait prise, sans la moindre victoire pour venir équilibrer ces défaites. Ils sont en fait très courtois, à une ou deux exceptions près (car je ne peux avoir grande estime pour ceux qui crachent du jus de chique au ras de mes oreilles, quelle que soit leur habileté), mais ils seraient plus qu'humains s'ils parvenaient à dissimuler leur gaieté, leur sentiment de bien-être, je dirais même leur parfait bonheur d'avoir défait la première puissance navale de la terre ; et même s'ils y parvenaient, on ne saurait cacher la joie incontestable de l'équipage, des charpentiers joviaux, des calfats jubilants. »

Une troupe de ces charpentiers joviaux le poussa du côté du vent pour pouvoir atteindre une blessure béante dans le pont, couverte d'une bâche. On le poussa avec assez de gentillesse :

— Attention où vous mettez les pieds, patron ; il y a des trous à en remplir une charrette.

Beaucoup de trous, effectivement. Le navire résonnait du bruit des marteaux depuis son départ de San Salvador ; mais il y était tellement habitué que cette nouvelle attaque n'interrompit pas ses réflexions. Beaucoup de courtoisie : il se souvenait du soin qu'ils avaient pris pour qu'aucun des biens des officiers de la *Java* ne soit perdu ou pillé. Il se souvenait d'un grand aspirant américain, apparu avec son journal et la liasse des papiers de Jack et demandant à qui appartenait le livre noir. Non seulement il avait encore son journal et son écritoire, mais jusqu'au dernier des mouchoirs et des paires de bas qui lui avaient été offerts — par des hommes déjà morts, hélas, dans certains cas, depuis plus de trois mille milles. Le mot « journal » lui fit froncer les sourcils, mais le défilement perpétuel du sillage entraînait ses pensées, ou plutôt la succession des images, et sur ce fond blanc bouillonnant il revit une fois de plus la cérémonie à San Salvador au cours de laquelle le commandant américain, le commodore Bainbridge, s'était adressé à tous ses prisonniers en état de l'entendre, pour déclarer que s'ils donnaient leur parole de ne pas servir contre les Etats-Unis avant que leur échange ne soit dûment concrétisé, ils pourraient repartir directement pour l'Angleterre à bord de deux navires parlementaires. Et puis la cérémonie plus privée où le général Hislop, en son nom propre et en celui des officiers survivants de la *Java,* avait offert au commodore une belle épée, en reconnaissance de sa bonté envers les prisonniers — une bonté qui s'étendait non seulement à leurs biens ordinaires mais même au magnifique service officiel de vaisselle d'argent du gouverneur, circonstance qui avait peut-être contribué à renforcer l'éloquence de Hislop.

Journal : le mot tourmentait sa conscience ; il y revint. Il s'était adonné en son temps à deux pratiques dangereuses : le laudanum, d'abord, la force d'âme en bouteille, le népenthès qui l'avait soutenu au cours de certains des plus mauvais moments avec Diana Villiers et qui s'était transformé en maître tyrannique. La tenue d'un journal était l'autre : occupation innocente et même utile pour beaucoup, mais imprudente chez un agent secret. Bien sûr, la plupart du temps le manuscrit était triplement chiffré, en un code si personnel qu'il avait tenu en échec les cryptographes de l'Amirauté quand il les avait mis au défi d'en déchiffrer un échantillon. Restaient pourtant quelques parties très personnelles où il avait fait usage d'un système plus simple, qu'un esprit ingénieux aimant les casse-tête et connaissant un peu le catalan pourrait décrypter s'il voulait s'en donner la peine. Ce serait peine perdue, du point de vue du renseignement, puisque ces parties ne traitaient que de la passion de Stephen pour Diana Villiers au cours des années. Mais il était tout à fait opposé à ce qu'un autre œil le voie nu, exposé, malheureux amoureux tourmenté, nympholepte désirant avec fureur ce qui restait hors de sa portée ; et plus opposé encore à voir un autre homme lire ses tentatives de versification, mi-Catulle, mi-eau tiède dans le meilleur des cas. Une très grande quantité d'eau, même si le feu était peut-être le même : *nescio, sed fieri sentio et excrucior*.

Il ne craignait pas vraiment qu'une partie importante pût être déchiffrée mais la sagesse aurait voulu qu'il jetât le journal par-dessus bord avec un poids, comme Chads avait jeté le livre de signaux de la *Java* sous sa couverture de plomb, et le général Hislop ses dépêches ; et malgré toute la valeur qu'il y attachait (en dehors de toute autre chose, il avait souvent besoin d'une mémoire artificielle, portable et infaillible) il l'aurait probablement fait s'il n'avait eu à ce moment sept amputations sur les bras. Erreur stupide ; un agent secret ne doit rien posséder qui ne porte pas, bien en vue, une explication apparente, rien qui puisse éveiller le soupçon d'un code. Il n'avait réclamé le carnet qu'une fois parvenu à San Salvador et quand il l'avait fait le commodore lui avait demandé si le livre avait un rapport quelconque avec les codes ou les signaux de la *Java*, ou s'il était de nature privée. Mr Bainbridge était assis dans sa grand-chambre, souffrant manifestement beaucoup de sa jambe blessée, avec à ses côtés Mr Evans et un civil ; et Stephen eut l'impression que les trois Américains l'observaient très attentivement tandis qu'il assurait le commodore que les notes de ce carnet étaient d'une nature purement personnelle, médicale et philosophique.

— Et que sont ces papiers ? demanda Bainbridge en brandissant une liasse.

— Oh, cela n'a rien à voir avec moi, dit Stephen négligemment. Je crois que le serviteur du capitaine Aubrey a dû les apporter à bord : l'un d'entre eux ressemble fort à son brevet.

Il feuilleta son journal et montra à Mr Evans divers dessins anatomiques — le tractus alimentaire de l'éléphant de mer qui couvrait deux pages, l'oviducte du prion, la main écorchée d'un homme souffrant de calcification des aponévroses palmaires, quelques dissections d'aborigènes.

Mr Evans exprima son admiration ; le civil dit :

— Puis-je vous demander, monsieur, pourquoi le texte semble déguisé ?

— Un journal personnel, monsieur, dit Stephen, est en quelque sorte un miroir dans lequel l'homme peut se voir : bien peu, qui notent leurs défauts avec la plus grande franchise, souhaiteraient qu'un tiers puisse les lire. Un journal médical, rassemblant les symptômes, les souffrances et le traitement de patients, avec leurs noms, doit aussi rester secret : Mr Evans m'appuiera si je dis que le secret, la discrétion totale, est l'un des devoirs les plus importants de notre profession.

— Cela fait partie du serment d'Hippocrate, dit Mr Evans.

Stephen s'inclina et poursuivit :

— Enfin, chacun sait que le naturaliste est extrêmement jaloux de ses trouvailles ; il souhaite s'assurer le crédit d'une première publication ; et il ne voudrait pas plus partager la gloire de la découverte d'une espèce nouvelle que le commandant d'un navire ne souhaiterait partager la capture de son adversaire.

L'argument fit mouche et le commodore lui rendit le carnet. Le civil, toutefois, semblait moins satisfait : qui était-il ? Le consul ? Il n'avait pas été nommé, ni sa présence justifiée. Il dit :

— Je crois que vous apparteniez au *Leopard*, monsieur ?

— Exactement, monsieur, dit Stephen. Et c'est à son bord, sous les hautes latitudes australes, que j'ai fait la plupart de ces découvertes et de ces dessins.

Il avait récupéré son journal : tout en le conservant, il en voulait un peu à ce carnet et, sans grande logique, il n'exprimait plus ses pensées privées sur le papier comme il l'avait fait durant tant d'années. En dehors des notes sur l'apparition de divers oiseaux, la dernière notation remontait à plusieurs jours : « A présent je sais à quoi ressemblera Jack Aubrey quand il aura soixante-cinq ans. »

Il avait récupéré son journal, mais le malaise subsistait. Les Américains n'avaient-ils pas accédé trop volontiers à sa requête quand il avait demandé l'autorisation d'accompagner les patients trop malades pour être débarqués de la *Constitution*, c'est-à-dire Jack et les deux aides-canonniers que l'on avait immergés voici une semaine, navire en panne et cloche sonnant le glas tandis qu'ils passaient par-dessus bord ? Etait-il tombé dans un piège ? Quelle était la nature exacte des passagers que le navire transportait de San Salvador à Boston ? L'un était certainement une personnalité consulaire, petit homme stupide uniquement occupé de ses favoris luxuriants, politicien minuscule pour lequel le monde pouvait tomber en ruine aussi longtemps que les républicains restaient au pouvoir. Les deux autres étaient français ; le premier, petit, terne, gris, un homme d'âge moyen, à visage jaunâtre, qui portait des culottes grises, le genre de bas que Franklin avait mis à la mode à Paris bien des années auparavant, et un habit bleu-gris ; on ne le voyait presque jamais sur le pont et quand on l'y voyait c'est qu'il était malade, en général du côté au vent. L'autre était un civil de grande taille à l'aspect militaire, Pontet-Canet, qui semblait au premier abord aussi vain que le jeune consul, plus loquace encore et aussi sot ; mais Stephen n'en était pas sûr. Il n'était pas sûr non plus de ne pas avoir déjà vu Pontet-Canet ailleurs. A Paris ? Barcelone ? Toulon ? Dans ce cas c'était certainement sans ses favoris d'un noir de jais. Mais il avait vu tant de gens, et il existait d'innombrables grands Français vaniteux, qui se teignaient les cheveux et parlaient avec un fort accent bourguignon. Il faut à un agent secret une mémoire prodigieuse : il lui faut aussi un journal pour remédier aux défaillances et aux trous inévitables.

Stephen, consultant la Bible qu'une société de Boston avait placée dans sa cabine comme dans toutes les autres, était tombé sur deux versets qui lui restaient en mémoire : *Le méchant fuit alors même que personne ne le poursuit,* et *La chute du menteur est comme du haut du toit.* Un agent secret n'est pas nécessairement méchant, mais une part excessive de son existence est nécessairement un mensonge. Une fois de plus, Stephen sentit monter une lassitude profonde et il ne regretta pas d'entendre la voix de Pontet-Canet lui souhaiter le bonjour.

Le Français prenait ses repas au carré et conversait souvent avec Stephen, dans un anglais étrange et fortement accentué qu'il parlait couramment : ayant réglé le compte du temps et de la nature probable du prochain dîner, ils parlèrent de l'Amérique, du Nouveau Monde, relativement vide, relativement innocent.

— Vous avez déjà été aux Etats-Unis, monsieur, je crois, dit Stephen. Il me semble que vous connaissez bien ce pays et son peuple.

— Parfaitement, répondit Pontet-Canet, et j'y ai été fort bien reçu car lorsque je suis arrivé parmi eux, je parlais comme eux, je m'habillais comme eux, je prenais soin de n'avoir pas plus d'esprit qu'eux et je trouvais bon tout ce qu'ils faisaient, ha, ha, ha !

— J'envisage parfois de m'y retirer, dit Stephen.

— Ah, dit Pontet-Canet avec un regard aigu, vous ne seriez pas opposé au régime... vous ne seriez pas opposé pour des raisons nationales ?

— Jamais de la vie, dit Stephen, l'Europe est si vieille, si fatiguée, si lassante que l'on aspire à la simplicité du... Il aurait ajouté « du noble Huron et de l'immense variété d'oiseaux, de mammifères, de reptiles et de plantes inconnues », mais il parvenait bien rarement à terminer une phrase quand il parlait avec Pontet-Canet et cette fois le Français l'interrompit en lui recommandant vivement ce parti. L'Amérique était le renouveau de l'âge d'or :

— J'ai chassé moi-même dans le Connecticut, sur

les derrières de l'Etat, la dinde sauvage avec un vénérable propriétaire américain, qui me dit ces paroles remarquables : « Vous voyez en moi, mon cher monsieur, un homme heureux, s'il y en a sous le ciel : tout ce que vous avez vu autour de vous sort de mes propriétés. Ces bas, mes filles les ont tricotés ; mes souliers et mes habits proviennent de mes troupeaux ; ils contribuent aussi, avec mon jardin et ma basse-cour, à me fournir une nourriture simple et substantielle. Les impôts ici ne sont presque rien, et tant qu'ils sont payés nous pouvons dormir sur les deux oreilles. » N'est-ce pas là une véritable simplicité arcadienne, *hein* ?

— Certes, dit Stephen. S'il vous plaît, monsieur, avez-vous trouvé vos dindes ?

— Oui, oui, s'écria Pontet-Canet, et des écureuils gris. C'est moi qui les ai tous tirés, ha, ha, ha ! J'étais le meilleur fusil de notre groupe ; et, me permettrai-je de dire sans forfanterie, le meilleur cuisinier.

— Comment les pariez-vous ?

— Monsieur ?

— Comment les faisiez-vous cuire ?

— Les écureuils, court-bouillonnés au madère ; la dinde, rôtie. Et tout autour de la table on entendait : « Très bon, extrêmement bon ! O mon cher monsieur, quel glorieux morceau ! »

— S'il vous plaît, décrivez-moi le vol de la dinde.

Pontet-Canet étendit les bras, mais avant qu'il puisse prendre son vol, Mr Evans apparut : l'autre monsieur, en conférence avec le commodore, avait besoin d'un interprète.

— J'espère que Mr Bainbridge va bien ? demanda Stephen.

— Oh oui, oui, oui, dit Mr Evans. Un peu de pus louable, rien de plus. La blessure guérit très proprement. Quelques douleurs, bien sûr, et quelque inconfort ; mais nous devons apprendre à le supporter sans hargne ni colère. (Une pause.) On me dit que nous approchons du bord du courant, et que nous allons bientôt voir de l'eau verte à bâbord, et le cap Fear.

— Ah, dit Stephen, l'eau verte près de terre. Comme j'espère voir aussi un rynchops.

— Qu'est-ce qu'un rynchops ?

— C'est un de vos oiseaux de mer. Il possède un bec singulier, dont la mandibule inférieure est plus longue que la supérieure ; il s'en sert pour se nourrir en écrémant la surface de la mer. J'ai toujours eu envie de voir un rynchops.

— Vous devez être un ornithologue considérable, docteur Maturin. Vous avez fait de remarquables dessins des oiseaux des mers australes dans votre journal, je m'en souviens.

Il n'y avait pas d'oiseaux sur les pages que Stephen avait montrées : le carnet avait certainement été longuement étudié. Mais Mr Evans, tout à fait inconscient de sa gaffe, proposa qu'ils terminent leur partie d'échecs, parvenue à une situation d'encombrement désespérée, avec sur l'échiquier la quasi-totalité des pièces dont aucune ne pouvait être déplacée sans le plus grand danger.

— Bien volontiers, dit Stephen, mais pensez-vous que nous puissions jouer sur le pont ? Ainsi, pendant que vous chercherez à retarder votre défaite inévitable, je pourrai garder un œil sur la mer. Je détesterais manquer mon rynchops.

Mr Evans n'en était pas sûr, mais dit qu'il parlerait à l'officier de quart.

— Tout va bien, dit-il en revenant, Mr Heath est en totale sympathie avec votre souhait : si vous voulez voir un rynchops, vous pouvez jouer aux échecs n'importe où dans le navire, dit-il, et il donnera des ordres pour qu'on vous prévienne si le rynchops apparaît. Il pense que c'est tout à fait possible, lorsque nous serons près du cap, et sortis de l'eau bleue.

Quelques minutes plus tard il apportait l'échiquier en disant :

— J'aime beaucoup ce jeu. En dehors de toute autre chose, il convient à mes sentiments de citoyen d'une république puisqu'il se termine toujours par la déconfiture d'un roi.

— J'étais moi aussi républicain, dans l'orgueil vaporeux de ma jeunesse, dit Stephen en inspectant le jeu pendant qu'on étendait un taud afin de les protéger du soleil. Et si j'avais déjà porté culottes à l'époque, je vous aurais rejoint à Bunker Hill, Valley Forge et tous ces endroits intéressants. Quoi qu'il en soit, j'ai chanté la prise de la Bastille. Mais avec l'âge j'en suis venu à penser qu'après tout la monarchie est préférable.

— En observant le monde, en regardant les monarques qui règnent — je ne parle pas du vôtre, bien entendu —, pouvez-vous véritablement affirmer que le roi héréditaire fasse vraiment belle figure ?

— Je ne le peux pas. Mais là n'est pas la question : la personne, à moins qu'elle soit extraordinairement bonne ou extraordinairement mauvaise, n'a aucune importance. C'est le symbole vivant, mouvant, procréant et parfois parlant qui compte.

— Mais enfin, la naissance seule, sans mérite nécessaire, est tout à fait illogique ?

— Certes, et c'est son grand mérite. L'homme est un être profondément illogique, et doit être gouverné de manière illogique. Quoi qu'en puisse dire ce bégueule frigide de Bentham, il existe d'innombrables motifs qui n'ont rien à voir avec l'utilité. En bonne logique utilitaire, un homme ne vend pas tous ses biens pour partir en croisade, ni ne construit de cathédrale ; moins encore écrit-il des vers. Il est d'innombrables pratiques de piété qui trouvent leur point focal dans une couronne. Il est préférable, je vous l'accorde, que la famille la porte depuis des temps immémoriaux ; car les créations récentes ne fonctionnent pas — elles ne sont rien par comparaison avec le prêtre-roi, dont le mérite est sans importance, dont la place ne peut être convoitée, ni mise en cause par un vote récurrent.

On piqua six coups ; le taud était en place ; Mr Evans dit :

— Mon bon docteur, vous ne le prendrez pas mal si je souligne que votre prêtre-roi est sur le mauvais carré.

— C'est un fait, dit Stephen et, l'ayant remis en place, il reprit son étude de la situation.

Une ombre tomba sur l'échiquier. Il déplaça sa pièce et leva la tête : c'était Pontet-Canet, qui observait le jeu, les lèvres pincées, les yeux plissés. Le soleil oblique tombait sur ses favoris noirs, faisant apparaître une étrange nuance rousse sous la teinture, ou peut-être causée par la teinture ? Où donc avait-il déjà vu cet homme ?

Son regard erra au-delà des favoris, au-delà de la tête penchée, réfléchie, de Mr Evans, parcourut la mer à la recherche de rynchops et, en revenant, aperçut Jack Aubrey. Jack se tenait à l'écart de ses vainqueurs autant qu'il était décemment possible — la gaieté obligée lui pesait, beaucoup plus que la douleur vraiment considérable de son bras fracassé. Mais, à présent, suffisamment remis pour monter sur le pont, il ne pouvait plus décemment rester confiné dans sa cabine. Il fit une pause au sommet de l'échelle et Stephen vit son œil fervent parcourir l'horizon à la recherche d'un vaisseau de guerre britannique, de préférence l'égal exact de la *Constitution*, dans l'idéal son *Acasta* (bien qu'elle ne fût armée que de pièces de dix-huit). Ayant cherché en vain, il jeta un regard automatique aux voilures et au ciel du côté du vent puis vint vers l'arrière observer le jeu.

— J'ai joué, monsieur, dit Mr Evans, déguisant son triomphe sous un ton de fausse douceur.

Certes, il avait joué. Stephen, concentré sur sa propre attaque, avait négligé cet odieux cavalier. Quoi qu'il fît, il perdrait une pièce, et contre un joueur aussi fort que Mr Evans cela voulait dire perdre la partie ; à moins... il avança un pion.

— Non, non, s'exclama Pontet-Canet, vous devez...

— Chut ! s'écrièrent Evans, Jack et Stephen.

Pontet-Canet lança un regard furieux, surtout à Jack, renifla et s'écarta, mais il revint très vite ; manifestement les doigts lui démangeaient de mettre de l'ordre dans les pièces.

Les pièces tombèrent, un vrai massacre ; l'échiquier était presque nu et Evans, avec une pièce et deux pions d'avance, tomba droit dans le piège.

— Ah ! s'exclama-t-il en se frappant le front, échec et mat.

— Moralement vous avez gagné, dit Stephen, mais du moins cette fois mon roi n'a pas été déconfit.

— Ce que vous auriez dû, s'exclama Pontet-Canet, c'était prendre le fou.

Evans et Stephen étaient trop occupés à s'expliquer l'un à l'autre comment ils avaient réussi à perdre, chacun à partir d'une position imprenable et d'un plan d'attaque invincible, pour prêter beaucoup d'attention aux autres ; mais ils y furent vite obligés. Le ton avait monté bien au-delà de celui d'un désaccord ordinaire ; il atteignait l'acrimonie ; et en même temps il avait pris tant de volume que les officiers américains, sur le gaillard d'arrière, s'étaient retournés, surpris.

— Je maintiens que vous avez mal placé les pièces, répéta Jack d'une voix forte, ayant perdu depuis bien des années l'habitude de la contradiction, sauf de la part des amiraux et de sa femme. La tour de la reine était là. Il arracha la pièce à la main du Français et, se penchant devant lui, la posa avec fermeté et une certaine emphase.

— Croyez-vous m'effrayer, damné coquin ? s'exclama Pontet-Canet. Par Dieu, il n'en sera rien... Je vous jetterai par-dessus le bord comme un chat crevé... Si je vous trouve trop lourd, je m'attacherai à vous avec les mains, avec les jambes, avec les ongles, de toutes les manières ; ma vie n'est rien pour envoyer en enfer un chien comme vous. Allons...

Fort heureusement, ses paroles déboulaient si vite et avec un accent si étrange que Jack ne comprit pas grand-chose ; et fort heureusement, comme Stephen et Mr Evans s'interposaient, le gaillard d'arrière se remplit pour la solennelle observation méridienne du soleil — cérémonie aussi grave ici que dans la Royal Navy —, et à l'instant où le commodore Bainbridge décréta qu'il était midi, le tumulte de l'équipage convoqué au dîner noya toutes les dissensions privées. Stephen et Evans emmenèrent Jack en bas pour panser son bras et l'obligèrent à s'allonger pour se reposer avant d'aller dîner avec le commodore.

— Sauverons-nous ce bras, qu'en pensez-vous ? demanda Evans en revenant à l'air libre.

— J'en doute, dit Stephen, et parfois je suis fort tenté de couper. C'est cette chaleur moite qui lui nuit le plus. Et bien entendu l'agitation mentale : il veut absolument accepter les invitations de Mr Bainbridge, ses invitations fort aimables, mais qui le tuent.

— Quant à la chaleur, dit Mr Evans, dès que nous aurons paré le cap Hatteras et ferons route près de terre pour bénéficier du courant, il n'y en aura plus. Et quant à l'agitation, ne pourrions-nous ajouter le jus de laitue épaissi à nos présents remèdes ? Le pouls est léger, rapide, irrégulier ; et l'on constate un degré inhabituel d'agitation nerveuse et d'irascibilité en dépit du stoïcisme apparent. Une autre scène comme celle de ce matin pourrait avoir des effets très graves. Odieux personnage, avec son « Ce que vous auriez dû ! ». Je ne voudrais pour tout l'or du monde perdre une partie d'échecs devant cet homme. Sans fièvre, sans douleur, sans faiblesse, j'ai déjà assez de mal à maîtriser ma langue. En temps de paix je l'aurais giflé, mais la guerre fait d'étranges compagnons de lit.

— Manifestation grotesque, dit Stephen. Trop grotesque, peut-être : peut-être un excès d'un Français passionné, excitable, que personne ne prend au sérieux.

Le pied sur le dernier barreau de l'échelle, Stephen se souvint où il l'avait déjà vu : c'était dans une petite auberge perchée au-dessus de Toulon, que fréquentaient les membres les plus gourmands de la marine française. Un officier français, le capitaine Christie-Pallière, y avait emmené dîner Jack et Stephen pendant la paix d'Amiens, et cet homme, passant à côté de leur table, avait parlé à Christie-Pallière. Stephen se souvenait de son accent dijonnais : il allait déguster un « côôôq au vin » et le reste de son groupe un « rrrâââble de liévrrre » ; et il avait tout particulièrement remarqué Jack, qui parlait anglais.

— Voyez-vous un rynchops, monsieur ? demanda Mr Evans arrêté derrière lui.

— J'en doute, dit Stephen.

Ils firent plusieurs tours sur le pont, longeant les équipes de réparation et la ligne de caronades, redevenue bien nette ; toutefois deux d'entre elles avaient des tourillons cassés, et une autre avait reçu un boulet en pleine bouche, cependant que beaucoup de leurs affûts étaient profondément entaillés, abîmés. Si un vaisseau de guerre anglais apparaissait, il constaterait que la *Constitution* avait déjà perdu quelques-unes de ses dents. Mais il était beaucoup trop tôt pour l'espérer : la croisière anglaise était plus probablement au large de la Chesapeake, ou de Sandy Hook, ou dans Massachusetts Bay, à l'entrée de Boston même ; car c'est à Boston qu'ils allaient. La *Java* avait été détruite, certes, mais du moins elle avait empêché la *Constitution* de poursuivre sa croisière vers le Pacifique comme elle en avait l'intention et l'obligeait à regagner son port d'attache pour se faire réparer. Son port d'attache était Boston et à Boston, à moins que l'escadre du blocus ne la capture, l'avenir commencerait : car ce voyage n'était qu'une transition, une curieuse continuation du présent.

— Voici le cap Fear, observa Mr Evans en le montrant du doigt. Et à présent vous voyez clairement la division entre le Gulf Stream et l'océan. Là, voyez-vous, la ligne parallèle à notre route, à environ un quart de mille.

— Noble cap, dit Stephen, et division remarquablement claire : merci, monsieur, de me l'avoir montrée.

Ils poursuivirent leur promenade en silence. Pas de rynchops ; pas le moindre oiseau. Son esprit revenant aux échecs, Stephen dit :

— Votre république, Mr Evans : la considérez-vous comme une et indivisible, ou plutôt comme une association volontaire d'Etats souverains ?

— Eh bien, monsieur, pour ma part je viens de Boston et je suis fédéraliste : c'est-à-dire que je considère l'Union comme le pouvoir souverain. Je n'aime pas la guerre de Mr Madison, et même je la déplore : je déplore ses relations avec les Français, avec leur empereur Napoléon, sans même parler de cet éloignement de nos amis anglais ; mais je vois en lui le président de la nation entière et j'admets son droit de la déclarer en mon nom, même si c'est une erreur ; j'ajouterai toutefois que tous mes amis fédéralistes de Nouvelle-Angleterre ne sont pas d'accord avec moi, en particulier ceux dont elle ruine le commerce. La plupart des autres officiers de ce bord, toutefois, sont républicains et ils affirment le droit souverain de chacun des Etats. Ils viennent presque tous du Sud.

— Du Sud ? Vraiment ? Alors cela pourrait justifier une différence que j'ai remarquée dans leur manière de parler, une certaine langueur, ce que j'appellerais presque un zézaiement délibéré de prononciation, assez mélodieux mais parfois difficile pour l'oreille inaccoutumée. Alors que tout ce que vous dites, monsieur, est instantanément compréhensible.

— Eh, bien sûr, dit Evans de sa voix nasale et métallique, le véritable anglais d'Amérique se parle à Boston et même jusqu'à Watertown. Vous n'y trouverez aucune corruption, je crois, pas d'expressions coloniales autres que celles qui surgissent naturellement de nos relations avec les Indiens. Boston, monsieur, est un puits de langue anglaise pure et non corrompue.

— J'en suis tout à fait persuadé, dit Stephen. Pourtant, au petit déjeuner ce matin, Mr Adams, qui vient également de Boston, a déclaré à propos de la bouillie de maïs qu'elle ne coupe pas la glace avec lui, très exactement : « cuts no ice with me ». Depuis ce moment, je m'interroge sur ses paroles. Je connais la bouillie de maïs, aimable bouillie qui peut être prescrite avec beaucoup d'avantage dans les cas de faiblesse du duodénum, et j'ai aussitôt compris qu'il s'agissait d'une expression figurée. Mais en quoi consiste la figure ? En quoi cette bouillie peut-elle couper la glace ?

Après un bref instant de réflexion, Mr Evans dit :

— Ah, mais c'est une expression indienne. C'est une variante de la phrase d'iroquois *katno aiss' vizmi* : j'y suis indifférent, cela ne m'impressionne pas. Oui, monsieur, rien à voir avec de la glace à couper. Mais puisque nous parlons de glace, docteur Maturin, avez-vous la moindre idée du froid qu'il peut faire à Boston pendant les mois d'hiver ? Cela fera peut-être du bien au bras de notre patient, mais par ailleurs cela pourrait emporter le reste. N'a-t-il pas d'autres vêtements que ceux que j'ai vus ? Et vous, mon cher monsieur, avez-vous des vêtements d'hiver ?

— Je n'en ai pas, pas plus que le capitaine Aubrey. Dans notre précédent désastre nous avons perdu toutes les possessions que nous ne tenions pas à la main. Toutes, dit Stephen, baissant les yeux quand le souvenir douloureux de ses collections lui revint à l'esprit, mais cela n'a pas grande importance. Dans quelques jours nous serons échangés et pour quelques jours, le capitaine Aubrey et moi-même pourrons fort bien braver le blizzard du nord à la manière de l'Iroquois ou du noble Huron, enveloppés dans une couverture. Et on m'a dit qu'à Halifax on peut trouver de tout, des toques de fourrure jusqu'aux ingénieuses raquettes utilisées pour marcher sur la neige.

Une ombre d'embarras courut sur le visage de Mr Evans ; il toussota et dit :

— N'avez-vous pas oublié de tenir compte de vos hôtes, docteur Maturin ? Les échanges sont parfois terriblement lents chez nous ; et vos officiers de Halifax ne semblent pas toujours plus intelligents que ceux d'autres parties du monde, ni plus actifs à leur tâche. Sans doute serait-il sage de vous procurer des chemises de flanelle et des caleçons de laine, au moins ? Cela servira toujours.

Stephen promit d'y penser ; il aurait d'ailleurs eu du mal à l'oublier. Quand la *Constitution* parvint au nord de la Chesapeake, un aigre vent de nord-ouest chargé de neige et de cristaux de glace la réduisit aux huniers arisés et c'est ainsi qu'elle se dirigea au plus près vers l'île Nantucket.

Nez bleus et mains rouges étaient à l'ordre du jour ; mais aussi l'empressement et la bonne humeur, ajoutés à la joie de la victoire, car on approchait des eaux natales de la moitié de l'équipage. Beaucoup d'entre eux venaient de Nantucket, Martha's Vineyard, Salem ou New Bedford et, tout en sautant et grimpant pour embraquer les bras ou raidir les boulines, ils riaient et s'interpellaient en dépit du froid glacial et du fait que c'était la partie la plus dangereuse du voyage, puisque la Royal Navy faisait le blocus de Boston.

Tous les hommes étaient d'une humeur remarquable ; ils savaient qu'ils seraient accueillis en héros et bénéficieraient de tous les délices domestiques, des parts de prise et des distractions de Boston. Les officiers comme les hommes appliquaient toutes leurs qualités marines remarquables à faire avancer le navire dans ce très mauvais temps. Tout le monde, sauf bien sûr les prisonniers de guerre, et en particulier le capitaine Aubrey. Tout en sachant fort bien que ce vent avait dû chasser la croisière britannique au large, il passait son temps sur le pont, transpercé de froid en dehors de son bras brûlant dont la douleur était si rude de temps à autre qu'il devait se cramponner à la lisse pour ne pas crier ou tomber. Il était malade, faible, gris ; il repoussait toutes les tentatives pour l'aider, les manifestations de gentillesse, les bras compatissants, avec une sécheresse qui effaça très vite la sympathie dont il avait pu bénéficier, et il regardait à travers les grains et la brume, attendant un secours qui ne venait jamais. Il n'avait d'ailleurs pas grande sympathie à perdre, du moins parmi les matelots les plus au courant : on savait qu'il avait commandé le *Leopard,* et le *Leopard*, ce malheureux navire qui avait obligé en temps de paix la *Chesapeake* à mettre en panne pour lui reprendre des marins britanniques, prétendus déserteurs, et qui lui avait tiré dessus, tuant et blessant une vingtaine d'Américains, représentait tout ce qu'ils haïssaient le plus dans la Royal Navy.

Le coup de vent de nord-ouest ne cessant pas, la *Constitution* prit la cape sous le cap Cod, en attendant qu'il s'essouffle, pour pouvoir se glisser dans Massachusetts Bay et regagner son port avant le retour de l'escadre du blocus. La glace s'accumulait sur les vergues et le gréement ; jour et nuit la neige couvrait les ponts. Jack restait là, quoique à présent presque incapable de tenir sa lunette ou de voir quand elle était pointée, grande silhouette misérable. Un baril de bœuf vide vint passer bord à bord, instantanément reconnaissable à ses marques : il avait dû être jeté à l'eau par un navire britannique au cours des derniers jours.

Les docteurs le confinèrent en bas mais il ne cessait d'échapper à leur vigilance ; la veille du jour où le vent tourna suffisamment au nord pour que la *Constitution* puisse doubler la pointe, ses boulines tendues comme cordes de harpe, l'équipage apprit dans une indifférence générale que le capitaine du *Leopard* était très malade, de pneumonie.

— Nous devons le transborder immédiatement, dit Stephen, élevant la voix.

La *Constitution* enfin au port se remplissait rapidement d'amis et de parents et le tumulte croissant des voix de Nouvelle-Angleterre, familier en même temps qu'exotique, devenait difficile à supporter.

— Peut-être pourrait-on persuader ce navire de venir bord à bord et nous pourrions le faire passer sur un brancard, sans l'agitation et les dérangements inévitables d'un canot.

Le navire en question était un navire parlementaire rempli de prisonniers anglais à échanger ; il appareillait pour Halifax en Nouvelle-Ecosse, où il devait embarquer un nombre équivalent d'Américains, et descendrait la rivière Charles avec le jusant.

— Je crains que nous ne puissions le faire passer d'un bord à l'autre de cette manière, dit Evans. Il faut que je dise un mot au premier lieutenant.

Ce n'est toutefois pas le premier lieutenant qui apparut, mais le commodore lui-même. Il vint en boitant et dit :

— Docteur Maturin, cette affaire d'échange n'est pas entre mes mains. Le capitaine Aubrey doit être conduit à terre, et il devra y rester jusqu'à ce que les autorités appropriées aient pris leur décision. Il parlait d'une voix forte, autoritaire, comme s'il avait un devoir déplaisant à remplir, et comme si cela exigeait un ton plus rude que ce qui lui était naturel. Au cours du voyage il avait toujours été fort poli et courtois dans ses relations avec Jack, quoique un peu lointain et réservé, peut-être à cause de la douleur de sa jambe blessée, et ce ton nouveau remplit Stephen de malaise.

— Vous devez m'excuser, dit le commodore, j'ai un millier de choses à faire. Mr Evans, un mot, s'il vous plaît.

Mr Evans revint.

— C'est bien ce que je craignais, dit-il en s'asseyant aux côtés de Stephen dans l'infirmerie. Bien que je ne sache rien d'officiel, je pense qu'il y aura probablement un long retard dans l'échange de notre patient.

Il se pencha pour soulever une paupière de Jack : aucune compréhension dans cet œil vide qui regardait sans voir.

— Si même il est jamais échangé.

— Avez-vous la moindre idée de ce qui pourrait le justifier ?

— Je pense que cela peut avoir à faire avec le *Leopard,* dit Evans avec hésitation.

— Mais le capitaine Aubrey n'a rien à voir avec cette affaire scandaleuse des coups tirés sur la *Chesapeake* ; le navire était sous le commandement d'un autre homme. A cette époque, Aubrey était à cinq mille milles de là.

— Ce n'est pas de cette affaire que je parle. Non. Mais il semble que lorsqu'il était le commandant de ce maudit navire... Mais pardonnez-moi. Je ne dois rien dire de plus. Et même, je n'ai rien de plus à dire. J'ai simplement entendu des rumeurs indiquant que quelqu'un, quelque part, semble avoir pris injure de sa conduite. Un malentendu, sans doute, mais il sera probablement retenu jusqu'à ce que l'affaire soit éclaircie.

La respiration bruyante, laborieuse, de Jack s'arrêta ; il se redressa, lança « lofe au plus près » et retomba. Stephen et Evans le remontèrent dans ses oreillers et chacun prit un pouls. Ils échangèrent un regard et un hochement de tête confiant ; le cœur du patient résistait admirablement.

— Quelle est la meilleure voie à suivre ? demanda Stephen.

— Eh bien, voyons, dit Evans pensif, la plupart de vos officiers sur parole se logent à l'hôtel O'Reilly ; les hommes sont en caserne, bien entendu. Mais cela n'irait pas dans le cas présent ; et je ne peux en conscience recommander le nouvel hôpital. Le plâtre est à peine sec sur les murs et je ne verrais pas une simple pneumonie, même affectant tout juste le sommet du poumon droit, soumise à cette humidité malsaine. Par ailleurs, mon beau-frère, Otis P. Choate, qui est aussi médecin, possède un petit établissement privé qu'il appelle l'Asclepia, dans un lieu sec et sain près de Beacon Hill.

— Que pourrait-il y avoir de mieux ? Sauriez-vous... sauriez-vous par hasard quelles sont ses conditions ?

— Elles sont très modérées : elles sont forcément très modérées car je dois vous dire franchement, monsieur, que mon beau-frère est un homme aux opinions très fortes et que son Asclepia n'est pas une affaire rentable. Otis P. Choate est un médecin sérieux et bon mais il énerve ses concitoyens : d'une part il est opposé à l'alcool, à l'esclavage, au tabac et à la guerre — toutes les guerres, y compris les guerres indiennes. Et je dois vous mettre en garde, monsieur, mais la plupart des personnes qu'il emploie sont des Irlandaises, papistes, je regrette de le dire ; et bien que pour ma part je n'aie pas constaté l'ivrognerie et la prodigalité associées à ces malheureux va-nu-pieds sauvages, et bien que la majorité d'entre elles parlent à peu près anglais et du moins semblent propres, cette circonstance a évidemment rendu l'Asclepia impopulaire à Boston. L'établissement est donc rempli, dans la mesure où il est rempli, de déments que leurs amis choisissent de ne pas garder à la maison, plutôt que des cas médicaux et chirurgicaux pour lesquels il a été conçu. On l'appelle communément « la maison de fous de Choate » et les gens s'amusent à dire qu'avec de telles infirmières et un tel médecin, nul ne peut voir la différence entre les patients et le personnel. Je vous le dis en toute franchise, docteur Maturin, car je me rends compte que certains pourraient être opposés à un tel établissement.

— Je rends hommage à votre franchise, monsieur, dit Stephen, mais...

— Ne vous en faites pas pour Maturin, dit Jack, parlant soudain d'une voix profonde et rauque dans un instant de lucidité partielle. Il est lui-même papiste irlandais, ha, ha, ha ! Ivre mort tous les matins dès neuf heures et jamais une chaussure à son nom.

— Est-ce vrai, monsieur ? chuchota Mr Evans, l'air plus désolé et misérable que Stephen ne l'aurait cru possible, car en général le chirurgien de la *Constitution*, homme aux manières assez formelles et même cérémonieuses, présentait au monde un visage impavide et calme, une expression de dignité grave et bénigne. Je n'avais pas idée — je ne savais pas — votre sobriété — mais les excuses ne font que souligner l'erreur. Je vous supplie de me pardonner, monsieur, et de croire que je n'entendais aucune réflexion personnelle.

Stephen lui serra la main et lui dit qu'il en était sûr ; mais Mr Evans avait du mal à retrouver son calme et c'est finalement Stephen qui dit :

— L'Asclepia du docteur Choate semble presque idéale.

— Oui, dit Mr Evans, oui, oui. Je vais aller immédiatement parler au commodore et lui demander son autorisation pour le transport ; c'est lui, bien entendu, qui est responsable de votre garde et qui doit produire vos personnes à la demande. Je n'ai aucune autorité en la matière.

Courte pause durant laquelle Stephen prit une couverture sur une bannette vide et l'enroula autour de ses épaules pour se protéger du froid humide et pénétrant. Puis Evans revint :

— Tout va bien, dit-il, j'ai trouvé le commodore fort occupé, entouré de personnalités et de gens de l'arsenal ainsi que de la moitié des principaux citoyens de Boston ; il m'a simplement lancé : « Faites comme vous croyez bon », m'a donné ceci — montrant un petit paquet — et m'a demandé de vous le remettre.

Stephen lut la note écrite à la hâte et enveloppant les billets de banque : « Le commodore Bainbridge présente ses compliments au capitaine Aubrey, le supplie d'accepter ceci pour couvrir ses frais à terre pour le moment, espère avoir le plaisir de le voir très vite entièrement remis et lui demande pardon de ne pas lui rendre visite pour l'instant : il se flatte que le capitaine Aubrey, de par sa longue expérience, comprendra les nombreuses préoccupations liées à la mise en cale sèche d'un navire ».

— C'est infiniment aimable de la part du commodore, dit-il. Un geste de gentilhomme, d'une parfaite élégance : j'accepte pour mon ami avec le plus grand plaisir.

— Nous sommes tous soumis à fortune de guerre, dit Mr Evans visiblement embarrassé, en sortant un paquet plus petit. Vous ne voudrez pas, j'en suis sûr, me condamner à être en retard sur mes compagnons. Allons, monsieur, je n'ai pas besoin de vous dire qu'il y a générosité à accepter : et ce ne sont là, hélas, que vingt livres.

Stephen remercia Evans de son amabilité, accepta son prêt et prononça toutes les paroles propres à exprimer une gratitude réelle, car non seulement ce geste lui plaisait beaucoup mais il ne possédait en fait pas un sou, de quelque type que ce fût, gros ou petit, et il s'était demandé comment il pourrait payer la pension de la maison de fous de Choate, si modérée fût-elle.

— Vous avez dit vingt livres, Mr Evans, remarqua-t-il, après quelques moments de discussion sur le haut du poumon droit de Jack, les lavements et les soins aux dérangés mentaux. Est-il habituel dans votre pays d'utiliser l'ancien nom de la monnaie ?

— Nous parlons souvent de pennies et de shillings, dit Evans, parfois de livres, mais beaucoup plus rarement. J'ai pris cette habitude avec mon père quand j'étais petit garçon. C'était un tory, un loyaliste, et même quand il est revenu du Canada et a appris à vivre avec la république, il n'a jamais abandonné la livre et la guinée.

— Les loyalistes étaient-ils nombreux à Boston ?

— Non, pas très nombreux ; aucune comparaison avec New York, par exemple. Pourtant nous avions nos brebis, galeuses ou non, selon le point de vue : un millier, peut-être, sur quelque quinze milles, qui devait être je crois la population de la ville à cette époque.

— Quelle situation désespérée ce doit être lorsqu'un homme se retrouve déchiré entre des loyautés en conflit... Dites-moi, avez-vous jamais entendu parler d'un Mr Herapath ?

— George Herapath ? Oh oui, bien entendu. C'était un ami de mon père, un tory lui aussi ; ils ont été exilés ensemble au Canada. C'est un citoyen éminent. Il l'a toujours été, en tant qu'armateur considérable et commerçant avec la Chine avec une réussite supérieure à la plupart ; et à présent que les fédéralistes et les vieux tories se sont réunis, il est plus important encore.

— Je ne suis qu'un enfant en politique américaine, Mr Evans, dit Stephen, et je ne vois pas très bien comment les fédéralistes et les tories ont pu se réunir puisque, ainsi que vous me l'avez si aimablement expliqué, les fédéralistes prônent la souveraineté de l'Union, de l'Etat opposé aux Etats.

— Ce qui les rapproche est une aversion commune pour la guerre de Mr Madison. Je ne trahis aucun secret en vous disant que cette guerre est impopulaire en Nouvelle-Angleterre : tout le monde le sait. Et s'il y a sans aucun doute des motifs plus élevés, l'argent parle à Boston, qu'on l'appelle dollars et cents ou livres, shillings et pence ; et les marchands seront bientôt ruinés — leur commerce étranger est étranglé, monsieur, étranglé. Mais les républicains...

Stephen ne sut jamais ce que voulaient les républicains car les membrures tribord de la *Constitution* émirent un long grognement concerté quand elle vint s'appuyer contre le quai.

— Nous sommes accostés, messieurs, dit le premier lieutenant passant la tête dans l'infirmerie. J'ai prévu un traîneau pour le capitaine Aubrey : nous avons l'intention de le débarquer dans une demi-heure. Et le docteur Choate envoie dire que tout sera prêt, monsieur.

— Etranglés, monsieur, dit Mr Evans quand ils furent à nouveau seuls. George Herapath, par exemple, a trois beaux trois-mâts barques à quai ici et deux autres à Salem : son commerce avec la Chine est paralysé.

— Mr Herapath a un fils.

— Le jeune Michael ? Oui. Une terrible déception pour lui, je le crains, et pour tous ses amis. C'était un garçon assez brillant — il a suivi notre école latine avec mon neveu Quincy — et il travaillait dur. Puis il a appris le chinois et l'on a pensé qu'il aiderait beaucoup son père dans ses affaires ; mais non, il est parti pour l'Europe et devenu un libertin. Et, ce que beaucoup jugent comme pire encore, un dépensier. On m'a dit qu'il est revenu de ses voyages, ramenant avec lui une prostituée, une fille de Baltimore, catholique romaine. Non pas, s'exclama-t-il, que je fasse le moindre rapport, mon cher monsieur, je veux simplement souligner l'infortune de Mr Herapath, qui est un épiscopalien rigide.

— Le pauvre homme, dit Stephen. J'ai rencontré Michael Herapath dans ses voyages ; il a même été mon assistant pendant quelque temps. Je l'ai beaucoup apprécié, et j'espère le revoir.

— Aïe aïe aïe ! dit Mr Evans. Je semble destiné à passer d'une bourde à l'autre, aujourd'hui. Je tiendrai ma langue pour ce qui reste de ce jour.

— Que deviendrait la conversation si nous ne pouvions échanger librement nos pensées et maltraiter nos voisins de temps en temps ? dit Stephen.

— Fort bien, fort bien. Mais je vais aller emprunter un manteau de buffle pour le trajet du capitaine Aubrey et je ne dirai plus rien. Le traîneau sera là dans un instant.

L'Asclepia plut à Stephen ; elle était sèche, propre, confortable, et la douceur des aimables voix irlandaises lui donnait l'impression que la chaleur insinuante ne pouvait venir que de feux de tourbe — il aurait presque juré qu'il en retrouvait l'exquis parfum familier. Le docteur Choate, en tant que médecin, lui plut, de même que la conception de l'établissement, ses nombreuses chambres privées, son air familial. Les soins et le traitement que le docteur Choate prodiguait à ses nombreux déments et demi-fous étaient aussi éloignés que possible des chaînes, des fouets, des cellules nues, du pain et de l'eau que Stephen avait si souvent rencontrés et si souvent déplorés ; pourtant, peut-être poussait-il un peu loin le principe de la porte ouverte. Stephen y rencontra plus d'une fois un cas potentiellement dangereux errant dans les corridors bas, en marmonnant, ou debout, rigide, immobile dans un coin. Mais il n'avait que compliments pour la disposition des chambres de malades du docteur Choate, situées dans le bâtiment central ; celle de Jack était une jolie pièce lumineuse, aérée, avec vue sur la petite ville jusqu'à l'arsenal et au port. Ce bâtiment central, par hasard ou délibérément, semblait organisé dans un ordre ascendant de gaieté : les chambres encadrant celle de Jack étaient occupées par les rares cas chirurgicaux ou médicaux en bonne voie de guérison, et à proximité se trouvaient celles des patients en phase doucement exaltée de folie circulaire : ils se retrouvaient dans un salon commun où ils jouaient aux cartes, parfois pour plusieurs centaines de milliers de millions de dollars, ou faisaient de la musique, souvent étonnamment bien ; le docteur Choate lui-même les rejoignait avec son hautbois quand il le pouvait, en observant qu'il le considérait comme son instrument thérapeutique le plus précieux. Il y avait évidemment les habituelles mélancolies navrantes : des êtres qui avaient commis le péché impardonnable, le mal éternel ; d'autres dont les familles empoisonnaient les aliments ou s'efforçaient de leur nuire en utilisant la fumée indienne ; une femme dont le mari l'avait « livrée à un chien » et qui sanglotait, sanglotait, sans jamais dormir, refusant toute consolation. Il y avait des démences séniles, des fous syphilitiques paralysés et des idiots dangereux, tout le désespoir du monde : mais ils étaient aux étages inférieurs et dans les ailes.

Jack n'en voyait rien. Etre installé dans la partie joyeuse lui convenait car en surface il était un patient joyeux ; son bras, bien qu'encore douloureux à certains endroits et engourdi à d'autres, était presque certainement sauvé ; il s'était remis de sa pneumonie, et il avait appris les revers subis par les Américains lors de leurs attaques sur le Canada. L'armée s'était bien conduite et cela compensait dans une certaine mesure les échecs de la marine. Il était encore faible mais mangeait avec voracité : soupe de clams, haricots de Boston, morue, tout ce qu'on lui présentait.

> « Ma chérie, écrivait-il à Sophie, vous savez que j'ai toujours voulu imiter Nelson (sauf dans le domaine marital) dans toute la mesure du possible, et me voici, m'activant de la main gauche et produisant à peu près le même gribouillis que lui. Mais d'ici un mois sans doute, le docteur Choate me dit que je pourrai essayer la droite. D'après Stephen, c'est un homme très habile... »

Habile, oui : et d'une gentillesse inhabituelle. Stephen admirait son savoir, sa compétence diagnostique et sa merveilleuse façon de manier les fous ; Choate parvenait souvent à réconforter ceux qui semblaient avoir sombré si profondément dans leur enfer privé qu'ils paraissaient au-delà de toute communication, et bien qu'il eût quelques patients dangereux, il n'avait jamais été attaqué. Les idées de Choate sur la guerre, l'esclavage et l'exploitation des Indiens étaient profondément saines ; sa manière de dépenser sa fortune considérable pour le profit des autres, tout à fait admirable ; et parfois, quand Stephen bavardait avec le médecin, il observait ce visage fervent aux yeux très grands, sombres, bienveillants, et se demandait s'il n'était pas en train de regarder un saint ; d'autres fois son esprit de contradiction s'éveillait et bien qu'il ne pût vraiment défendre la pauvreté, la guerre ou l'injustice, il se sentait enclin à trouver des excuses à l'esclavage. Il lui semblait qu'il y avait trop d'indignation mêlée à la bienveillance, même si l'indignation était indéniablement vertueuse ; que le docteur Choate se complaisait au bien comme certains se complaisent au mal ; et qu'il était si épris de son rôle qu'il aurait fait tous les sacrifices pour le conserver. Choate n'avait pas d'humour, sans quoi il n'aurait jamais lié la boisson ou le tabac à des questions tellement plus importantes — Stephen appréciait son verre de vin et son cigare —, et il était certainement coupable, à l'occasion, d'une mansuétude délibérée. Peut-être y avait-il là un peu de sottise : se pourrait-il que la sottise et l'amour du prochain soient inséparables ? C'étaient là des pensées indignes, il l'admettait : il admettait aussi qu'il faisait implicitement davantage confiance au diagnostic de Choate qu'au sien propre ; et Choate avait plus d'espoir que lui quant au bras de Jack.

La lettre de Jack se poursuivait :

> « J'enverrai ceci par Bulwer, de la *Belvidera*, qui a été capturé quand une de ses prises a été reprise et qui doit être échangé sous peu — il embarque ce soir sur le navire parlementaire que je vois de ma fenêtre. Mon échange semble traîner encore, bien que je ne sache pourquoi ; mais j'ose dire qu'il se produira dès que je serai en état de voyager, ce qui sera dans une semaine ou deux, au rythme prodigieux où je reprends du poids et de la force. Bulwer est venu très aimablement me rendre visite, ainsi que plusieurs autres officiers, et ils m'ont rapporté les nouvelles les plus encourageantes sur nos succès au Canada : je l'attends

sous peu et il doit donc mettre fin à ce griffonnage. Mais avant de cacheter ma lettre je dois vous parler d'un autre visiteur que j'ai eu aujourd'hui : il vient me voir souvent, de la manière la plus amicale, libre et facile, ainsi que beaucoup d'autres patients, pour me demander de mes nouvelles. D'ailleurs, cet endroit est étonnamment libre et facile, pour ne pas dire incohérent, sans aucun rapport avec Haslar ou tout autre hôpital que j'aie jamais vu. Les visiteurs entrent et sortent comme ils veulent, et ne sont presque jamais annoncés. Celui dont je parle est un beau monsieur rond et rose, l'empereur du Mexique, en fait, mais qui n'utilise ici que le titre de duc de Montezuma, et il m'a communiqué aujourd'hui un grand secret, que bien peu connaissent : le monde entier est devenu fou, semble-t-il, mais il l'est trop complètement pour s'en rendre compte — une sorte d'épidémie brutale provoquée par le thé. Cela a commencé par notre pauvre roi puis s'est déchaîné avec les élections américaines où l'on a choisi le président Madison ; cela couvre à présent le monde entier, dit-il, en riant à tue-tête et en sautillant. « Même vous, monsieur, même le capitaine Aubrey, ha, ha, ha ! » Mais il m'a consolé par un don de quatorze mille acres sur la Delaware, et les droits de pêche sur les deux rives du golfe du Mexique, de sorte que nous ne manquerons pas de victuailles dans notre vieillesse. Lui et beaucoup des autres, voyez-vous, ont l'esprit un peu dérangé ; pourtant j'ai remarqué une chose curieuse : ceux que je vois, les patients que le docteur Choate laisse vagabonder et se réunir au salon, ne sont pas aussi dérangés qu'ils le semblent. Il y a là-dedans une bonne part de jeu. Ils sont persuadés que je suis l'un d'entre eux, que je feins d'être capitaine de vaisseau de la Royal Navy, ainsi nous faisons-nous plaisir les uns aux autres, chacun jouant à être plus fou que l'autre. Et il y a certaines règles tacites... »

— Entrez ! s'écria-t-il.

La porte s'ouvrit et trois hommes apparurent. Le premier, vêtu d'un habit de couleur triste avec un grand nombre de boutons de métal terne, semblait tout en tronc, tant ses jambes étaient courtes, et d'ailleurs dissimulées par son long manteau. Son large visage gras et glabre était pâle et brillant ; ses yeux mouillés avaient le regard devenu familier à Jack ; il portait ses cheveux gris très long. Les deux autres étaient moins frappants : hommes maigres, en noir, mais tout aussi déments. Il espéra qu'ils ne se montreraient pas ennuyeux ou graveleux.

— Bonjour, monsieur, dit le premier, je suis Jahleel Brenton, du département de la Marine.

Jack connaissait bien Jahleel Brenton, distingué capitaine de vaisseau de la Royal Navy, homme particulièrement religieux, ami de Saumarez et d'autres amiraux bien pensants, récemment fait baronnet, né en Amérique, d'où l'étrange prénom. Il répondit :

— Bon après-midi, messieurs, je suis John Aubrey, petit-fils du pape de Rome.

Après une brève pause, Mr Brenton dit :

— Je ne savais pas que les catholiques romains étaient admis dans votre service, monsieur.

— Ne vous étonnez pas, monsieur. Quoi, mais la moitié du conseil de l'Amirauté est composée de jésuites, bien qu'il soit mal vu de le révéler à l'extérieur. Asseyez-vous, je vous en prie. Comment va votre frère Ned ?

— Je n'ai pas de frère Ned, monsieur, dit Mr Brenton, agacé. Nous sommes venus ici vous poser quelques questions à propos du *Leopard*.

— Posez, posez, mon vieux, dit Jack, riant d'avance au bon mot qu'il allait faire. Tout ce que je sais, c'est qu'il ne peut pas changer ses taches, ha, ha, ha ! C'est dans la Bible, ajouta-t-il. On ne peut pas dire mieux.

(Une pause.) Et que dire du tigre ? Ne serions-nous pas plus heureux avec le tigre ? Je pourrais vous raconter quantité de choses à propos du tigre.

L'un des plus fous parmi les voisins de Jack passa la tête par la porte en partie ouverte et cria « Coucou ! ». Puis, voyant que le capitaine avait de la compagnie, il se retira. Le plus petit des hommes sombres murmura à Mr Brenton : « Zeke Bates, le Boucher », d'un ton frémissant d'horreur. Au bout d'un moment, incapable de résister, Mr Bates glissa par l'ouverture sa silhouette corpulente et, un doigt sur les lèvres, se faufila auprès de Jack en longues enjambées ondulantes. Là, il sortit un couteau de boucher enveloppé d'un mouchoir, montra à Jack qu'il était assez aiguisé pour lui raser les poils de l'avant-bras, posa son doigt sur son nez, fit à l'intention de Jack un clin d'œil averti et se glissa dehors en silence.

L'homme sombre de taille moyenne regardait autour de lui mais, ne trouvant pas de crachoir, il s'approcha de la fenêtre et projeta dans le jardin un flux de jus de chique.

— Vous, monsieur, s'écria Jack qui détestait cette habitude, sortez de votre bouche cette maudite chique. Jetez-la par la fenêtre. M'entendez-vous ? Fermez la fenêtre, asseyez-vous et dites-nous ce que vous savez du tigre.

L'homme regagna son siège sur la pointe des pieds. Mr Brenton, épongeant son visage luisant, dit :

— Ce n'est pas du *Tigre* qu'il est question, capitaine Aubrey, mais du *Leopard*. Y a-t-il une clé à cette porte ? s'exclama-t-il, les yeux fixés sur la poignée qui bougeait doucement.

— Vous n'imaginez certainement pas que je vais me laisser enfermer avec vous, dit Jack avec un regard rusé. Non, il n'y en a pas.

— Mr Winslow, dit Brenton, appuyez votre chaise contre la porte et asseyez-vous dessus. A présent, monsieur, il est présumé qu'à la date du vingt-cinq mars de l'année dernière, ou à proximité, ayant le commandement du navire *Leopard* de Sa Majesté britannique, vous avez tiré sur le brick américain *Alice B. Sawyer.* Qu'avez-vous à dire à ce propos ?

— J'avoue tout, s'exclama Jack. J'ai croisé les bas haubans, j'ai dormi hors de mon navire, j'ai falsifié le rôle d'équipage, j'ai manqué à fournir mes comptes rendus trimestriels, j'ai laissé jeter par-dessus bord des barils défoncés et j'ai réduit en fumée l'*Alice B. Sawyer* de mes deux volées, à triple charge. J'implore la clémence de cet honorable tribunal.

— Notez cela, dit Brenton à l'un de ses assistants. (Puis :) Capitaine Aubrey, reconnaissez-vous ces papiers ?

— Bien entendu, dit Jack d'une voix normale. L'un est mon brevet et les autres... laissez-moi jeter un coup d'œil.

Cela ressemblait beaucoup aux paquets que l'amiral Drury lui avait demandé d'emporter, et aussi à quelques-unes de ses propres notes d'avitaillement. Le plus petit homme sombre apporta la liasse et Jack, qui avait remarqué qu'il prenait des notes, lui arracha son carnet des mains et lut : « Le prisonnier, apparemment ivre, reconnaît qu'il est le capitaine Aubrey, déclare qu'il est catholique romain et prononce des allégations semblables à propos du Conseil de l'Amirauté britannique ; admet qu'étant le commandant du *Leopard* il a tiré ses deux volées sur le brick *Alice B. Sawyer.* »

La porte, dans un mouvement soudain, vint heurter la chaise de Winslow : Winslow eut un sursaut accompagné d'un hurlement tremblotant, la porte s'ouvrit toute grande et Mr Bulwer, de la Royal Navy, apparut.

— Bulwer, s'exclama Jack, je suis enchanté de vous voir. A présent, messieurs, il faut m'excuser : j'ai une lettre urgente à terminer.

— Pas si vite, capitaine Aubrey, pas si vite, s'il vous plaît, dit Mr Brenton. J'ai encore tout un tas de questions. Vous, monsieur — à l'adresse de Bulwer —, vous pouvez attendre dans le hall.

Jack avait fait un mouvement maladroit en serrant la main de Bulwer ; son bras le faisait horriblement souffrir. La mauvaise humeur du convalescent monta en une marée brutale : de toute manière c'étaient là des fous ennuyeux, pas du tout aussi intelligents ou animés que Bates le Boucher ; Sir Jahleel Brenton n'arrivait pas à la cheville de l'empereur du Mexique et ce jeu l'ennuyait ; il en était las.

— Mr Bates, holà ! s'écria-t-il, ami Zeke, frère Zeke.

La grande face luisante apparut aussitôt à la porte, excitée, agitée, déchaînée, une ligne blanche de bave entre ses lèvres souriantes.

— Mon bon Mr Bates, veuillez montrer la porte à ces messieurs. Montrez-leur le chemin jusqu'à Mrs Kavanagh : elle leur donnera une bonne boisson chaude et réconfortante.

— Jack, dit Stephen arrivant avec un paquet, j'ai acheté pour tous deux des sous-vêtements de laine, juste une tenue chacun — l'hiver passe vite —, et des bonnets avec des rabats pour protéger les oreilles. Mais, Jack, qu'est-ce qui ne va pas ?

— Il faut que je vous dise quelques nouvelles vraiment mauvaises, dit Jack. Avez-vous entendu les fanfares jouer dans toute la ville et les gens acclamer, cet après-midi ?

— Comment cela aurait-il pu m'échapper ? J'ai cru qu'ils célébraient à nouveau la capture de la *Java* : c'était à peu près le même tumulte, avec trois fanfares jouant « Yankee Doodle » et trois autres « Salem Heroes, Rise and Shine ».

— Ils célébraient une victoire, c'est vrai, mais c'était une autre victoire, une nouvelle victoire. Leur

Hornet a coulé notre *Peacock*, l'a attaqué au large de la Demerara et l'a coulé en quatorze minutes.

— Ah, dit Stephen, avec un étrange coup au cœur : il ne savait pas à quel point il tenait à la Navy.

— Vous pouvez dire ce que vous voudrez, poursuivit Jack d'une voix plate, obstinée. Vous pouvez dire que leur *Hornet* — vous vous en souvenez, Stephen, ce petit sloop qui était à San Salvador —, que leur *Hornet* avait une volée de deux cent quatre-vingt-dix-sept livres et le *Peacock* de cent quatre-vingt-douze seulement, mais c'est tout de même une très mauvaise affaire. Coulé en quatorze minutes ! Ils ont tué le jeune Billy Peake aussi et mis hors de combat trente-sept de ses hommes contre trois Américains seulement. Pas étonnant qu'ils cognent sur leurs tambours. De toute façon, faire la guerre n'a pour objet que de pointer sur l'ennemi plus de canons qu'il ne peut en pointer sur vous, ou les pointer mieux. Faire la guerre n'a pour objet que de gagner : ce n'est pas un jeu. Bulwer m'a apporté la nouvelle, si bouleversé qu'il arrivait à peine à parler ; et il m'a montré ce papier.

Stephen regarda. C'était une carte adressée au capitaine Lawrence du *Hornet* par les cinq officiers survivants du *Peacock* et reproduite par le journal de Boston : « ... nous cessâmes de nous considérer prisonniers ; et tout ce que l'amitié peut dicter a été fait par vous-même et les officiers du *Hornet* pour remédier au dérangement que nous aurions autrement subi du fait de la perte inévitable de tous nos biens et vêtements en raison du naufrage subit du *Peacock.* »

— Je suis sûr que ce qu'ils disent est tout à fait vrai, mais c'est une publication assez abjecte.

Jack regardait par la fenêtre : il voyait tout là-bas les navires de guerre américains, parés du grand pavois pour fêter la victoire ; et ce n'est que par la grâce de Dieu qu'il ne voyait pas le pavillon américain surmontant le pavillon britannique — le *Peacock* gisait par cinq brasses dans l'embouchure de cette lointaine rivière, la *Guerrière* et la *Java* au fond de l'Atlantique ;

et la *Macedonian* était à New York. Il eut envie de développer ses idées sur la nature de la guerre, les changements survenus dans la Navy depuis le temps de Nelson, la stupidité totale de l'administration, l'assurance excessive des commandants de bonne famille, l'obsession de la propreté — toute une série de réflexions qui remplissaient son esprit depuis bien longtemps ; mais il était trop las, trop faible. Il dit :

— Oh, il est arrivé aujourd'hui une autre chose ridicule. Des officiels de leur département de la Marine sont venus me voir. Ils n'étaient pas annoncés et j'ai cru qu'il s'agissait simplement de quelques autres aliénés, en particulier leur chef, un civil bas sur pattes et qui louchait ; et quand il a dit qu'il s'appelait Jahleel Brenton j'en ai été certain. J'ai donc plaisanté avec eux et joué au fou avec leurs questions jusqu'à ce que Bulwer arrive, et alors je les ai chassés parce que je voulais terminer une lettre à Sophie pour que Bulwer l'emporte.

— Vous lui avez donné mon paquet, j'espère ? demanda Stephen.

Il parlait de son journal, emballé, cacheté et adressé à Sir Joseph Blaine à l'Amirauté, en même temps qu'une note de couverture pour son collègue d'Halifax.

— Ah oui. Je n'aurais pu oublier votre paquet. J'ai écrit ma lettre dessus et quand j'ai regardé à la lunette Bulwer monter à bord, j'ai vu qu'il l'avait sous le bras. C'est lui qui m'a dit qu'ils avaient vraiment un Jahleel Brenton, un homme qui s'occupe des échanges de prisonniers. Apparemment le nom est assez habituel dans ces régions ; le nôtre vient de Rhode Island, je crois.

— Quelle était la nature de leurs questions ?

— Ils voulaient savoir si le *Leopard* avait tiré sur un navire marchand américain pour l'obliger à s'arrêter, l'*Alice B. Sawyer* si je me souviens bien. Je ne crois pas que nous l'ayons fait mais il faudrait que je regarde le livre de bord pour être sûr. Et puis ils voulaient que je leur explique certains papiers que j'avais emballés dans mon brevet : des notes d'avitaillement, pour autant que je me souvienne, et une lettre privée dont l'amiral m'avait chargé.

Ils restèrent un moment ainsi, dans le crépuscule : le bruit des réjouissances et parfois le grondement et l'explosion d'une fusée leur parvenaient à travers la fenêtre ; enfin, Jack dit :

— Vous souvenez-vous de Harry Whitby, qui avait le *Leander* en l'an six ? Vous l'avez traité pour une maladie ou une autre. (Stephen acquiesça.) Eh bien, un jour, au large de Sandy Hook, il a tiré pour arrêter un navire marchand américain, pour voir s'il n'avait pas de contrebande à bord. Un homme a été tué ou est mort, enfin il a filé son câble au cours de cette affaire : Whitby jurait que ce n'était pas la faute du *Leander* car son boulet était passé une bonne encablure devant l'étrave de l'Américain. Mais les Américains juraient que si, et ils ont remué ciel et terre pour le faire passer en jugement pour meurtre dans leur pays. Il semble que le ministère a même pensé un moment à le livrer, mais finalement ils l'ont fait passer en cour martiale. Il a été acquitté, bien entendu, mais pour pacifier les Américains on ne lui a plus donné de navire pendant des années et des années. Il restait à terre, sans emploi, jusqu'au jour où, d'une manière ou d'une autre, il a trouvé la preuve que l'homme n'avait pas été tué par le feu du *Leander*. Et il me vient à l'esprit qu'ils cherchent peut-être à faire la même chose dans ce cas ; mais dans ce cas il n'est pas question qu'ils soient obligés de persuader le gouvernement de me livrer : je suis ici.

— Une malignité aussi invétérée, mon frère ? J'ai du mal à le croire. Je ne pense pas que vous ayez obligé aucun navire américain à s'arrêter pendant ce dernier voyage.

— Oh, c'est probablement parce que je ne suis pas en forme. La mélancolie vous met de ces idées dans la tête. Toutefois cela expliquerait le retard de mon échange ; et de toute manière ils détestent le nom même du *Leopard*, c'est bien naturel. J'y suis lié ; et n'importe quel bâton est bon pour pendre un chien enragé. Les marins américains que nous avons rencontrés sont de bons marins, de braves gens et généreux — généreux au plus haut point : je ne les soupçonnerai jamais d'une chose pareille. Mais ces civils, ces officiels...

— Grand Dieu, ils sont assis dans le noir, les pauvres êtres, s'exclama Bridey Donohue. Docteur, il y a une dame pour vous. Allumerai-je la lampe à présent ?

Par la porte ouverte, à quelque distance, on entendit résonner un rire, un rire roucoulant, intensément amusé, qui n'en finissait pas. Ils sourirent tous deux bien involontairement ; puis Jack, retombant dans ses oreillers, dit :

— C'est Louisa Wogan. Je reconnaîtrais ce rire n'importe où. Mais, Stephen, je n'ai pas la force de recevoir de visites maintenant. Soyez bon, présentez mes compliments et mes excuses, voulez-vous ?

Chapitre cinq

Louisa Wogan avait été introduite dans un petit salon : pour une fois la visite du docteur Maturin n'errait pas dans les corridors, à la manière incohérente d'Asclepia. Mais la porte étant restée ouverte, Asclepia était venue à elle : l'empereur du Mexique et une couple de millionnaires lui tenaient joyeusement compagnie. C'était toutefois des déments polis et quand Mrs Wogan sauta sur ses pieds, courut à Stephen, lui prit les deux mains et s'écria : « Docteur Maturin, comme je suis heureuse de vous voir ! », ils sortirent sur la pointe des pieds, un doigt sur les lèvres.

— Comment allez-vous ? poursuivit-elle. Vous n'avez pas changé du tout.

Elle non plus : toujours la même jolie jeune femme — cheveux noirs, yeux bleus, silhouette leste de jeune garçon potelé, teint ravissant ; elle portait les fourrures de loutre de mer que Stephen lui avait données sur Désolation, tout là-bas près du pôle Sud, et qui avaient le plus heureux effet sur son apparence.

— Vous non plus, ma chère, dit-il, sauf pour gagner en éclat : votre air natal, sans aucun doute, et une nourriture appropriée. Dites-moi, comment avez-vous supporté le voyage ?

Il l'avait vue pour la dernière fois dans un état de grossesse relativement avancé et il craignait pour l'enfant.

— Oh, très bien, je vous remercie. Le bébé est né dans une tempête effroyable pendant que nous faisions des va-et-vient au large du cap Horn ; les hommes étaient horrifiés, ils sont restés sur le pont, tous, malgré un temps vraiment insupportable. Mais Herapath a été très bien ; et ensuitc tout s'est passé merveilleusement. Un délicieux voyage vers le nord à partir de Rio, et un bébé parfait. Elle a eu dès sa naissance de longs cheveux noirs bouclés !

— Et Mr Herapath ?

— Il va très bien : mais il n'a pas osé venir vous voir et je l'ai laissé à la maison avec Caroline. Mais venez, nous ne pouvons bavarder ici ; je veux vous emmener chez moi. On vous laisse sortir, n'est-ce pas ? (Stephen acquiesça.) Alors, envoyez quelqu'un chercher votre manteau ; il fait un froid affreux, dehors, et un vent mordant.

— Je n'ai pas de manteau. Nous devons être échangés si vite que cela n'en vaut pas la peine ; et le froid ne me gêne pas. Le capitaine Aubrey me charge de ses meilleurs compliments, il est tout à fait désolé de ne pouvoir vous les présenter lui-même.

— Oh, lui, dit Mrs Wogan d'un ton qui démontra clairement à Stephen que sa visite était destinée au seul docteur Maturin.

En même temps il se souvint que les conditions de la captivité de Mrs Wogan à bord du *Leopard* ne pouvaient lui avoir laissé entrevoir combien il était proche de Jack. Mais elle se reprit et demanda poliment des nouvelles de la santé du capitaine Aubrey, en espérant qu'il se remettait vite.

Ils passèrent dans le hall où le portier sortit de sa loge pour leur ouvrir la porte : c'était un Indien Peau-Rouge, immense et massif, vêtu de vêtements européens, l'un des rares visages impassibles à l'Asclepia : invariablement grave, sculptural et apparemment muet. Stephen lui adressa un « Ugh ! » poli et, comme à l'habitude, ne reçut aucune réponse, pas même le plus léger changement d'expression ; mais pour la première fois il remarqua le levier qui fermait la porte, un système relativement simple mais sans doute suffisant pour maintenir les patients les plus fous à l'intérieur.

Le printemps avait envahi Boston, un printemps des plus virulents, et ils traversèrent le terrain communal dans un vent glacial venu de Cambridge qui balayait des débris de petites feuilles vertes dans la boue à demi gelée ; presque tous les Américains qu'ils croisaient, rouges, noirs ou gris bleuté, avaient des rhumes effroyables : mais ni Maturin ni Wogan ne le remarquèrent. Ils étaient perdus dans un flot de réminiscences — leur voyage, les cache-nez qu'elle lui avait tricotés, les bas ; le combat, le navire près de sombrer, le refuge glacial de l'île de la Désolation ; les peaux de phoque, la chaleur et la nourriture, enfin ; l'arrivée du baleinier américain sur lequel Wogan et Herapath s'étaient échappés. Comment allaient Mr Byron ? Mr Babbington ? Le gentil chien stupide de Mr Babbington ? Dévoré, hélas, par les indigènes des îles de l'Amitié ; mais ils avaient offert une jeune fille en échange. Qu'était-il arrivé à la bohémienne et à son bébé, et à Peg ? La première avait retrouvé à Botany Bay son mari, l'autre une nombreuse troupe d'amoureux, les femmes étant si rares. Tout en parlant, Stephen remarquait que Mrs Wogan ne montrait à son égard pas la moindre réserve ; elle parlait comme à un vieil ami, avec autant de franchise et de confiance qu'à bord du *Leopard* ; plus encore, peut-être, comme si leur amitié avait mûri avec le temps. Il en fut heureux car il appréciait beaucoup Wogan ; il admirait son courage, il aimait son babillage, et il la trouvait d'agréable compagnie ; mais cela l'étonna. Après tout, elle était agent secret (quoique pas des meilleurs) et il l'avait en quelque sorte menée en bateau, en lui fournissant de fausses informations d'une nature remarquablement mortelle ; pour autant qu'il pût le savoir, ce stratagème avait porté ses fruits sous la forme d'un sillage d'espions morts ou discrédités. Pourtant elle était là, chaleureuse, pressée contre lui, appuyée sur son bras, sans la moindre trace de ressentiment. Puis ce qu'elle révélait, combiné à ce qu'elle ne disait pas et au résultat de ses propres réflexions, le conduisit à penser qu'elle le croyait innocent : il n'avait été qu'un instrument involontaire, manipulé par le diabolique capitaine Aubrey, ce Machiavel à l'air naïf. Ou Herapath, incertain et confus, ne lui avait-il jamais dit qu'il tenait les papiers des mains de Stephen ?

— Attention ! s'écria-t-elle, le tirant de sous les roues d'un fardier. Vraiment, mon cher, vous devez faire attention et rester sur le trottoir.

Ils revinrent à cette intéressante période de leur séjour sur Désolation où le baleinier était prêt à partir : elle décrivit ses préparatifs avec la plus grande franchise et une réminiscence de jubilation, ajoutant :

— J'ai été si près de vous le dire : j'étais sûre que vous n'y verriez pas d'inconvénient, étant Irlandais et ami de la liberté, de l'Amérique. N'avez-vous pas deviné, en voyant mon pantalon de matelot ? M'auriez-vous aidée si vous aviez su ?

— Je crois bien, ma chère, dit-il.

— J'en étais sûre, dit-elle en lui serrant le bras. Je l'ai dit à Herapath mais, grand Dieu, quelle histoire il a faite ! Son honneur, vous savez, et tout cela. En dehors de toute autre chose il disait vous devoir de l'argent : je savais bien que les Nordistes adorent le dollar, mais je n'aurais pas cru qu'on puisse faire tant d'embarras pour un peu de monnaie. Dans le Sud, évidemment, c'est tout à fait différent. J'ai dû hurler et brailler comme une poissonnière pour le décider ; ah, mon Dieu !

A ce souvenir elle se mit à rire, de son absurde rire contagieux qui donnait tant de plaisir à Stephen ; les gens se retournaient dans la rue, lui souriaient. Une pause, encore quelques gargouillements intérieurs de rire et soudain elle s'écria :

— Mais vous ne m'avez jamais dit que vous connaissiez Diana Villiers !

— Vous ne l'avez jamais demandé, dit Stephen. Vous la connaissez aussi, je crois.

— Dieu du ciel, oui, dit Mrs Wogan. Je la connais depuis un siècle. Nous sommes étonnamment proches. Du moins nous l'étions, à Londres ; et je l'aime beaucoup. Comme vous le savez, je crois, elle est l'amie très chère de Harry Johnson, un homme que je connais bien ; nous sommes tous deux du Maryland. Ils seront à Boston mercredi. J'ai hâte de vous le faire rencontrer : il aime beaucoup les oiseaux, lui aussi. Quand je suis enfin arrivée aux Etats-Unis, je leur ai tout raconté à votre propos et Diana s'est exclamée « Mais c'est mon Maturin ! » et Harry Johnson a dit : « Ce doit être le même Maturin qui a écrit l'article à propos des fous » — s'agit-il vraiment des fous ?

Ils passèrent devant l'hôtel O'Reilly, et deux officiers anglais qui connaissaient Stephen le regardèrent sans dissimuler leur envie. Ils saluèrent et Mrs Wogan leur jeta un sourire éclatant.

— Pauvres gens, dit-elle, il est terrible d'être prisonnier. Il faut que je demande à Mrs Adams de les inviter.

— Ce n'est donc pas tant les Anglais que vous n'aimez pas, mais plutôt leur gouvernement ?

— C'est exact, dit Mrs Wogan, quoique, bien entendu, je haïsse aussi certains Anglais : mais c'est vraiment leur gouvernement que je déteste, et il me semble qu'il en est de même pour vous. Savez-vous qu'ils ont pendu Charles Pole, cet ami que j'avais au Foreign Office et dont je vous ai parlé il y a bien longtemps ? Quelle méprisable lâcheté ; ils auraient au moins pu le fusiller. Nous y voici, dit-elle, le guidant vers une rue boueuse de petites maisons de brique où des cochons maigres fouillaient dans le ruisseau. Sommes-nous assez sordides ? C'est le mieux que le pauvre Herapath puisse faire pour l'instant.

Le pauvre Herapath les attendait dans une pièce à peine meublée, à peine moins sordide que la rue et pleine de fumée. Il accueillit Stephen avec un pénible mélange d'embarras et d'affection, hésitant à lui tendre la main jusqu'à ce que Stephen s'en empare. Il avait vieilli depuis leur séparation sur Désolation et son aspect émacié conduisit Stephen à penser qu'il était retombé dans l'abus d'opium. Mais c'était, pour l'essentiel, le même Herapath, et pendant que Louisa allait chercher leur bébé il montra à Stephen sa traduction de Li Po avec un enthousiasme qui lui rappela vivement les jours de l'infirmerie du *Leopard*.

Le bébé était un spécimen ordinaire de l'espèce, avec sans doute un bon fond ; mais il était exaspéré qu'on ne l'ait pas nourri et pendant que ses parents discutaient de la question d'un ton nécessairement plus élevé qu'à l'ordinaire, il se remit à hurler sa protestation. Stephen regarda le petit visage rouge et furieux, où la rage et le chagrin se succédaient et parfois se mêlaient, et il se reprocha de souhaiter qu'il ne soit jamais né ; il remarqua aussi qu'Herapath le manipulait de manière un peu moins maladroite que Louisa et que la petite créature prêtait plus d'attention à son père qu'à sa mère. Enfin, après les compliments habituels, prononcés en criant plus fort que lui, on l'emporta et Herapath dit :

— Je suis extrêmement préoccupé, docteur Maturin, d'avoir dû vous quitter sans payer ma dette.

— Point du tout, dit Stephen, j'ai saisi vos biens et vendu vos uniformes à Byron, qui était nu et à peu près de votre taille ; je me suis enrichi dans l'affaire.

— J'en suis heureux : cela me préoccupait. Après toutes vos gentillesses...

— Dites-moi, Mr Herapath, passez-vous tout votre temps avec Li Po ? J'avais espéré vous voir étudier la physique à votre retour : vous avez un don réel pour la médecine.

— Et c'est ce que je ferais si j'en avais les moyens. Pour l'instant j'ai lu Galien et les autres livres que j'ai pu trouver. Mais j'espère que, quand ma traduction sera publiée, le bénéfice me permettra de retourner à Harvard et de me qualifier en tant que médecin. J'ai de grands espoirs : Louisa a un ami, un ami d'enfance du Sud, qui a des intérêts chez un éditeur de Philadelphie et il me donne toutes raisons de supposer que tout ira bien. Le livre sortira peut-être l'année prochaine en joli format in-quarto, avec une édition in-octavo à la suite si la demande est assez forte ! Entre-temps nous vivons d'une allocation que mon père a la bonté de nous donner. Mais si seulement il voulait... (Herapath se reprit, toussota et poursuivit :) Mon père m'a demandé de vous présenter ses compliments, il espère avoir l'honneur de votre compagnie à dîner demain.

— Je serai heureux de lui rendre visite, dit Stephen en se levant car Mrs Wogan revenait, suivie d'une souillon noire et de deux petits garçons noirs portant le plateau du thé et ses accessoires malpropres.

— J'espère qu'il sera à votre goût, dit Mrs Wogan avec un coup d'œil inquiet dans la théière. Sally fait mieux le mint julep que le thé.

A une époque, Stephen s'était trouvé isolé sur un rocher nu de l'Atlantique sud, avec pour seule boisson l'eau de pluie chaude qui restait dans les trous remplis de guano : c'était plus désagréable que le thé de Mrs Wogan, mais à peine. Le goût amer lui resta toute la journée, bien qu'il ait tenté de l'atténuer en avalant des bouchées d'une substance grise amorphe, prétendument une friandise sudiste.

Il le retrouva au réveil, le lendemain matin, et il était encore capable d'évoquer l'étrange mélange de goudron, de mélasse et peut-être de vert-de-gris quand Herapath vint à l'Asclepia pour le chercher.

— Pensez-vous, monsieur, dit Herapath mal à l'aise, que je doive présenter mes respects au capitaine Aubrey ?

— Je ne crois pas, dit Stephen, il jugerait de son devoir de vous pendre pour avoir déserté le *Leopard* ; et cette excitation, cette agitation dans son état de faiblesse seraient très mauvaises pour lui. Je viens tout juste de convenir avec le docteur Choate qu'aucun visiteur ne doit être autorisé, en particulier les gens du département de la Marine qui l'ont tant contrarié l'autre jour.

Le département de la Marine avait contrarié Jack Aubrey, mais pas beaucoup : pas autant que cette lointaine victoire de la rivière Demerara. Pas autant que la vue de ses fenêtres, dont l'une donnait sur le port et l'autre sur le mouillage des vaisseaux américains. Ce n'était pas qu'il se produisît grand-chose, puisque tous les vaisseaux marchands étaient amarrés, parfois bord à bord, tout au long des quais, et que l'on voyait bien peu de mouvements sauf ceux des petites embarcations et des bateaux de pêche ; mais ce qui se passait le touchait comme il l'avait rarement été auparavant.

A part les repas, les soins médicaux et le nettoyage de sa chambre, il passait toutes les heures de jour la lunette à l'œil. Il connaissait intimement les puissantes frégates américaines — il connaissait même bon nombre de leurs officiers et de leurs hommes, en dehors même des officiers de la *Constitution* dont il avait fait connaissance au cours du voyage et qui venaient lui rendre visite — et il les observait avec une intensité passionnée. Elles étaient trois : le *President*, portant quarante-quatre canons de vingt-quatre livres, et battant le guidon de commodore ; le *Congress*, trente-huit canons ; et, bien sûr, la *Constitution,* en mauvais état. Et il n'avait qu'à pivoter sur lui-même, à poser sa lunette sur le seuil de l'autre fenêtre pour apercevoir au large les perroquets de l'escadre du blocus. Parfois une frégate, *Aeolus, Belvidera* ou *Shannon,* venait en reconnaissance jusque dans l'entrée de la rade et son cœur battait si fort la chamade qu'il devait retenir son souffle pour empêcher sa lunette de bouger — chamade suscitée par des idées folles : coup de main sur les frégates ou débarquement pour prendre les forts par-derrière.

La *Constitution* subissait des réparations et des modifications importantes : il ne se flattait pas que la cause unique en fût les dégâts infligés par la *Java,* mais celle-ci y avait certainement contribué et la *Constitution* ne serait pas en mesure de combattre pendant encore plusieurs mois. Mais *President* et *Congress* se préparaient à prendre la mer bientôt et il surveillait tout : il vit mettre en place un nouveau gréement, nota de quelle vaillante manière le *President* refit en une seule après-midi sa liure de beaupré, vit embarquer les vivres — des barils par centaines —, compléter les réserves d'eau douce, entraîner l'équipage dans les vergues, embarquer les poudres apportées par la barge. Ils étaient presque en partance, attendant simplement qu'un bon coup de suroît et le jusant ne repoussent les navires du blocus assez loin vers le nord et l'est pour pouvoir leur échapper et se glisser dans l'Atlantique.

Il avait la lunette fixée depuis un moment sur le gaillard du *President*, pour tenter de déterminer la nature exacte de ses caronades, quand il entendit de lointaines acclamations dans le port. Il se retourna brusquement — il avait retrouvé son agilité et de jour en jour sa force revenait —, c'était une autre frégate américaine, arrivant sous foc et hunier. Elle avait réussi à échapper au blocus malgré une brise modérée, soufflant depuis le matin un peu dans le sud de l'est : peut-être l'escadre était-elle uniquement montée par des fous aveugles. Mais le moment n'était pas aux récriminations ; il mit sa lunette au point et regarda, tout son être concentré dans ce regard.

Une frégate de trente-huit canons ; entrées fines, coulée fluide ; vingt-huit canons longs de dix-huit livres, vingt-quatre caronades de trente livres ; deux pièces longues traversantes de dix-huit livres sur le gaillard d'avant et une autre sur le gaillard d'arrière ; pont impeccable, cordages lovés. La *Chesapeake*. Tandis qu'il l'observait, un officier sur le gaillard leva son porte-voix : avant même qu'il ait entendu l'ordre, le foc et les huniers disparurent en un seul mouvement ; elle glissa en une longue courbe, repoussant la marée, et prit son mouillage au moment même où elle perdait son erre. Dans l'instant sa chaloupe tribord toucha l'eau, son équipage y sauta, et le capitaine fut conduit à terre. Cela n'aurait pu être fait avec plus de netteté sur aucun des navires où Jack avait servi, pas même quand le vieux Jarvie commandait la flotte de la Manche. Il n'avait qu'un seul reproche, la vue de trois grands aspirants nonchalamment appuyés à la lisse, mâchant leur tabac et crachant leur jus de chique pardessus bord.

— Prendrez-vous votre dîner maintenant, monsieur ? demanda Mary Sullivan. Ça fait deux fois que Bridey monte et vous êtes là à regarder vos vieux bateaux. La voulez-vous froide, pour l'amour de Dieu, cette bonne morue ? Allons, allons, mangez-la pendant qu'il lui reste encore un peu de chaleur. Voilà, comme ça. Et le docteur, lui, il dîne en ville, que Dieu le bénisse.

Mr Herapath père était un homme grand, autoritaire, fort de poitrine, d'épaules et de ventre, avec un large visage épanoui aux traits largement dessinés ; il avait les cheveux poudrés et portait un habit de velours noir avec col et manchettes bleus, combinaison de couleurs qui rappela encore Diana Villiers à l'esprit de Stephen. Dans un peu moins de vingt-sept heures, se dit-il en regardant une belle pendule anglaise, elle serait à Boston. L'attitude de Mr Herapath était ferme et assurée ; il était manifestement habitué à commander, et son fils comme la dame âgée qui tenait sa maison sombrèrent dans une insignifiance muette ; mais avec Stephen il se montra particulièrement aimable, accueillant et même déférent.

Il s'excusa de ne pas être venu à l'Asclepia présenter ses respects au docteur Maturin et le remercier de toutes ses bontés envers Michael ; il avait dû garder la chambre à cause de terribles coliques, mais c'était terminé à présent et il se réjouissait de pouvoir exprimer sa reconnaissance — il ne se féliciterait jamais assez que Michael ait eu l'honneur de faire la connaissance et de bénéficier de l'influence d'un homme aussi distingué. Le docteur Rawley lui avait parlé des remarquables publications du docteur Maturin sur la santé des marins et il savait que le docteur Maturin était membre de la Royal Society ; lui-même n'était qu'un marchand, mais il respectait le savoir — le savoir utile.

Le dîner fut une affaire longue, lente, dense et la conversation presque exclusivement due à Mr Herapath et à Stephen ; Michael Herapath ne dit que peu de choses et Tante James se limita à demander à Stephen s'il croyait à la Trinité.

— Certainement, madame, répondit-il.

— Eh bien, je suis heureuse que quelqu'un y croie, dit-elle. Presque tous ces chenapans de Harvard sont unitariens et leurs épouses pire encore.

Après cela elle n'émit plus que des bruits sifflants à l'intention des serviteurs : si elle n'excellait pas dans l'art de la conversation, c'était manifestement une remarquable maîtresse de maison. Dehors, la brume assombrissait la journée mais la grande salle à manger confortable était animée du reflet assourdi des bois polis ; le noble feu, encadré de cuivres qui auraient fait honneur à la Royal Navy, éclairait une grande étendue de tapis de Turquie, rouge et bleu ; ils mangèrent un bon et sobre dîner dans une vaisselle plate remarquablement massive ; et quand Tante James les quitta, Stephen la vit passer dans un salon tout aussi agréable. Ce n'était pas une maison élégante, bien qu'elle contînt certaines belles choses, mais d'une richesse discrète et surtout confortable ; il aurait pu dîner chez un marchand de la City de Londres établi de longue date.

Cette impression se trouva très renforcée, étonnamment renforcée, en fait, quand Mr Herapath remplit son verre, passa la carafe, se leva et proposa de boire à la santé du roi. Michael Herapath but d'un air absent et Stephen constata qu'il glissait une cuiller d'argent dans sa poche, du côté opposé à son père.

Mr Herapath proposa aussi « une fin décente à la guerre de Mr Madison, qu'elle vienne vite », et Stephen le suivit avec « une augmentation du commerce » que Mr Herapath but à ras bord, en cognant trois fois son verre sur la table pour manifester son accord.

Au salon, Stephen regarda avec quelque appréhension la théière d'argent, mais il apparut qu'à Boston on savait faire le thé et il le but avec reconnaissance car sa tête était quelque peu troublée par les quantités de bordeaux et de porto qu'il avait bues. Deux tasses seulement, toutefois, car Mr Herapath était énervé : il demanda à Tante James si ce n'était pas l'heure de sa sieste, sur quoi la pauvre dame sortit tout droit de la pièce, sans un mot, laissant un morceau de gâteau à demi mâchonné. Puis il dit à Michael qu'il était grand temps qu'il retourne vers Caroline, car on ne pouvait faire confiance à cette Sally du Maryland pour la nourrir régulièrement, pas plus qu'à personne d'autre, qu'il raccompagnerait lui-même le docteur Maturin à l'Asclepia et que Michael devait faire attention : le brouillard ne faisait qu'épaissir.

— Eh bien, docteur Maturin, dit-il enfin, conduisant son hôte dans une petite pièce, sans doute son bureau car on y voyait une demi-douzaine de livres et quelques registres, laissez-moi approcher votre chaise du feu. Je ne saurais vous dire à quel point je suis heureux de vous voir ici.

Après une pause au cours de laquelle il regarda Stephen d'un œil brillant et enthousiaste, il déclara qu'au cours de la guerre d'Indépendance il était loyaliste et que bien qu'il fût revenu du Canada pour protéger ses intérêts, en composant avec la république, son cœur restait là où il avait toujours été.

— Ma conduite n'a peut-être pas été très héroïque, monsieur ; mais je ne suis qu'un marchand, pas un héros. Mieux vaut, je crois, laisser l'héroïsme à vous, messieurs, qui servez la couronne.

Toutefois, lui-même et ses amis avaient fait de leur mieux pour empêcher la guerre de Mr Madison — suivirent quelques remarques assez acerbes sur Mr Madison, Mr Jefferson et les républicains — et à présent ils faisaient de leur mieux pour entraver sa progression et la conduire à une fin précoce. Il aurait invité certains de ses amis, tories et fédéralistes, à rencontrer le docteur Maturin aujourd'hui, mais il souhaitait d'abord lui exprimer sa gratitude et le docteur Maturin aurait pu trouver cela embarrassant en présence de compagnie.

« Et vous vouliez me jauger, vieux bonhomme », pensa Stephen. Il s'émerveillait de la candeur d'Herapath, qui s'attendait à être cru sur parole, mais il trouvait cela assez agréable, ayant par ailleurs des preuves à l'appui ; et il attendit, hochant la tête, acquiesçant, la proposition qu'il sentait toute proche.

— Je suis toujours heureux de voir un officier anglais, dit Mr Herapath, et mes amis et moi avons eu l'honneur d'en recevoir plusieurs ; mais aucun n'avait votre poids et votre ancienneté, mon cher monsieur. Et aucun n'avait autant de droit à mon estime et ma gratitude. Quand mon fils est revenu, monsieur, il parlait sans cesse de vous, de la manière dont vous l'aviez élevé du rang le plus bas jusqu'au gaillard d'arrière, de votre amabilité pour lui en toute occasion. Il était particulièrement malheureux d'avoir dû vous quitter sans un mot et de s'être enfui alors qu'il vous devait de l'argent. Si seulement il était resté... Quoi qu'il en soit, vous allez me permettre de régler sa dette immédiatement. Puis-je vous demander... ?

— Il me devait sept livres, dit Stephen.

Mr Herapath se pencha pour plonger dans sa poche, compta la somme et dit :

— Laissez-moi ajouter, monsieur, que ma bourse vous est toujours ouverte. Dans la limite du raisonnable, ajouta-t-il automatiquement, avant de poursuivre : Du moins il est mon fils dans sa haine des dettes ; mais pour tout le reste, juste ciel... il a passé des années à étudier la langue chinoise, monsieur ; mais me croirez-vous si je vous dis que c'était le chinois d'il y a mille ans, sans aucune utilité aujourd'hui ? Il ne sait même pas rédiger un connaissement. Et il y a eu d'autres événements fort malheureux... Puis, pour couronner le tout, il revient de ses voyages, non seulement nu, mais accompagné d'une prostituée du Maryland et d'un enfant bâtard. Je vous demande, monsieur, que puis-je faire d'un fils tel que cela ?

— Vous pouvez faire de lui un médecin, monsieur, il a des dons naturels considérables dans le domaine physique et une vive intelligence. J'ai été fort impressionné par son sang-froid et ses capacités quand il m'a servi d'assistant à bord du *Leopard*, souvent dans des circonstances très éprouvantes, et je vous supplie très vivement d'envisager cette possibilité.

— Est-il vraiment capable de devenir médecin ? demanda Mr Herapath, rasséréné. Il en parlait souvent peu après son retour.

— Il l'est certainement, dit Stephen. Son chinois a peut-être mille ans, mais vous devez envisager que le grec et le latin sont plus vieux encore. Ils sont indispensables chez un médecin car la sagesse des siècles a démontré qu'ils donnent une agilité d'esprit. Ils assouplissent l'esprit, monsieur. Ils le rendent malléable et réceptif. Il possède le latin et le grec, et il possède le chinois aussi : vous avez là de la souplesse, de la malléabilité et de la réceptivité, me semble-t-il.

— Il parlait souvent d'aller à l'école de médecine. Mais pour être franc avec vous, docteur, je n'ai pas voulu lui confier l'argent nécessaire. Ses rapports avec

Mrs Wogan me sont très douloureux : et comme je pense qu'elle a des motifs intéressés, j'ai l'intention de l'affamer. Je prendrais des moyens plus décidés encore et je la ferais arrêter pour vagabondage s'il n'y avait pas ce qui est après tout ma petite-fille, Caroline. Un bébé tout à fait remarquable, docteur Maturin.

— J'ai eu le plaisir de la voir hier.

— Ah, si vous aviez connu sa chère arrière-grand-mère, vous auriez vu immédiatement la ressemblance ; vous en auriez certainement fait la remarque. Une enfant délicieuse ; de si jolies manières. Aussi, comprenez-vous, monsieur, je suis obligé de donner une allocation à Michael pour ne pas perdre Caroline ; et bien que je ne puisse évidemment recevoir publiquement Mrs Wogan, je la vois de temps à autre. Mais mes visites sont très rares et l'allocation très petite. Pensez-vous que mon parti soit bien choisi, monsieur ? Je vous serais reconnaissant de votre opinion.

Stephen réfléchit. Il ne pouvait faire de mal : il pourrait peut-être faire un peu de bien.

— Je pense que vous êtes sage, monsieur. Mais je pense que vous seriez plus sage encore d'envoyer Michael à l'école de médecine. (Et comme ses paroles pourraient renforcer le bien éventuel, quoiqu'elles fussent blasphème pour lui en tant qu'amoureux, il ajouta :) Une relation de cette espèce manque rarement à se défaire lorsqu'elle est combinée avec la possession et avec un découragement prolongé, et par-dessus tout si un nouvel intérêt captivant tel que la médecine entre en concurrence avec elle.

— Vous avez peut-être raison. Oui, oui, je pense que vous avez raison. Docteur Herapath, ha, ha, ha ! Mais supposez-vous vraiment qu'il réussisse à se qualifier ?

Stephen parla des études médicales, cita des hommes à peine capables de distinguer le bien du mal qui les avaient accomplies avec succès, et déclara qu'il n'avait aucun doute qu'une personne ayant maîtrisé le chinois ne puisse en faire autant et plus. Il eut l'impression d'avoir atteint son but et quand Mr Herapath en vint à quelques déclarations injurieuses, entachées d'intolérance, sur Mrs Wogan et les femmes des Etats du Sud en général — Mr Herapath ne dirait pas cela à quiconque sauf un médecin, mais il semble qu'elles sont insatiables, monsieur, insatiables —, il l'écouta sans le contredire.

— Mais Mrs Wogan n'a-t-elle pas de source de revenus autre que l'allocation dont vous parlez ? demanda-t-il au bout d'un moment. J'ai remarqué qu'elle a trois domestiques, ce qui en Angleterre représenterait une certaine aisance modeste.

— Cette horrible Sally et les deux petits gamins ? Oh, ce ne sont que des esclaves envoyés de la propriété de son cousin près de Baltimore. Elle les vendrait si elle pouvait, mais ce n'est pas facile dans le Massachusetts : et de toute façon qui voudrait acheter cette bande de souillons ? Et c'est moi qui dois nourrir toute cette troupe de bons à rien.

— Baltimore est dans le Maryland, n'est-ce pas ?

— Oui, monsieur : tout au fond de la Chesapeake. Bonne terre à tabac et peuple de bons à rien.

— Connaissez-vous un Mr Henry Johnson, qui vient de cette région ?

— Pourquoi demandez-vous cela ? dit Herapath sèchement. Avez-vous entendu parler de lui ?

— Mrs Wogan a mentionné son nom. Il semble qu'il connaisse des amis à moi.

— Oh, je pensais que peut-être... (La voix de Mr Herapath s'éteignit, il toussa et reprit :) Eh bien, voyons : Mr Henry Johnson est un homme très riche ; il possède sans doute plus d'esclaves que quiconque dans l'Etat. C'est un grand républicain et beaucoup de ses amis sont au pouvoir ; il est conseiller du secrétaire d'Etat et vient souvent à Boston. Je garde l'œil sur lui car il connaît Louisa Wogan et pour vous dire le vrai, monsieur — baissant la voix —, j'espère qu'il pourra me débarrasser d'elle ; c'est le plus grand entremetteur du Sud. Mais en même temps j'ai très peur qu'elle n'emporte ma Caroline avec elle.

— J'ai l'impression certaine, quoique peut-être mal fondée, dit Stephen, que Mrs Wogan est une mère assez détachée. Il peut y avoir là un manque relatif de ce *storgé* instinctif qui lie également l'ourse et la femme à leurs petits.

— C'est une chatte hors nature ! s'écria Mr Herapath, et la conversation languit.

Mr Herapath se mit à tisonner le feu de coups sauvages.

— J'ai parlé de mes amis, il y a un moment, docteur Maturin, dit-il enfin ; il pourrait sortir grand bien d'une réunion car ce sont tous des messieurs de mêmes idées que moi. Viendriez-vous demain ? Nous aimerions faire connaître nos sentiments à Halifax le plus tôt possible — les transmettre par l'intermédiaire d'un homme de poids et d'importance réels — et vous serez échangés très bientôt, je suppose. Nous avons des informations à donner, non pas de nature militaire, mais plutôt de nature politique, qui pourraient être de la première importance pour mettre fin à cette guerre. Certains de mes amis sont parmi les plus importants marchands de Nouvelle-Angleterre et ils connaissent beaucoup de choses en matière de politique et de commerce ; nous souffrons tous de cette guerre — j'ai par exemple trois navires à quai ici à Boston et deux autres à Salem. Mais n'allez pas penser, monsieur, que nos motifs soient entièrement égoïstes. Nous sommes soucieux de notre commerce, c'est vrai, mais il y a des motifs bien supérieurs à tout commerce.

— J'en suis convaincu, monsieur, dit Stephen, toutefois, Mr Herapath, vous êtes un ancien loyaliste : vos opinions ne peuvent être inconnues des autorités et la prudence la plus élémentaire exige que votre maison soit sous surveillance.

— S'il fallait mettre sous surveillance toutes les

maisons de Boston qui sont opposées à la guerre de Mr Madison, il y faudrait une couple de régiments.

— Mais toutes ces maisons ne renferment pas un citoyen éminent, propriétaire de cinq navires considérables. Je serai heureux de rencontrer vos amis, mais je préférerais que cette rencontre ait lieu en toute discrétion dans quelque taverne ou café.

— Je suis propriétaire de bien plus que cela, dit Mr Herapath. Cependant, vous avez peut-être raison, ce serait plus sage. Je rends hommage à votre prudence, docteur Maturin, et il en sera ainsi.

Pour qu'il puisse en être ainsi, il reconduisit Stephen par des chemins détournés qui les firent passer le long du port. Il lui montra deux de ses trois-mâts barques, amarrés contre le quai, leurs mâts immenses s'élevant si haut qu'ils se réduisaient à une trace à peine visible dans la brume.

— Voici *Arcturus*, dit-il, mille sept cents tonneaux de jauge, et l'autre, *Orion*, un peu plus de quinze cents. N'était cette maudite guerre, ils sillonneraient l'océan, en route vers l'Extrême-Orient, par le Cap, jusqu'à Canton, et retour par les Indes orientales et le Horn, avec trois mille tonnes de soies, de thé et d'épices, avec de la porcelaine par-dessous ; mais pour autant que je respecte ces messieurs de la Royal Navy, je n'ai pas les moyens de leur offrir des prises d'une telle valeur. Voilà pourquoi ils sont amarrés ici, sans personne à bord qu'une couple de gardiens. Joe ! s'écria-t-il.

— Qu'est-ce que c'est ? lança Joe du fond de la brume.

— Surveillez vos défenses.

— Eh ben quoi, j'les surveille, non ?

— Dieu du ciel, dit Herapath à Stephen, parler sur ce ton à son propriétaire, et un Noir en plus ! Cela ne serait jamais arrivé dans l'ancien temps. Avec ses notions démocratiques, ce maudit bonhomme Jefferson a pourri la fibre morale de tout le pays.

Jefferson, qui avait suscité la réponse de Joe, leur dura jusqu'à ce qu'ils atteignent une taverne, endroit tranquille et respectable, fréquenté par les capitaines de navires, qui conviendrait fort bien pour leur réunion. Après quoi, ayant imprimé l'endroit dans la mémoire de Stephen, Herapath le conduisit jusqu'en haut de la colline par une série de ruelles.

— Vous connaissez bien votre chemin, dit Stephen.

— Il serait étrange que je ne le connaisse pas, répondit Herapath. Ma sœur Putnam est depuis des années entre les mains du docteur Choate et je lui rends visite à chaque nouvelle lune. Elle est loup-garou.

Un loup-garou : Stephen retourna cette idée dans sa tête, jusqu'à ce qu'en haut d'une volée de marches le bâtiment familier apparût. A la grille de l'Asclepia ils échangèrent l'expression de leur estime mutuelle et Mr Herapath présenta ses meilleurs compliments à l'intention du capitaine Aubrey si, en dépit de la conduite de son fils, ils pouvaient être admissibles, et offrit toute assistance dont le capitaine pourrait avoir besoin.

— J'aimerais profondément pouvoir lui montrer ma gratitude, dit-il, car si Michael n'est pas tout ce que je pourrais souhaiter, il est toutefois mon fils et le capitaine Aubrey l'a sauvé de la noyade.

— Peut-être aimeriez-vous entrer cinq minutes ? dit Stephen. Le capitaine n'est pas assez rétabli pour une longue visite mais je pense que cela lui ferait du bien de vous voir. Il aime beaucoup parler de navires avec ceux qui les comprennent et en dépit des circonstances auxquelles vous faites allusion, il conserve de votre fils un souvenir affectueux.

Le capitaine dormait quand ils entrèrent dans sa chambre : il dormait, avec un air profondément malheureux sur le visage, un visage blafard, malsain, son hâle ancien pâli en une vilaine couleur jaunâtre, la respiration laborieuse, avec un râle qui ne plut pas du tout à Stephen. « Ce dont vous avez besoin, mon ami, se dit-il, tout en le regardant, c'est une victoire, même une petite victoire, sur mer ; sans cela, vous allez vous manger le cœur, tirer sur le déclin. Autrement, je crois qu'il nous faut essayer un peu plus de fer et d'écorce... Ecorce et fer. »

— Ah, Stephen, vous voici, dit Jack, ouvrant les yeux et aussitôt tout à fait réveillé, comme d'habitude.

— Eh bien oui ; et j'ai amené Mr Herapath avec moi, le père de mon assistant qui s'est si bien conduit pendant notre épidémie. Mr Herapath a également servi le roi au cours de la dernière guerre et il est le propriétaire de plusieurs navires éminents, dont deux que vous m'avez montrés — on les voit de cette fenêtre.

— Serviteur, monsieur, dirent-ils tous deux, et Jack poursuivit :

— Ces deux beaux trois-mâts barques avec le damier Nelson et les mâts de perroquet si fins, les plus beaux du port ?

Mr Herapath remercia Jack d'avoir préservé la vie de son fils et ils se mirent à parler de navires ; Herapath avait fait plusieurs voyages, il aimait la mer et se révéla plus aimable ici que chez lui. Leur conversation était animée, très libre.

Assis près de la fenêtre, fixant la brume, Stephen dériva très loin : dans moins de vingt-quatre heures, Diana serait là. Images d'elle en mouvement, traversant la pièce, à cheval, faisant sauter une barrière à son cheval, sautant, la tête bien droite. Au loin, une horloge sonna l'heure, suivie de plusieurs autres.

— Allons, messieurs, dit-il.

— Quel homme merveilleux, s'exclama Herapath que Stephen raccompagnait. Le type même de l'officier de marine de ma jeunesse — pas de froideur, pas d'orgueil, rien à voir avec ces gens de l'armée. Et un prodigieux capitaine combattant — comme je me souviens bien de sa bataille avec le *Cacafuego* ! Ah, si seulement Michael avait pu être comme lui...

— J'aime bien cet homme, dit Jack, il m'a fait du

bien. Il connaît ses navires de la proue à la poupe et il a des idées politiques très saines : il hait les Français autant que moi. J'aimerais le revoir. Comment a-t-il fait pour avoir un tel fils ?

— Le vôtre deviendra peut-être rat de bibliothèque ou pasteur méthodiste, nul ne peut dire l'avenir ; car comme vous savez, un homme peut conduire un cheval à l'eau mais dix hommes ne sauraient le faire penser. Mais dites-moi, Jack, comment vous sentez-vous et comment avez-vous passé l'après-midi ?

— Très bien, je vous remercie. J'ai vu rentrer la *Chesapeake*, une de leurs frégates de trente-huit canons ; superbe navire. Je suppose qu'il devait y avoir aussi de la brume là-bas dehors, au-delà de la baie. Quoi qu'il en soit, elle a échappé à notre escadre et elle est entrée très noblement. Elle se trouve derrière le *President*, près du quai d'avitaillement : vous la verrez quand cela se dégagera. Pendant que Stephen prenait son pouls, il lui en dit plus sur la *Chesapeake* et sur l'état d'avancement des autres frégates, puis ajouta :

— A propos, j'ai eu une idée lumineuse. Ces bonshommes du département de la Marine sont tout à fait à côté de la question. J'ai fait quelques recherches avec un almanach et j'ai constaté qu'au moment où je suis supposé avoir fait mettre en panne leur *Alice B. Sawyer*, le *Leopard* fonçait à douze ou treize nœuds avec le Hollandais dans son sillage. Il est matériellement impossible que j'aie fait mettre quiconque en panne. J'ai l'esprit tout à fait tranquillisé.

— J'en suis ravi, dit Stephen et, dans une de ses rares bouffées de confidence, il poursuivit : J'aimerais pouvoir en dire autant. Diana sera bientôt à Boston et je me demande quelle conduite tenir — si je dois m'imposer à elle, au risque d'être gênant, inopportun ; ou affecter une indifférence glaciale et la laisser faire le premier pas, en admettant bien entendu qu'elle choisisse de le faire et qu'elle sache que nous sommes ici.

— Grand Dieu, Stephen ! s'écria Jack, mais rien de

plus. (Puis il se reprit, s'assit et attrapa une lettre posée sur sa table :) Puisqu'on parle du loup, voici une note pour vous, qui vient peut-être d'elle. Notre capture était dans les journaux. Quoique je n'aie pas à parler du loup, ajouta-t-il après une pause. Elle a été très aimable d'écrire à Sophie pour lui dire que nous étions vivants et je lui en serai toujours reconnaissant.

Ce n'était pas de Diana. Louisa Wogan demandait au cher docteur Maturin de lui rendre visite ; elle serait seule à partir de dix heures et elle avait bien des choses à lui dire. Mais, avant que Stephen ait le temps de faire un commentaire, le docteur Choate et ses patients, deux portes plus loin, firent résonner les premières mesures triomphantes du quintette en *ut* majeur de Clementi, et le jouèrent avec une virtuosité soutenue et une joie qui maintint leurs auditeurs dans le silence jusqu'au sombre désenchantement du final.

Mrs Wogan était seule, en somme, puisqu'elle ne comptait pas la présence occasionnelle de ses esclaves et que Michael avait emmené Caroline voir son grand-père. Elle s'était, chose assez touchante, parée pour l'occasion, et Stephen remarqua une bague avec une émeraude d'une taille et d'une beauté surprenantes.

Leur conversation fut longue et remarquablement franche du côté de Louisa Wogan. Elle rappela à Stephen comme leur amitié avait grandi, comme il était bouleversé à la perspective d'une guerre entre l'Angleterre et les Etats-Unis, comme il soutenait la liberté en Irlande, en Catalogne, en Grèce et dans tout pays où l'indépendance était menacée, comme il abhorrait la manière dont les Anglais recrutaient de force les marins américains et comme il avait été bon pour les baleiniers américains sur Désolation — ils lui étaient restés fort attachés, dit-elle. Elle rappela ensuite, ce que Stephen savait, qu'elle avait été élevée en France et avait beaucoup vécu en Europe ; elle avait connu intimement certains des hommes les plus intéressants et les plus influents de Paris et de Londres et pour cette raison avait pu conseiller certains représentants américains à l'étranger. Elle possédait les langues, les informations locales et les introductions qui pouvaient leur être utiles. Ils l'avaient consultée et même chargée de missions confidentielles. Leur but avait toujours été le maintien de la paix et de la liberté de leur pays. C'est au cours de l'une de ces missions qu'elle était tombée sous le coup de la loi anglaise : c'est pour cela qu'on l'avait envoyée à Botany Bay. Les Anglais voulaient la pendre mais fort heureusement elle avait des amis qui avaient sauvé sa tête. Botany Bay était une punition étonnamment lourde pour bien peu de chose, somme toute, mais du moins elle s'était crue débarrassée de ces insupportables agents des services d'intelligence britanniques : mais pas du tout, leur méchanceté l'avait encore poursuivie à bord du *Leopard*. Stephen se souvenait-il de certains papiers en français, censément découverts parmi les biens d'un officier décédé, et que le capitaine avait donné à copier à Michael Herapath ? Stephen en avait un vague souvenir.

— Vous ne vous en souvenez pas, n'est-ce pas ? dit-elle avec un sourire indulgent. Vous étiez trop occupé avec vos pétrels tempête.

Puis son visage s'assombrit et elle ajouta :

— Ils étaient entièrement faux. J'ai une idée assez précise de celui qui les a forgés de toute pièce, avec l'aide des gens de Londres — et d'ailleurs au fond de mon cœur je suis à peu près sûre qu'il en fait partie, quoique je ne l'aie pas soupçonné à l'époque, avec son air honnête et un peu stupide de loup de mer. La plupart d'entre eux sont francs-maçons, voyez-vous. Quoi qu'il en soit, il était manifestement de mon devoir d'en obtenir des copies, et c'est ce que j'ai fait : quand je suis partie à bord du baleinier je les avais sur moi, et j'en étais si fière, si heureuse.

Elle se mit à rire, tout bas d'abord puis de plus en plus haut, si amusée à se revoir ainsi, ridiculement heureuse et fière de ces documents empoisonnés. Sally passa la tête, fit un sourire et se retira. Stephen contempla Mrs Wogan, sa poitrine frémissante : c'était peut-être un agent secret inepte, mais il admirait son audace et son courage, il adorait son humour aigu, si rare, il avait pour elle une affection réelle et pour l'instant un très fort désir charnel. La longue, longue chasteté de ces récents voyages lui pesait ; il était particulièrement conscient de son parfum, de ses souples rondeurs, de sa proximité, sur ce sofa miteux mais bien commode. Pourtant, quelque chose lui disait que ce n'était pas le moment ; que si, à une époque antérieure, il n'aurait peut-être pas risqué une rebuffade sévère, il en courait sans aucun doute le risque actuellement. Il se tut, et ne bougea ni pied ni patte.

— Mais ce n'était pas matière à rire, dit-elle enfin. Quand j'ai atteint les Etats-Unis avec mes papiers, tout le monde était ravi, stupéfait mais ravi. Mais ensuite, des choses terribles ont commencé à se produire. Je n'entrerai pas dans les détails mais Charles Pole a été pendu et Harry Johnson a bien failli perdre sa place. Il est plein de haine pour le capitaine Aubrey et le *Leopard*.

— Le Mr Johnson qui connaît Diana Villiers et qui doit venir bientôt ?

— Oui. Ils prennent toujours le premier étage de l'hôtel Franchon ; on le prépare pour eux en cet instant — quel *remue-ménage* ! J'ai hâte que vous le rencontriez. Je suis sûre qu'Harry Johnson appréciera vos conseils ; il aimerait beaucoup vous consulter. Quand nous nous sommes quittés, quand vous m'avez donné ces merveilleuses fourrures, j'ai bien failli vous parler de lui. Je regrette de ne pas l'avoir fait.

— Je serais heureux de rencontrer Mr Johnson.

— Je vous emmènerai le voir demain.

Emergeant de l'antre de Wogan, Stephen atteignit une large rue, remplie de citoyens en manteaux et bonnets de fourrure, mâchant du tabac, à l'exception d'un seul, un homme d'âge moyen en manteau de peau de mouton et chapeau à large bord ; comme l'homme au chapeau passait tranquillement entre les jets de jus de chique, Stephen lui demanda le chemin de l'hôtel Franchon.

— Viens, ami, et je te montrerai, dit l'Américain. Tu ne sembles pas ressentir le froid, observa-t-il tout en avançant.

— Je n'y suis pas insensible, toutefois, répondit Stephen, étant récemment arrivé d'un climat chaud.

— Voilà, dit l'Américain, s'arrêtant en face d'un grand bâtiment élégant, peint en blanc avec des balcons sur toute la façade. Voici la maison de la putain de Babylone. Tu n'es ni assez jeune, ni assez stupide pour y pénétrer : mais si tu le fais, ami, surveille ta bourse.

— Celui qui est tombé ne craint plus la chute, dit Stephen. Qui n'a rien ne peut rien perdre. Ma bourse est vide et nul ne peut me voler.

— Es-tu dans le besoin, ami ? dit l'Américain en le regardant avec attention.

Stephen acquiesça mais, voyant la main de l'homme tendre vers sa poche, il s'écria :

— Non, non, j'ai tout ce qu'il me faut dans un tiroir à la maison. Merci, monsieur, de m'avoir montré le chemin, et merci de ce que je crois avoir été votre aimable intention.

Stephen resta quelque temps immobile après que l'Américain fut parti. Tout bien considéré, la putain s'en tirait assez bien. Un endroit confortable, sans aucun doute, quoique un peu plus riche qu'il ne l'aurait souhaité pour lui-même ; le genre d'endroit où il pourrait dîner s'il était invité par des amis fortunés, mais pas seul. Le premier étage était en effervescence ; meubles, tapis, carpettes apparaissaient sur le long balcon, passant d'une pièce à l'autre ; et à en juger par les exclamations passionnées qui accompagnaient chaque mouvement, l'hôtel était dirigé par des Français. Bonne chère et bon vin, très probablement, pour qui ne se souciait pas du coût. Cela conviendrait à merveille à Diana.

Tandis qu'il observait, il vit Pontet-Canet sortir, s'arrêter sur le trottoir et appeler un homme sur l'un des balcons supérieurs :

— Yankee Doudle ! s'écria-t-il en riant tout haut. Yankee Doudle, *souviens-toi.*

Stephen se fondit dans la foule et se hâta vers sa réunion, à la taverne du quai où, comme il l'avait prévu, rien ne l'attendait à ce stade que circonspection, sentiments généreux mais sans engagement et insultes véhémentes envers Mr Madison. La seule information solide qu'il reçut était que la *Constitution*, frégate de trente-huit canons et de mille deux cent soixante-cinq tonneaux, coûtait 314 212 dollars à construire à Baltimore alors que la *Chesapeake*, également de trente-huit canons, n'avait coûté que 220 677 dollars à Norfolk.

— Soixante et un mille deux cent et quatre-vingt-dix-neuf livres deux shillings, dit Mr Herapath en regardant dans son carnet, énorme gaspillage de l'argent public. Pour sa part, Stephen resta parfaitement évasif : qui saurait dire quelles animosités privées pouvaient régner entre ces marchands, sans même parler du possible agent provocateur ?

En regagnant l'Asclepia, son esprit était principalement occupé de Mrs Wogan. Elle avait l'intention de le présenter à Johnson comme sa nouvelle recrue : « conseiller » était le terme utilisé, rien de brutal ou d'injurieux comme « espion » — collaborateur pour la cause de la paix. Il n'avait rien exprimé d'autre qu'un intérêt général, mais elle avait laissé ses souhaits dépasser son jugement, et elle était à peu près sûre de lui. Bien à tort, en fait, car il n'avait pas l'intention de jouer l'agent double. Il l'avait vu faire, avec parfois des résultats spectaculaires, mais ce n'était pas pour lui, même s'il avait eu le talent nécessaire, ce dont il doutait. On y risquait d'être victime de l'amitié pour l'autre côté, ou de scrupules ; par-dessus tout, cela exigeait une profondeur extrême de dissimulation, et il en avait assez, il avait assez de tout cela. Il avait assez même de la dissimulation toute simple, de la dissimulation à un seul niveau, il aspirait à en être dégagé, à pouvoir parler librement à tout homme ou femme qu'il lui arriverait d'aimer, ou de ne pas aimer d'ailleurs. Pourtant, il lui faudrait voir Johnson... Là encore, tout comme la jolie Wogan venait de se persuader qu'il deviendrait un conseiller, dans le passé elle avait laissé sa partialité envers lui l'aveugler, de sorte que c'était Jack qui devenait le traître de l'affaire. Conviction apparemment partagée par ses supérieurs et qui justifiait bien des choses : leur mauvaise volonté à laisser partir Jack, la confiscation de ses papiers, l'étrange affaire de l'*Alice B. Sawyer*, peut-être une première tentative balourde ou une accusation montée de toutes pièces. Il se demanda quel pouvait être le niveau de leurs scrupules ; certains services secrets qu'il avait connus laissaient leur désir de revanche et d'information les entraîner vraiment très loin : les agents de Bonaparte ne connaissaient aucune limite. Il serra ses mains, encore tordues et déformées des suites d'un interrogatoire français, subi bien des années auparavant.

En tant que nation, il ne pensait pas qu'il pût exister le moindre parallèle entre les Etats-Unis et la France. Les Etats-Unis possédaient une opinion publique active et bruyante — il avait lu avec étonnement leurs journaux, écrits pour la plupart sur un ton d'indignation virulente — qu'en France la tyrannie extrêmement efficace avait presque entièrement étouffée, et de toute manière les notions même de gouvernement et de moralité publique différaient totalement. Mais pour les services secrets c'était tout autre chose : petits mondes autonomes, souvent habités d'êtres étranges, extrêmes ; il connaissait quelque peu ceux de France et d'Espagne ; il avait vu les Anglais à Dublin, en 1798, et l'école d'équitation de Stephen's Green, où les suspects étaient soumis à la question. Créatures infâmes, la plupart des interrogateurs ; mais même des hommes honorables étaient capables d'à peu près tout pour des motifs désintéressés. Par ailleurs, les effets de la bombe si fièrement rapportée par Wogan s'étaient certainement fait sentir, surtout en France ; elle visait essentiellement Bonaparte, et très incidemment les Américains, ses alliés potentiels. Les agents américains avaient sans doute souffert plutôt dans leur fierté que dans leur personne.

Il trouva Jack Aubrey assis dans un fauteuil près de la fenêtre, observant le port à la lunette.

— Vous venez de manquer Mr Andrews, s'écria-t-il en voyant Stephen. Si vous étiez arrivé quelques minutes plus tôt vous l'auriez rencontré : je m'étonne même que vous ne l'ayez pas croisé dans l'escalier.

— Qui est Mr Andrews ?

— C'est le nouvel agent pour les prisonniers de guerre, et il est venu déposer une protestation. Il arrive d'Halifax à bord de ce ketch à flancs plats, près des bouées rouges, et il a apporté quelques papiers et cette note pour vous : pas de lettre d'Angleterre encore, du moins pas pour nous.

La note venait du collègue de Stephen à Halifax : elle ne contenait apparemment rien de plus qu'un bref compte rendu de la mort d'un ami commun ; en fait, elle lui disait que Jean Dubreuil se trouvait à Washington. Jean Dubreuil était un homme important à Paris, l'un de ceux que Stephen avait espéré tuer ou mettre hors de combat avec sa bombe. Il remit la lettre dans sa poche et s'occupa de Jack qui lui parlait du blocus.

— L'*Africa* est désarmée, disait-il, et *Belvidera* a son grand mât fendu un peu au-dessus de l'étambrai ; il ne reste donc que *Shannon* et *Tenedos* dans Massachusetts Bay. Rien que ces deux-là et un petit courrier, un sloop, pour surveiller *President, Congress*, *Constitution* et à présent *Chesapeake*. Bien sûr, *Constitution* est désarmée et *Chesapeake* à couple du ponton mâture, pour installer un grand mât et un artimon neufs, mais *President* a croisé ses vergues de cacatois cet après-midi ; *Congress* est prêt à prendre la mer, il a embarqué ses poudres, comme je l'ai dit à Mr Andrews.

— Lui en avez-vous dit beaucoup ?

— Tout ce que j'ai pu apprendre par mes observations ; et comme, grâce à Dieu, j'ai une très bonne lunette, j'en ai appris beaucoup. Par exemple, la *Chesapeake* a débarqué quatre caronades et un canon de dix-huit livres, mais elle a encore tout l'armement d'un trente-huit : je pense qu'elle devait être surchargée et mal à l'aise dans la mer. Mais il y a un certain nombre de choses que j'ai oubliées pendant que je lui parlais ; à l'avenir, je les noterai.

— Jack, Jack, n'en faites rien ! s'exclama Stephen. (Et, s'approchant pour s'asseoir à ses côtés, il poursuivit à voix basse :) Ne mettez absolument rien sur le papier, et faites très attention à vos paroles, car il faut que je vous dise, Jack : les Américains vous soupçonnent de faire partie des services d'intelligence. C'est pour cela que l'échange tarde tant. Pour l'amour de Dieu, ne leur donnez aucune arme qu'ils puissent utiliser contre vous — ce que vous faites est de l'espionnage. Mais n'ayez pas trop de souci tout de même ; que cela ne vous trouble pas l'esprit. Cela passera, j'en suis convaincu. Quoi qu'il en soit, vous feriez bien de ne pas montrer une trop bonne santé : restez dans votre lit, et vous pouvez même exagérer votre faiblesse — rajoutez-en un peu. Ne voyez pas ces officiels, si vous pouvez l'éviter ; j'en parlerai au docteur Choate.

Il lui donna rapidement quelques conseils d'expert sur les moyens de jouer les malades.

— Mais n'ayez pas trop de souci : comme je vous l'ai dit, cela passera.

— Oh, dit Jack, riant de bon cœur pour la première fois depuis le début de leur captivité. J'ai grand souci !

S'ils me soupçonnent d'intelligence, je suis sûr que cela passera bientôt, ha, ha, ha !

— Bon, dit Stephen avec un sourire, je vois que vous n'avez pas oublié votre amour des jeux de mots. Eh bien, bonne nuit : je vais aller me coucher de bonne heure, car j'ai moi aussi besoin d'être intelligent, demain.

Chapitre six

C'est avec un sentiment proche de l'effroi que Stephen pénétra dans l'hôtel Franchon à la suite de Mrs Wogan. Derrière le comptoir on parlait français et ce fait, ajouté à l'atmosphère européenne de l'endroit, provoquait un étrange décalage d'époque et de pays ; il n'avait pas vu Diana Villiers depuis longtemps, mais c'était à peu près comme s'il revenait sur le terrain d'une rencontre de la veille, dont il pouvait avoir tiré un bonheur intense ou un cœur déchiré. Elle l'avait traité abominablement, parfois : il appréhendait cette rencontre et s'y était préparé deux bonnes heures avant l'heure prévue. Lui qui se rasait rarement plus d'une ou deux fois par semaine, et ne prêtait guère attention à son linge, portait aujourd'hui la plus belle chemise que Boston pût offrir, et l'air vif quoique brumeux avait si bien avivé son visage rasé de près que son teint n'était plus, comme à l'habitude, olivâtre et éteint, mais rose vif.

On les fit monter dans un élégant salon où se trouvait Mr Johnson. Stephen ne l'avait pas vu depuis bien des années, et une seule fois : l'Américain était venu chez Diana à Alipur, sur le cheval le plus beau qui se pût concevoir ; elle avait refusé de le recevoir, il était reparti. Un homme de grande taille, l'air capable, assez beau d'ailleurs, quoiqu'il eût à présent un peu de bedaine, un soupçon de double menton qui n'existaient pas chez le jeune cavalier de la jument alezane ; le regard vif, plutôt salace : tempérament jupitérien, sans aucun doute. Que savait-il des anciennes relations de Stephen avec Diana ? Stephen se l'était déjà demandé : aujourd'hui, tandis que Johnson accueillait Mrs Wogan, il se posait à nouveau la question.

Mrs Wogan fit les présentations et Johnson concentra toute son attention sur Stephen, le regardant, tout en s'inclinant, avec un intérêt particulier et une sorte de bienveillance — un regard aimable, poli et déférent. C'était manifestement un homme de fort bonne compagnie et qui avait une manière agréable de donner à son interlocuteur le sentiment d'être une personne d'importance.

— Je suis extrêmement heureux de rencontrer le docteur Maturin, dit-il. Mrs Wogan et Mr Herapath m'ont souvent parlé de votre amabilité au cours du voyage et je crois que vous connaissez mon amie Mrs Villiers depuis son enfance ; plus encore, monsieur, c'est à vous que nous devons la splendide monographie sur les fous.

Mr Johnson était trop bon, dit Stephen, beaucoup trop indulgent : pourtant c'était vrai, pour les fous il avait eu plus de chance que beaucoup ; le mérite, si mérite il y avait, se trouvait dans les circonstances et non en lui. Il était resté bloqué sur une île tropicale au plus fort de leur saison de reproduction et y avait acquis, par nécessité, une connaissance intime de la plupart des espèces.

— Nous sommes très pauvres en fous, hélas, dit Johnson. J'ai eu la très grande chance, au large des Dry Tortugas, de pouvoir capturer un spécimen de l'espèce à face bleue, mais je n'ai jamais vu le fou à ventre blanc, moins encore votre espèce à pattes rouges, ou le fou tacheté du Pérou.

— Par contre, vous avez vos rynchops, vous avez vos merveilleux et si étranges anhingas.

Ils bavardèrent des oiseaux d'Amérique, de ceux de l'Antarctique et des Indes orientales pendant quelque temps, et il apparut à Stephen qu'en dépit de sa modestie, Johnson savait beaucoup de choses : il n'était peut-être pas un observateur scientifique, il ne connaissait peut-être rien de leur anatomie, mais indubitablement il aimait ces créatures. Il parlait à peu près de la même voix lente et douce que Mrs Wogan, un peu comme un nègre, mais cela ne pouvait dissimuler son enthousiasme quand ils abordèrent les grands albatros, qu'il avait vus en allant aux Indes. Quant à elle, après les avoir écoutés un moment, elle tomba dans un silence paisible, regardant par la fenêtre les gens qui passaient en bas, perdus dans les volutes de brume. Elle finit par sortir sur le balcon.

— Quand j'ai su qu'il me serait possible de vous rencontrer, dit Johnson, saisissant un portefeuille à côté de son bureau, j'ai mis ceci dans mes bagages.

C'étaient des peintures extraordinairement exactes et délicates des oiseaux d'Amérique, entre autres l'anhinga.

— Voici l'animal dont vous parliez, dit Johnson quand ils l'atteignirent. Laissez-moi vous prier de l'accepter, en faible reconnaissance du plaisir que votre monographie m'a donné.

Refus poli, mais ferme : Johnson souligna la valeur commerciale minime de la peinture — il aurait honte de dire combien il avait peu payé l'artiste — mais il était trop bien élevé pour insister au-delà d'un certain point et ils en vinrent au peintre lui-même.

— Un jeune Français que j'ai rencontré sur l'Ohio, un créole, très talentueux, très difficile. Je lui en aurais commandé beaucoup d'autres, mais malheureusement nous nous sommes brouillés. C'était un bâtard et les bâtards, comme vous l'avez sans aucun doute observé, sont souvent plus susceptibles que les êtres ordinaires ; on peut parfois les offenser sans en avoir l'intention ; et quelquefois ils semblent même vous chercher querelle.

Stephen était lui-même bâtard et ces mots lui hérissèrent le poil ; mais il ne pouvait qu'admettre la justesse de la remarque, et, chose beaucoup plus importante, un homme aussi poli que Johnson ne l'aurait jamais faite s'il avait pensé qu'elle pût s'appliquer à lui. Manifestement, Diana avait été discrète : particulièrement discrète car bâtardise, divorce ou difformité sont bien souvent le premier élément d'une description, le premier sacrifice à la sincérité de l'intimité.

Un valet entra et parla tout bas à Johnson.

— Voulez-vous m'excuser deux minutes, docteur Maturin ? Juste deux minutes pendant que je me débarrasse de ces gens.

— Je vous en prie, dit Stephen, et pendant ce temps j'irai présenter mes respects à Mrs Villiers ; car je crois qu'elle est dans ce même hôtel.

— Oh oui, oui. Allez-y, elle sera ravie. C'est la porte rouge là-bas, dit Johnson sur le seuil, tout au bout du corridor. Vous trouverez votre chemin ? Je ne fais pas de cérémonie avec vous, vous le voyez, mon cher monsieur, et je vous rejoindrai dès que j'aurai renvoyé ces personnes.

Le corridor : les derniers pas très lents, une pause devant la porte rouge. Il frappa, entendit une voix, entra. Il avait inconsciemment composé son visage pour arborer un air civil, modeste, de vieille connaissance, et fut surpris de constater l'effort que cela lui avait demandé quand l'expression s'effaça en voyant, non pas Diana, mais une femme noire pesant dans les deux cent quatre-vingts livres.

— Mrs Villiers, je vous prie ? dit-il.

— Qui faut-il annoncer, monsieur ? demanda la Noire en lui souriant du haut de sa masse splendide.

— Stephen ! s'écria Diana accourue. Oh, comme je suis heureuse de vous voir enfin !

Le même pas, la même voix ; et il ressentit le même coup au cœur. Il baisa sa main chaude et sèche et sentit la pression en réponse. Elle disait à la Noire de se hâter d'aller chercher le meilleur pot de café que madame Franchon pût faire.

— Et de la crème, Polly.

Le voile de larmes s'éclaircit, lui libérant la vue ; il reprit son sang-froid et dit :

— Quelle superbe créature.

— Oui, oui, dit Diana en une sorte de parenthèse rapide, tout en lui tenant les mains et le regardant bien en face. Johnson en a des dizaines comme cela. Il élève ses esclaves pour la taille. Stephen, enfin, vous êtes venu ; j'avais si peur que vous ne veniez pas. J'ai attendu toute la matinée, j'ai refusé toutes les visites. Elle le tira vers elle et l'embrassa. Vous n'avez pas reçu mon mot ? Stephen, asseyez-vous : vous êtes tout pâle. Comment allez-vous, et comment va le pauvre Aubrey ? Le café ne va pas tarder.

— Aucun mot, Villiers. Etait-il discret ?

— Oh, juste des compliments et vous prier de venir me voir.

— Ecoutez, ma chère, Johnson sera là dans une minute. Que sait-il de nous ?

A tout autre moment cette question aurait sans doute reçu une réponse farouche et déconcertante, mais elle se contenta de dire :

— Rien : vieilles connaissances, pratiquement amis d'enfance. Oh, Stephen, comme je suis heureuse de vous voir, de voir un uniforme anglais et d'entendre une voix anglaise. J'étais si désolée, si terriblement désolée pour Clarges Street et d'avoir quitté aussi vite la ville — l'Angleterre — sans même vous voir.

Le café vint, avec de la crème et des petits-fours, et tout en le versant, elle déversait ses paroles pêle-mêle : le voyage du *Leopard*, le naufrage sur Désolation, les nouvelles de tout cela données par Louisa Wogan ; cette guerre terrible, terrible, sa décision insensée de retourner aux Etats-Unis ; la perte de *Guerrière, Macedonian, Java* — comment Jack Aubrey le supportait-il ? Au retour de Polly elle était passée au français et Stephen observa avec étonnement qu'elle le tutoyait. Il était surpris aussi de sa loquacité. Elle-même et sa cousine Sophie avaient toujours parlé très vite, mais à présent, les mots de Diana se bousculaient ; la plupart de ses phrases ne trouvaient pas leur fin ; et l'association d'idées était parfois si frêle que, tout en la connaissant à merveille, il avait du mal à la suivre. C'était comme si elle avait pris récemment quelque stimulant, accélérant à tel point son activité mentale qu'elle parvenait à distancer même sa capacité d'articulation remarquable.

Il l'avait connue dans toutes sortes d'humeurs — amicale, confidente, peut-être même aimante pour une brève période ; sans doute, et bien plus longuement, indifférente, impatiente de sa longue importunité insistante, parfois exaspérée, dure et même (quoique plus par la force des circonstances que de sa propre volonté) fort cruelle, mais jamais comme ceci.

Il eut la très étrange impression qu'elle se cramponnait à lui. Et pourtant non, pas à lui, mais à quelque personnage idéal qui se trouvait porter le même nom ; ou du moins un mélange de cette ombre et de lui-même. Et à part tout cela il y avait une transformation essentielle.

Il sentit le tranchant d'une froideur désespérée anéantir l'agitation qu'il avait d'abord éprouvée, tandis qu'elle parlait et qu'il l'examinait discrètement, tout en buvant ce bon café. A leur dernière rencontre, il avait été frappé par l'éclat de son teint, aujourd'hui plutôt terne. Par ailleurs, et en dépit des années, guère de changement physique : toujours le même splendide port de tête, les mêmes grands yeux tendres, bleu foncé, le même volume de cheveux noirs. Mais il y avait un manque qu'il ne parvenait pas à définir, une discordance. Son regard s'en alla derrière elle vers l'une des grandes glaces de la chambre ; il vit son dos bien droit, la colonne parfaite de son cou, la grâce de ses mains, et dans le reflet il se vit aussi lui-même, silhouette tassée dans la petite chaise dorée, l'air écrasé. Il se redressa, et tandis qu'elle disait avec un sourire :

— Eh bien, Stephen, qu'as-tu fait de ta langue ? il entendit des pas dehors et murmura :

— En anglais, maintenant, ma chère.

La porte s'ouvrit et Mrs Wogan entra, suivie de Johnson. Les deux femmes s'embrassèrent ; madame Franchon et son minuscule mari apportèrent un autre pot de café, reçurent des compliments pour leurs petits-fours ; bavardage général, autant de vacarme que s'il y avait une foule. Polly, attrapant derrière Johnson une tasse vide, la laissa tomber ; Johnson pivota sur lui-même et Stephen vit le visage de la femme tourner au gris tandis qu'elle le regardait, terrorisée, les bras pendants ; mais Johnson se retourna vers Stephen avec un rire : « Que deviendraient les porcelainiers si l'on ne cassait jamais de tasse ? » et continua à parler du grand pic noir et du pic à bec ivoire. Un autre homme entra, un Américain : présentations, mais Stephen ne saisit de son nom que la partie « Mr le secrétaire ». Conversation animée, dominée par la voix rude et métallique du nouveau venu. Stephen voulait les observer mais Mrs Wogan lui parlait, très heureuse, triomphante même et si jolie ; et puis Diana ; et il se rendit compte qu'un dîner venait d'être organisé et qu'il était invité.

— Je m'en réjouis tellement, dit Diana quand il prit congé.

Il sortit de l'hôtel dans la brume, de plus en plus épaisse tandis qu'il descendait vers le port ; brume dans son esprit, alors qu'il s'efforçait d'interpréter les émotions fortes et parfois contradictoires qui se chevauchaient et se mêlaient dans la partie irrationnelle de son être — chagrin, déception, auto-accusation, perte : par-dessus tout, perte irréparable ; plus rien qu'un vide froid.

Une brise de terre modérée découpait des fenêtres dans la brume et créait d'étranges turbulences ; au large elle se reformait mais sur la côte elle était basse, éparse. Au-dessus du port et de l'arsenal, le haut des mâts surgissait dans l'air clair et en bien des endroits on apercevait les coques des navires les plus proches. Ni Jack Aubrey ni Mr Herapath, assis à ses côtés, n'avaient manqué un mouvement de l'appareillage du *President* et du *Congress*. Les frégates étaient restées mouillées sur une seule ancre toute la matinée dans la marée montante ; on était à l'étale et on entendait dans le silence le fifre du *President* siffler « Yankee Doodle » pour encourager les hommes au cabestan. La grande frégate, énorme dans la brume, glissait d'un mouvement régulier sur l'eau lisse du port ; un caprice de la brise ou quelque écho bizarre apporta à la fenêtre ouverte le cri « A pic, monsieur » suivi d'une série d'ordres nets.

— Paré à caponner.

— A larguer la tourne-vire.

— A crocher le garant de capon.

— Paré à traverser.

— A crocher la traversière.

— A embraquer la serre-bosse.

— A tourner, c'est bon comme ça !

D'un seul mouvement le *President* déferla et borda ses huniers ; le *Congress* fit de même.

— Les voilà partis, murmura Jack comme les voiles indistinctes, fantomatiques, s'évanouissaient dans la brume.

Mais un moment plus tard les deux frégates envoyèrent leurs perroquets qui se dressèrent bien au-dessus du banc, de sorte qu'on put suivre leur cheminement tout au long du chenal serpentin, compliqué. Au fur et à mesure, Herapath nommait les hauts fonds et les bancs jusqu'à Lovell's Island où le *President* d'abord puis le *Congress* disparurent enfin.

— A cette vitesse vous devriez entendre les canons d'ici une heure, dit-il, si l'escadre est à proximité.

Jack soupira. Le commodore américain avait choisi

le moment idéal pour sortir ; à moins de foncer droit dans la Royal Navy il avait peu de risques d'être vu. Herapath le savait aussi : mais ils écoutèrent quelque temps, la tête inclinée, contre toute raison.

— Cela paraît affreux à dire, observa enfin Herapath, affreux de souhaiter la bataille et la mort, mais si ces deux navires étaient pris maintenant, cela pourrait mettre fin à cette guerre maudite, l'abréger, de toute manière, éviter plus encore d'effusion de sang et de richesse. Eh bien, monsieur, dit-il en se levant, je dois vous quitter : et j'espère ne pas être resté trop longtemps ou vous avoir fatigué. Le docteur avait parlé de cinq minutes, pas plus.

— Pas du tout, mon cher monsieur. Vous avez fait preuve de beaucoup d'obligeance en venant me voir ; votre visite m'a fait énormément de bien et j'espère que votre bonne nature vous conduira à revenir, quand vos affaires ne vous tiendront pas lié à votre bureau.

Quand Mr Herapath fut parti, Jack écouta un moment le silence puis sortit de son lit et se mit à cabrioler dans la chambre. Il était, de nature, puissant et lourd, sa force revenait et, si son bras droit restait douloureux, les muscles flasques, son bras gauche avait beaucoup gagné en habileté avec l'exercice ; il manipulait une lourde chaise au-dessus de sa tête, d'estoc et de taille, de droite et de gauche, poussant de temps à autre une méchante botte, le tout avec une ardeur mortelle. C'était une vision grotesque que cet homme sautillant çà et là en chemise de nuit, mais s'il avait dû obéir à la lettre aux ordres de Stephen — rester couché sans rien faire, sans se préparer au jour où il pourrait servir à quelque chose — son cœur se serait sûrement brisé. L'empereur du Mexique se joignit à lui et ensemble ils caracolèrent et ferraillèrent ; mais pas très longtemps. La folie du capitaine Aubrey, ses grognements féroces quand il se fendait, son visage rouge et suant effrayaient la plupart de ses voisins ; ils sentaient le chagrin sauvage derrière sa gaieté de façade. Dans son dos ils se tapotaient le front et disaient qu'il y avait des limites — ceci n'était pas un asile de fous. Certaines des plus jeunes infirmières n'étaient pas trop confiantes non plus ; et quand Maurya Joyce, frêle jeune fille qu'un courant d'air eût emportée, entra et lui dit « Reposez cela tout de suite, cher capitaine, et regagnez votre lit immédiatement », ce fut d'une voix minuscule. Mais il obéit aussitôt et, le voyant si docile, elle poursuivit d'un ton plus ferme :

— Vous savez très bien que vous n'avez pas le droit de vous lever. Quelle honte, oh fi, Mr Aubrey. Et il y a trois messieurs qui veulent vous voir.

Elle lui redonna un air respectable, lissa les draps, lui remit son bonnet de nuit et murmura :

— Voulez-vous que je vous passe le p-o-t avant qu'ils viennent ?

— S'il vous plaît, ma chère, dit Jack, et mon rasoir aussi pendant que vous y êtes.

Il attendait certains des officiers de la *Constitution* — Mr Evans était particulièrement attentif et les autres officiers lui rendaient visite quand ils n'étaient pas trop occupés avec leur navire éventré — ou quelques-uns des prisonniers anglais. La direction de l'Asclepia accordait à toutes ces personnes, et surtout à Mr Evans, un statut d'exception par rapport à la règle qui lui interdisait les visites. Mais, après le pot de chambre et le rasoir, c'est Jahleel Brenton qui entra, accompagné de son secrétaire et d'un homme robuste, revêche, avec un bicorne et un gilet de peau à boutons de cuir, sans doute un homme de la police ou du prévôt.

Mr Brenton commença d'un ton conciliant ; il priait le capitaine Aubrey de ne pas s'agiter : il y avait eu un malentendu la dernière fois, cette visite n'avait rien à voir avec l'*Alice B. Sawyer* ; il s'agissait simplement de vérifier quelques détails qui n'avaient pas été entièrement notés précédemment et de demander l'explication de quelques feuilles qui avaient été trouvées parmi ses papiers.

— Nos bureaux sont requis de vérifier tous les documents découverts sur les prisonniers de guerre avant qu'un échange puisse être envisagé. Ceci, par exemple, dit-il, montrant une page couverte de chiffres.

Jack la regarda : les chiffres étaient de sa main ; la feuille lui était familière, mais il n'arrivait pas à la situer. Ce n'étaient pas des calculs astronomiques, ni rien qui eût un rapport avec la route, le cap ou la position d'un navire. Où Killick avait-il trouvé cela ? Pourquoi l'avait-il gardée ? Puis tout à coup, la lumière se fit : c'étaient ses calculs de la nourriture consommée par l'escadre au cours de sa seconde visite au Cap, conservés depuis tant d'années pour une utilité future, comme une chose liée au sentiment général d'ordre et de netteté, inséparable de sa personnalité de marin.

— Ce sont des notes d'avitaillement, dit-il, compilées en fonction d'un système personnel. Vous verrez que le résultat est une consommation annuelle d'un million quatre-vingt-cinq mille deux cent et soixante-six livres de viande fraîche ; un million cent et soixante-sept mille neuf cent quatre-vingt-quinze livres de biscuits, et cent quatre-vingt-quatre mille trois cent cinquante-huit livres de pain frais ; deux cent et dix-sept mille huit cent et treize livres de farine ; mille soixante-six boisseaux de blé ; un million deux cent vingt-six mille sept cent trente-huit pintes de vin, et deux cent quarante-quatre mille neuf cent quatre pintes d'alcool.

Le secrétaire nota l'explication : Brenton et lui se regardèrent et reniflèrent.

— Capitaine Aubrey, dit Brenton, avez-vous l'intention de me faire croire que le *Leopard* a consommé un million quatre-vingt-cinq mille deux cent soixante-six livres de viande et un million cent soixante-sept mille neuf cent quatre-vingt-quinze livres de biscuits en une année ?

— Qui diable parle du *Leopard* ? Et que diable voulez-vous dire, monsieur, avec votre « Avez-vous l'intention de me faire croire » ? commença Jack, puis il s'interrompit, le visage tourné vers la fenêtre, l'oreille tendue.

Etait-ce le bruit lointain des canons, ou le tonnerre, ou le passage d'un fardier sur les pavés du quai ? Il avait perdu toute conscience de la présence des officiels et son expression tendue, lointaine, les impressionna étrangement. Le regard de Mr Brenton tomba sur le rasoir, tout proche de la main du capitaine ; il retint une réponse hâtive et poursuivit d'un ton égal :

— Bien, laissons cela pour le moment. A présent, que pouvez-vous nous dire de ceci ? (Il tendait un autre papier.) Et que signifie, je vous prie, « kicky-wicky » ?

Jack prit le papier et son visage pâlit encore, de colère : c'était visiblement, très visiblement, une lettre des plus privées. Il s'en rendit compte aussitôt qu'il eut reconnu l'écriture de l'amiral Drury.

— Voulez-vous dire, dit-il d'une voix qui emplissait la pièce, que vous avez rompu le sceau d'une lettre privée et que vous avez lu ce qui était manifestement adressé à cette seule dame ? Dieu me protège...

A partir de là le ton s'éleva plus haut, plus haut encore. Stephen les entendit de l'escalier et quand il ouvrit la porte, le volume sonore se déploya. Le silence tomba quand il traversa la pièce et prit le pouls de Jack. Puis :

— Vous devez sortir immédiatement, monsieur, dit-il à Brenton. C'est un ordre de médecin.

Mais Brenton venait d'être qualifié de misérable civil à face de faubert, et de bien d'autres choses ; il avait été contraint par la seule force morale de rester silencieux plusieurs minutes tandis que le capitaine Aubrey écoutait les canons ; il avait été humilié en présence de son secrétaire et de l'huissier inutile ; soufflant comme un bœuf, il s'exclama qu'il ne bougerait pas d'un pas tant qu'il n'aurait pas ce document, en montrant la lettre de l'amiral entre les mains de Jack. Puis il émit une série de remarques passionnées et parfois cohérentes sur son importance dans le Département, l'autorité illimitée du Département sur les prisonniers, et ses pouvoirs coercitifs.

— Quittez cette pièce, monsieur, dit Stephen, vous faites beaucoup de mal à ce patient.

— Je ne sortirai pas, dit Brenton en tapant du pied.

Stephen sonna et demanda à Bridey d'appeler le portier : un moment plus tard, sans un bruit, l'immense Indien apparut, bouchant entièrement la porte.

— Soyez assez bon pour raccompagner ces messieurs, dit Stephen.

L'œil froid de l'Indien, sans expression, les balaya ; ils étaient déjà debout, et ils sortirent. Mais Brenton se retourna sur le seuil et, montrant le poing à Jack, lança :

— Vous entendrez parler de moi !

— Oh, allez au diable, petit imbécile, dit Jack d'un ton las. (Puis, la porte refermée :) Les officiels sont à peu près les mêmes dans le monde entier. Ce reptile aurait pu aussi bien sortir du Navy Office pour me tourmenter à propos d'un registre que j'aurais oublié de contresigner en l'an un. Mais je vais vous dire, Stephen, *President* et *Congress* sont partis au jusant et j'ai bien peur qu'ils se soient échappés.

— Je ne peux vraiment pas supporter qu'on vous tourmente ainsi, dit Stephen auquel le départ des frégates était pour l'instant totalement indifférent.

Il avait aussi très peur que, par pure civilité, Jack lui demande des nouvelles de Diana, et dans l'état ou plutôt la confusion actuelle de son esprit, il ne souhaitait pas en parler.

— Je vais aller parler au docteur Choate.

Il descendit lentement l'escalier et entra dans la loge du portier pour remercier l'Indien de ses services. L'Indien l'écouta avec sur le visage quelque chose comme de l'approbation.

— Ce fut un plaisir, dit-il, quand Stephen eut terminé, ce sont des officiels du gouvernement et je hais les officiels du gouvernement.

— Tous les officiels du gouvernement ?

— Tous les officiels du gouvernement américain.

— Vous m'étonnez.

— Vous ne seriez pas étonné si vous étiez natif de ce pays, natif aborigène. Voici une lettre pour vous ; elle est arrivée après votre départ, ce matin. Stephen vit que la suscription était de l'écriture hardie de Diana et il mit la note dans sa poche ; s'il avait pu aussi facilement la sortir de son esprit, il en eût été soulagé car tout en sachant à merveille qu'il allait devoir clarifier ses idées et résoudre un certain nombre de conflits et de contradictions apparentes, il lui fallait auparavant une période de calme. Fort heureusement, l'Indien, qui semblait en humeur de conversation, lui demanda :

— Pourquoi me dites-vous Ugh ?

— Je pensais que c'était une salutation habituelle dans le langage de votre nation : on représente le Huron disant Ugh aux visages pâles chez beaucoup d'auteurs français et anglais. Mais si je me suis trompé, monsieur, je vous en demande pardon : mon intention était civile, quoique peut-être inepte.

— La plupart des Hurons que je connais ont toutes les raisons de dire Ugh aux visages pâles, français, anglais ou américains : dans la langue que je parle — et je dois vous dire, monsieur, qu'il existe une infinité de langues parlées par les premiers possesseurs de ce continent —, Ugh est une expression de dégoût, de répulsion, d'aversion. J'ai pensé vous en vouloir mais il m'est apparu que vous n'aviez pas volonté d'offenser ; et puis je ressens pour vous une certaine camaraderie ; nous sommes, après tout, vaincus tous deux, tous deux victimes des Américains.

— Le docteur Choate m'a dit quelque chose des malheureuses guerres indiennes. Il y est, lui du moins, très fort opposé.

— Le docteur Choate, oui : il y a quelques bons

Américains, je l'admets. Mes grands-pères, qui étaient à Harvard, au collège indien, parlaient d'un Mr Adams comme d'un homme excellent. Sa mère, toutefois, était une Shawnee — de la même nation, ajouterai-je, que le chef Tecumseh qui actuellement aide vos gens sur la frontière canadienne. Voici le docteur Choate.

— Avez-vous vu le docteur Maturin ? demanda Choate, je le cherche.

— Et je vous cherchais, collègue, dit Stephen du fond de la loge.

— J'ai une cystotomie urgente, dit Choate, et comme nous en avons parlé durant notre souper de dimanche, je suis venu vous demander votre assistance.

— J'en serai enchanté, dit Stephen.

Rien, en fait, n'aurait pu mieux tomber : une opération extrêmement délicate, mais qu'il avait souvent effectuée — l'intense concentration de l'esprit et de la main, la préoccupation morale pour le patient immobilisé et conscient, trop conscient, du couteau —, cela absorberait entièrement son esprit, lui conférant la tranquillité intérieure qui lui permettrait de travailler sans être tiré à hue et à dia par sa raison et ses souhaits. Mais il fallait encore penser à la nuit, la nuit inoccupée, et après avoir parlé au docteur Choate de la nécessité de tenir le département de la Marine à l'écart de Jack Aubrey, il lui demanda une pinte de laudanum.

— Le laudanum, bien entendu, dit Choate, vous le trouverez près de la barrique dans la pharmacie. Quant au département de la Marine, je ferai de mon mieux, mais ces officiels ont des pouvoirs très étendus en temps de guerre. J'ai reçu d'eux des notes acerbes, péremptoires et autoritaires, pour ne pas dire dictatoriales.

L'opération, accomplie sur un patient timide, immensément obèse, se révéla beaucoup plus complexe qu'ils ne s'y attendaient ; mais enfin elle fut achevée, et non seulement réussie en elle-même, mais avec une probabilité réelle que l'homme survécût.

Stephen passa dans la chambre de Jack pour se laver les mains et le trouva endormi, couché sur le dos, son bras blessé en travers de la poitrine, toujours avec cet aspect de douleur physique et de choc moral, assez comparable au patient terreux, à demi évanoui, que l'on venait d'emporter. Stephen savait que rien ne l'éveillerait sauf un changement de vent et, après s'être lavé, il tira la bouteille de whisky de sa cachette et en but un demi-verre, sec et d'un coup. L'alcool était interdit dans l'Asclepia, mais les officiers de la *Constitution*, en particulier Mr Evans, le savaient et l'espace derrière les livres du capitaine Aubrey était rempli de whisky de seigle, de bourbon, et d'un vin local léger, d'une grande acidité.

Il remit le whisky en place, laissa tomber le verre — pas de changement dans la gravité du visage endormi — et se retira, emportant sa bouteille de laudanum, verte et marquée « Poison ». Il avait une petite chambre sur la cour intérieure ; il y trouva sa lampe allumée et un feu dans l'âtre : une lampe à abat-jour vert éclairait la table et les papiers qui la couvraient, laissant le reste de la pièce dans l'ombre. C'était le confort, l'image même du confort ; il se sentit glacé, désolé, terriblement solitaire. Fouillant dans sa poche, il retrouva le mot de Diana, le jeta sur la table, posa à côté sa bouteille verte, jeta son habit sur le lit et s'assit, tourné à demi vers la table, à demi vers le feu.

Depuis beaucoup, beaucoup d'années il était incapable d'ouvrir entièrement son esprit à quiconque, homme ou femme, et parfois la franchise lui semblait aussi essentielle que la nourriture ou l'affection ; pendant la plus grande partie de cette période, il avait utilisé son journal comme une sorte de substitut à l'oreille aimante absente — un bien pauvre substitut, mais devenu si habituel qu'il en était presque nécessaire. Il lui manquait, à présent, ce carnet codé couvert d'écriture, et après avoir regardé un moment le feu il se retourna vers la table. Son œil indifférent tomba sur la lettre, sur l'adresse rédigée de cette écriture familière, et il tira une feuille de papier vers lui.

« Si je n'aime plus Diana, écrivit-il, que ferai-je ? » Que pouvait-il faire, son principal ressort, son principal moteur ayant disparu ? Il avait eu la certitude de l'aimer toujours, jusqu'à la dernière syllabe du temps. Il ne l'avait pas juré, pas plus qu'il n'aurait juré que le soleil se lèverait tous les matins : c'était trop certain, trop évident ; nul n'irait jurer qu'il continuera à respirer, ou que deux et deux font quatre. D'ailleurs, dans un tel cas, la notion même du serment impliquerait la possibilité du doute. Aujourd'hui pourtant il apparaissait que « toujours » se mesurait en huit années, neuf mois et quelques jours, tandis que la dernière syllabe du temps était mercredi, le dix-sept mai. « Une telle chose est-elle possible ? » se demanda-t-il. Il savait, par des exemples, que cela arrivait, souvent, à d'autres hommes, que d'autres hommes aussi perdaient l'esprit, ou contractaient le cancer. Se pouvait-il qu'il ne fût pas, comme il l'avait implicitement supposé, exceptionnellement immunisé contre tout cela ?

« Peut-être s'agit-il seulement d'une *intermittence du cœur*, rien de plus. » C'était tout à fait possible — un état quasi physique, lié à l'air et au régime, à l'anxiété, à l'anticipation excessive et à une centaine d'autres causes connexes. Il écrivit un autre paragraphe, citant des cas de modification étrange et apparemment inexplicable des plus fermes résolutions, d'abdication, de perte temporaire de foi, qui pouvaient en fait s'expliquer par des habitudes vicieuses du corps, le corps, tout simplement, le domicile de l'esprit — couardise d'hommes braves au foie en désordre, dérangement mental passager de femmes parturientes. Il ajouta quelques réflexions sur les effets de l'esprit sur le corps, tels qu'eczémas, grossesses nerveuses et production de lait, sabla soigneusement sa dernière feuille, réunit les autres, les mit toutes dans le feu mourant, les regarda s'enflammer, se tordre et retomber en cendres noires.

Il n'était pas entièrement convaincu, et le contradicteur logé dans son esprit observa qu'il y avait beaucoup d'hommes, et des hommes de médecine, d'ailleurs, qui palpaient leurs tumeurs et les déclaraient bénignes ; mais c'était tout de même un réconfort pour son esprit indécis et il s'en alla au lit. Dans le bas du bâtiment un homme chantait la triste chanson de la triste tourterelle comme s'il avait le cœur brisé : Stephen écouta la chanson jusqu'à ce que la marée montante du sommeil opiacé l'engloutisse.

Le matin se leva clair et brillant avec belle brise du nord-nord-ouest. Jack observait depuis l'aube ; avant le petit déjeuner il vit la voile attendue se présenter à l'entrée de la baie ; la lumière était particulièrement pure, l'air transparent, et il identifia vite la *Shannon*. Elle s'approcha — il n'avait jamais vu si près aucun des navires de l'escadre du blocus, si près qu'il put apercevoir l'officier perché dans les barres de hune du petit perroquet avec sa lunette. Sans vouloir en jurer, il était presque certain de reconnaître Philip Broke, commandant la *Shannon* depuis cinq ans. Plus près encore, jusqu'à ce qu'enfin les canonniers de Castle Island lui envoient, très haut, un obus de mortier ; sur ce, la frégate vira mais la petite silhouette réapparut sur le gaillard d'arrière et grimpa dans les barres de hune d'artimon, sa lunette de cuivre toujours braquée sur le port de Boston et les vaisseaux américains. Un peu plus tard, elle fit porter et repartit vers le large bâbord amures, cependant que deux drissées de pavillons apparaissaient au-dessus de ses huniers. Jack, sans pouvoir les lire, savait à merveille ce qu'ils avaient à dire et, balayant l'horizon de sa lunette, il vit la conserve de la *Shannon* lofer, faire force de voile et s'en aller très vite vers l'est-sud-est, droit dans l'Atlantique.

— Où est le docteur ? demanda-t-il quand on lui apporta son petit déjeuner.

— Sûr qu'il est encore endormi, dit Bridey, et on va le laisser tranquille. Il a fait hier une opération difficile, dure et sanglante, et il est tout détruit.

Stephen dormait encore quand Mr Evans vint rendre visite à Jack, amenant un ami.

— Je ne m'assiérai pas, dit Mr Evans, le docteur Choate dit que vous n'avez pas le droit de recevoir de visites. Mais je n'ai pas pu résister à venir vous voir cinq minutes avec le capitaine Lawrence qui a un message pour vous. Permettez-moi de vous présenter le capitaine Lawrence, précédemment du *Hornet,* à présent de la *Chesapeake ;* capitaine Aubrey, de la Royal Navy.

Les capitaines exprimèrent leur plaisir, mais on en voyait fort peu sur le visage timide et embarrassé de Lawrence, et le nom de *Hornet* fit disparaître toute gaieté de celui de Jack. Toutefois il affecta une apparence de cordialité décente et, en dépit de leurs protestations, demanda du café et des biscuits sucrés — « ou des cookies, devrais-je dire » avec un sourire à l'adresse de Lawrence. Il aimait bien l'apparence de cet homme costaud à visage ouvert, en habit blanc, un homme à l'air modeste, bien élevé et manifestement un marin. Lawrence lui rendit son sourire — la sympathie mutuelle était visible en dépit de l'étrangeté de la situation — et dit :

— Il y a quelque temps, monsieur, j'ai eu le plaisir de rencontrer le lieutenant Mowett, de votre service, et il m'a tout particulièrement demandé de vous rendre visite pour vous apporter ses respects, demander comment vous allez et vous dire qu'il se remet très bien à l'hôpital de New York.

Mowett avait été l'un des aspirants de Jack bien des années auparavant, et Lawrence l'avait rencontré au cours du combat meurtrier où le *Hornet* avait coulé le *Peacock.* Pendant qu'il parlait du jeune homme, qui avait eu trois côtes enfoncées par un morceau de la lisse du *Peacock*, il devint clair que Lawrence et lui s'étaient bien entendus au cours du long voyage pour revenir de la rivière Demerara et que Lawrence s'était occupé avec gentillesse du lieutenant blessé ; Jack lui en fut reconnaissant — il était très attaché à Mowett.

Les cinq minutes passèrent, puis cinq autres, un autre pot de café, et finalement Choate vint les mettre dehors. Jack retourna à sa lunette, Evans à la *Constitution* démantelée et Lawrence à la *Chesapeake*.

La matinée passa et une partie de l'après-midi, journée brillante, joyeuse ; enfin Stephen apparut, triste, lourd, encore engourdi de sommeil.

— Vous avez bien meilleure mine, Jack.

— Oui, et je me sens mieux aussi. La *Shannon* a mis le nez dans le port ce matin et trouvé les oiseaux envolés, tous sauf la *Chesapeake* et...

— Entendez-vous cela ? dit Stephen en s'approchant de la fenêtre.

— Cet oiseau morose ?

— La tourterelle triste ; la voilà qui s'envole. J'en ai rêvé. Jack, pardonnez-moi. Je dois m'en aller. Diana m'a invité à dîner avec Johnson et Louisa Wogan.

— J'espère... j'espère qu'elle va bien, dit Jack.

— Resplendissante, je vous remercie : elle a beaucoup demandé de vos nouvelles, dit Stephen.

Il y eut une pause mais il n'ajouta rien ; après avoir attendu pour être sûr qu'il ne dirait rien de plus, Jack demanda :

— Voulez-vous mon rasoir ? Je l'ai affûté ce matin, il couperait un cheveu en quatre.

— Oh non, dit Stephen passant la main sur son visage maigre à la barbe hérissée. Cela ira très bien. Je me suis rasé hier, ou le jour d'avant.

— Mais vous avez oublié votre chemise. Il y a du sang dessus, il y a du sang sur le col et les poignets.

— Aucune importance. Je fermerai mon habit. L'habit est tout à fait respectable ; je l'ai ôté pour l'opération. Une très belle opération, d'ailleurs.

— Stephen, dit Jack avec sérieux, soyez gentil pour

une fois, voulez-vous, et faites-moi plaisir. Je serais vraiment malheureux qu'un de mes officiers dîne dans une ville ennemie sans avoir l'air soigné. On pourrait en conclure qu'il est vaincu et n'a pas la fierté de son service.

— Très bien, dit Stephen.

Et il prit le rasoir.

Soigné, rasé, brossé, il se hâta à travers la ville : l'air vif lui dégagea la cervelle et quand il atteignit l'hôtel il avait à peu près récupéré ses esprits. Il était en avance, ce qui fut un soulagement car une horloge presbytérienne, différant autant par l'heure que par la doctrine des nombreuses autres horloges de Boston, lui avait donné un choc déplaisant ; il était même tellement en avance qu'il n'y avait personne pour le recevoir. Ils étaient encore à s'habiller, dit l'esclave monumentale en l'introduisant dans un salon vide.

Il y resta un moment à regarder les peintures de Johnson : l'aigle chauve, la mésange de Caroline, sa vieille amie l'échasse à cou noir. Puis il passa sur le long balcon pour voir s'il pouvait apercevoir une autre horloge publique — ni lui ni Jack ne possédaient de montre. Il y en avait une, très loin dans la rue, mais elle était dissimulée par un groupe d'ouvriers, tout au bout du balcon, qui hissaient du sable et de la chaux pour quelque réparation et, après avoir tendu le cou un moment, il abandonna — quelle importance avait l'heure, après tout ? D'un peu plus loin dans l'autre direction, où un rideau voletait par une fenêtre ouverte, il entendit la voix de Diana élevée dans ce ton familier de reproche qu'il connaissait si bien : elle passait Johnson à la torture. D'humeur plus convenable, Stephen se serait éloigné aussitôt, mais il ne se sentait pas d'humeur convenable et au bout d'un moment il entendit Johnson s'écrier : « Mon Dieu, Diana, vous faites parfois autant de bruit qu'un cochon pincé dans une barrière ! » La voix était forte, exaspérée et fut suivie du claquement d'une porte.

Stephen rentra silencieusement dans le salon et il étudiait le vautour d'Amérique quand Johnson entra, cordial, accueillant, apparemment imperturbable. « Vous êtes un assez bon dissimulateur, me semble-t-il », se dit Stephen, et tout haut :

— Voilà certes un homme fort capable. Il nous donne non pas l'oiseau, car aucun oiseau n'a jamais eu cette clarté brillante de tous les membres, mais l'idée platonicienne de l'oiseau, l'archétype visible du vautour d'Amérique.

— Exactement, dit Johnson.

Ils parlèrent du vautour d'Amérique et de l'aigle chauve dont Johnson espérait voir le nid dimanche — il s'en trouvait un sur les terres d'un ami dans l'Etat du Maine — jusqu'à l'arrivée de Mrs Wogan et de Michael Herapath. Au même instant, Diana Villiers entra par une autre porte et Stephen observa que, malgré le soin particulier avec lequel Wogan était vêtue, Diana l'emportait sans conteste. Elle portait le bleu le plus léger, le plus pur, venu tout droit de Paris et qui faisait paraître laborieuse et provinciale la robe bostonienne de Wogan. De plus, elle avait au cou une rivière de diamants blanc-bleu comme Stephen en avait rarement vu — une pierre énorme au milieu.

Avant même qu'ils ne s'asseyent pour dîner, il sentit l'existence de rancœurs entre Villiers et Wogan d'une part, entre Villiers et Johnson de l'autre ; et quand ils parvinrent à la soupe, une admirable bisque de homard, il apparut tout aussi clairement qu'il existait un attachement entre Johnson et Louisa. Ils faisaient de leur mieux pour le dissimuler mais tantôt ils étaient un peu trop formels et tantôt un peu trop libres, la fausse note constante. Stephen était bien placé pour les observer car la table à laquelle ils dînaient était rectangulaire et il occupait seul l'un des longs côtés, avec Herapath et Louisa en face de lui, Diana et Johnson aux deux bouts, Wogan étant à la droite de Johnson. D'après la posture un peu contrainte de Johnson, Stephen était à peu près sûr qu'il faisait du pied à Wogan, dont le visage enjoué et vivant montrait bien que cela ne lui déplaisait guère.

Stephen était souvent assez silencieux et lointain aux repas ; Diana le savait de longtemps et elle consacra la plupart de ses efforts, pendant la soupe et le plat suivant, à être aimable envers Michael Herapath. Stephen savait qu'elle le connaissait à peine et il fut étonné de la liberté de sa conversation, de son ton hardi, badin, et de l'entendre raconter une anecdote pour le moins ambiguë, une histoire soit stupide, soit indécente. Herapath aussi en fut étonné mais c'était un être de bonne éducation et il le dissimula, répondant à peu près de la même manière, pour autant que ses habitudes et ses capacités le lui permettaient. On n'était pas encore très avancé dans le repas, mais elle remplissait sans cesse son verre et, quand vint le turbot, il se lança à son tour dans une historiette, la seule du genre qu'il put se remémorer. Parvenu à la moitié, il lui sembla pourtant que la fin tendait trop au scabreux : avec un regard inquiet à Stephen, il bifurqua vers une conclusion très sotte mais innocente. Découragé, il ne dit plus rien ; entre ses deux voisins presque muets, Diana fut obligée de se charger elle-même de les distraire. Son aplomb ne l'abandonna pas un instant ; elle remplit à nouveau leurs verres — Stephen avait remarqué qu'elle n'hésitait pas à boire verre pour verre avec ses hôtes — et leur fit un récit détaillé d'un voyage à La Nouvelle-Orléans. Ce n'était pas particulièrement intéressant, ou amusant, mais du moins il y avait à son extrémité de la table une apparence de convivialité tolérablement convaincante : pas de silence gênant. Elle avait manifestement une longue pratique du maintien de la conversation tout au long d'un dîner : mais d'après la nature de sa conversation, il sembla à Stephen que ces réceptions devaient être composées d'hommes d'affaires et de politiciens, hommes d'affaires et politiciens assez communs, d'ailleurs. Qu'étaient devenus son esprit rapide, mordant, spontané, la délicatesse avec laquelle elle tournait une phrase cruelle, parfaitement ajustée à son auditoire ? Se pouvait-il qu'elle fût réduite aux anecdotes et aux morceaux de bravoure alors que ni lui ni Herapath n'étaient politiciens ? Elle avait aussi acquis un léger accent américain, en contradiction totale avec son style. Mais, par ailleurs, avait-elle jamais possédé vraiment les perfections dont il déplorait si vivement l'absence aujourd'hui, ou n'avaient-elles existé que dans son esprit amoureux ? Non : elle les avait possédées. Sa mémoire était remplie de preuves objectives et, même sans cela, son aspect physique en apportait l'évidence convaincante. Dans une certaine mesure, le visage de chaque personne est la création de l'esprit qui s'abrite derrière, observa-t-il, pensant avec tristesse au sien propre ; le visage, la forme, les mouvements de Diana reflétaient encore une bonne part de cet esprit élégant et vif qu'il avait connu.

Il se dit qu'elle avait passé ces dernières années entièrement parmi les hommes, sans voir aucune femme sauf quelques-unes comme Louisa Wogan ; elle parlait à peu près comme les hommes, et des hommes assez libertins, riches et canailles, parlent quand ils sont seuls ensemble. « Elle a oublié la distinction entre ce que l'on peut et ce que l'on ne peut pas dire, réfléchit-il. Encore quelques années de cette compagnie et elle ne se ferait pas scrupule de péter. » Distinction délicate entre l'esprit véritable d'une part et la hardiesse et la confiance d'autre part : il poursuivait cette ligne de pensée quand unc nouvelle carafe apparut et Diana, visiblement irritée par une indiscrétion de la part de Johnson et Louisa, s'exclama :

— Dieu du ciel, ce vin est bouchonné. Vraiment, Johnson, vous pourriez offrir à vos invités quelque chose qu'ils puissent boire !

Inquiétude extrême sur le visage du majordome noir : un verre porté en hâte à l'autre bout de la table.

Silence, puis le verdict rendu avec une douceur étudiée :

— Point du tout, ma chère : il me paraît tout à fait correct. Donnez un verre au docteur Maturin. Qu'en dites-vous, monsieur ?

— Je ne suis pas grand juge en vin, dit Stephen, mais j'ai ouï-dire que dans certains cas la gorgée la plus proche du bouchon peut avoir un goût désagréable, tandis que le reste de la bouteille est excellent. C'était peut-être le cas ici.

Une pauvre échappatoire, mais suffisante pour des esprits désireux d'éviter un éclat : on remplaça la carafe et la conversation devint plus générale. Herapath intervint avec certaines considérations sur les délais inévitables de l'impression : on en vint à parler de la publication de son livre, et l'entrain de Louisa Wogan faisait plaisir à voir tandis qu'ils discutaient du caractère dans lequel ce devait être imprimé, du format et de la qualité du papier ; elle avait certainement de l'affection pour Herapath mais c'était peut-être plus l'affection d'une sœur que d'une maîtresse, une sœur quelque peu pharaonique.

Stephen aussi retrouva le sentiment de ses devoirs sociaux et avec le rôti il raconta à Diana et Herapath le voyage dans le cotre après l'incendie de *La Flèche*, leur haine effroyable pour un navire passé sans les voir, leur insatiable appétit de biscuits quand ils avaient embarqué enfin à bord de la malheureuse *Java*.

— Entre le petit déjeuner et le dîner, dit-il, j'ai vu le capitaine Aubrey en manger trois livres et demie, avec une gorgée d'eau toutes les huit onces ; et je lui ai tenu tête, en m'exclamant sur leur parfaite suavité, et prenant en pitié Lucullus de ne pas avoir connu le biscuit de mer avant le stade du charançon ; car la *Java* n'était partie que depuis quatre semaines.

Diana lui demanda des nouvelles de l'état de santé de Jack et quand il eut répondu, elle dit, dans une pause momentanée :

— N'oubliez pas, s'il vous plaît, de lui dire toute mon affection.

A sa surprise, Stephen vit Johnson se raidir, se redresser, se détacher sans doute de Wogan et demander d'une voix qui s'efforçait sans grand succès de dissimuler un profond déplaisir :

— Qui est ce monsieur auquel vous envoyez votre affection, ma chère ?

— Le capitaine Aubrey, dit Diana, dressant la tête de ce geste fier et beau dont Stephen se souvenait si bien. Un officier fort distingué au service de Sa Majesté, monsieur. (Mais ensuite, brisant la tension, elle ajouta avec douceur :) Il est mon cousin par mariage. Il a épousé Sophie Williams.

— Oh, le capitaine Aubrey, dit Johnson, oui. Le monsieur que je dois voir cet après-midi.

Le repas tirait à sa fin : Diana et Louisa Wogan se retirèrent. « Je me demande comment elles apprécieront leur compagnie mutuelle », pensa Stephen en leur tenant la porte. Les hommes restèrent un moment assis, à bavarder des souscriptions de Boston pour les Moscovites qui venaient de subir l'incendie de leur ville, et de l'attitude du roi de Prusse.

— Il est choquant de voir combien nos hommes publics connaissent peu la situation en Europe, observa Johnson. (Et avant qu'ils passent au salon, il dit à voix basse :) Docteur Maturin, si vous n'êtes pas occupé ce soir, j'aimerais beaucoup bavarder un moment avec vous. Cet après-midi je dois voir le capitaine Aubrey — une question officielle liée à son échange — et certains Français ; mais je ne pense pas que ccla me prendra très longtemps. Pourriez-vous, peut-être, prendre le thé avec Mrs Villiers jusqu'à mon retour ?

— J'en serais très heureux, dit Stephen.

Herapath et lui entrèrent au salon où Diana et Louisa, assises à quelque distance l'une de l'autre, fumaient en silence de longs cigares minces. Herapath était un peu chancelant, l'esprit un peu excité, et il jugea bon de réciter sa version d'un poème T'ang traitant des émotions d'une princesse chinoise mariée pour des raisons politiques à un barbare, chef d'une horde menant une vie de brute en Mongolie-Extérieure ; dans son enthousiasme, il avait tendance à buter sur les mots. Les dames l'écoutèrent, Louisa avec une tolérance amusée, gentille, Diana avec une certaine nuance de mépris. Stephen n'écouta pas du tout.

Il avait éprouvé bien des misères en son temps, mais rien qui pût se comparer à cette froide vacance intérieure. Son observation avait confirmé ses soupçons de la veille et apporté les raisons de sa première impression instinctive. Il n'aimait plus Diana Villiers, et pour lui c'était la mort. Quelque chose dans son essence avait changé ; la femme qui versait le thé en babillant était une étrangère, d'autant plus étrangère du fait de leur intimité ancienne. Le changement évident était que la colère et la mauvaise humeur, la déception, la frustration l'avaient durcie : son visage restait ravissant mais son expression au repos n'était pas aimable. Louisa Wogan n'arrivait pas à la cheville de Diana pour le style ou la beauté ; elle était d'une tout autre échelle ; mais sa gaieté, son humour et sa bonne volonté à être satisfaite faisaient un contraste pénible. Le changement important était toutefois beaucoup plus profond : c'était comme si l'esprit de Diana avait diminué, comme si son courage commençait à lui manquer, si même il n'était pas tout à fait brisé.

Certes, sa position était difficile et il aurait fallu un courage extraordinaire pour l'affronter ; mais il avait toujours considéré Diana comme une femme, un être, doté d'un courage extraordinaire. Sans courage elle n'était plus Diana. Par ailleurs, pensa-t-il (son esprit changeant de direction), il fallait envisager l'aspect physique : si la constipation pouvait affecter le courage d'un homme, une mauvaise phase de la lune ne pouvait-elle affecter bien plus encore une femme ? Il regarda en secret son visage, cherchant des signes à l'appui de cette idée, cherchant des encouragements, mais constata avec consternation que son intelligence rejetait la lune et toute son influence, et enregistrait simplement l'impression que sa tête portée haut, son dos si droit, qu'il avait tant admirés, et si longtemps, paraissaient à présent un peu exagérés, le résultat de l'indignation, d'un sentiment d'être maltraitée. Si, comme il le supposait, son esprit avait été endommagé, et si de forte elle était devenue faible, alors les vices courants de la faiblesse s'ensuivraient naturellement. On ne s'étonnerait point de trouver irascibilité, mauvais caractère et même, Dieu garde, apitoiement sur soi-même, fausseté, abaissement général.

Le ton d'Herapath n'était plus celui, solennel, de la récitation : il avait dû changer depuis quelque temps sans que Stephen s'en rende compte car la discussion, ou plutôt la dispute entre Louisa et lui à propos de l'heure des repas de Caroline et des personnes auxquelles on pouvait en confier le soin, était déjà bien avancée.

Finalement, Herapath, soutenu par Diana, prévalut et il y eut un mouvement général vers la porte.

— Louisa est une mère d'un tel dévouement, dit Diana, on jurerait qu'elle a été faite pour nourrir des bébés : je suis sûre que c'est son plus grand bonheur. N'est-ce pas, Louisa ?

Avec une certaine chaleur, Louisa observa que seules les femmes possédant des bébés pouvaient apprécier ces choses à leur juste valeur et Stephen fut torturé par la pensée que Diana risquait de riposter par quelque réflexion sur la manière dont Louisa s'était procuré cet enfant ; mais elle se contenta de dire :

— Oh, ma chère, avant que vous ne sortiez dans la rue, je dois vous dire que votre jupon dépasse. J'ai honte de ne pas vous en avoir prévenue avant dîner ; mais bien sûr, c'est le genre de chose que l'on ne saurait reprocher à une mère qui nourrit.

— Grand Dieu, Stephen, dit-elle en revenant, je suis

désolée de vous avoir infligé un dîner si ennuyeux. Vous avez suffisamment de choses à supporter par ailleurs. Mais du moins à présent nous pouvons bavarder.

Elle parla avec la franchise et la liberté absolue que Stephen enviait si fort, car à ses côtés, supposait-elle, se trouvait l'oreille aimante et réceptive : et sans aucun doute il l'écoutait avec attention, d'un air grave et préoccupé. Son amitié pour elle, tout à fait intacte, renfermait un fort élément de tendresse.

Ses relations avec Johnson avaient été malaisées dès l'origine : même sans l'interminable affaire de son divorce leurs rapports n'auraient jamais pu durer — il était violent, dangereux et pouvait se montrer tout à fait impitoyable ; en temps ordinaire, il était de mauvais caractère, beaucoup trop riche pour son propre bien ; c'était un coureur de jupons et son comportement avec ses Noirs était révoltant.

— Je suppose que la vue, l'expérience quotidienne de l'esclavage doit être difficile à supporter, dit Stephen, en particulier à l'échelle industrielle d'une vaste plantation.

— Oh, quant à cela, dit-elle avec un haussement d'épaules, cela me semble assez naturel : il y en avait des quantités en Inde, vous savez. J'aurais dû dire ses femmes noires. La plupart des enfants mulâtres qui grouillent dans la maison du Maryland sont de lui, et les plus âgés sont ses demi-frères ou demi-sœurs ; et il y avait une couple d'octavonnes, des cousines, dirais-je, qui m'ont regardée d'une manière si odieusement familière, d'un air entendu... Je n'ai pu le supporter, j'avais le sentiment d'être une chose achetée. Ce bonhomme est le parfait taureau de concours.

— Le taureau de concours sommeille en la plupart d'entre nous, je le crains.

— Il ne sommeille jamais en Johnson, à aucun moment, je peux vous l'assurer. Et en même temps il est absurdement jaloux, un vrai Turc. Tout ce qui lui manque, c'est une barbe, un turban et un cimeterre, dit-elle avec un fantôme de son ancien sourire. Aucune des Noires auxquelles il a jeté le mouchoir n'a jamais le droit de se marier et il m'a fait, pour avoir parlé à un autre homme, des scènes à n'y pas croire. Je crois vraiment qu'il nous tuerait tous les deux s'il me voyait faire ceci. (Elle posa affectueusement sa main sur la sienne.)

— Mon Dieu, Maturin, dit-elle avec une pression des doigts, quel soulagement d'avoir quelqu'un sur qui l'on puisse vraiment compter et s'appuyer.

C'est après l'une de ces scènes qu'elle l'avait quitté pour revenir à Londres. Il l'avait suivie : il avait été bon, calme, gentil, plein de promesses de réforme ; il lui avait montré les lettres de ses hommes de loi qui donnaient à penser que le divorce était très proche.

— Et il m'a offert ces diamants, dit-elle, défaisant le collier qu'elle jeta sur le canapé où il brilla, étincelant comme un sillage de phosphorescence.

— Ils étaient à sa mère, et il les a fait remonter. Le plus gros, au milieu, s'appelle le Blue Peter. Je devrais sans doute avoir honte d'admettre qu'ils ont eu quelque influence sur moi, mais c'est vrai. Peut-être la plupart des femmes aiment-elles les diamants.

C'est à Londres, ou plutôt au cours de leur fuite précipitée de Londres, qu'elle avait appris les rapports de Johnson avec les services de renseignement américains : mais même alors elle n'avait pas imaginé un instant que ce qu'il faisait pouvait être le moins du monde dirigé contre l'Angleterre — elle pensait qu'il s'agissait de valeurs boursières et de fonds gouvernementaux en Europe, surtout qu'à cette période on croyait en général que les Etats-Unis allaient déclarer la guerre à la France. Il l'avait toutefois terrifiée en disant qu'elle était impliquée, que le gouvernement l'arrêterait et la pendrait pour avoir transmis des papiers à Louisa Wogan. Aussi, comme une sotte, elle avait accepté de retourner avec lui en Amérique. Elle avait reçu des lettres de Louisa qu'elle avait transmises ; mais elle pensait qu'il ne s'agissait que d'une intrigue amoureuse, jusqu'au jour où Louisa avait été arrêtée et elle-même conduite au Home Office et questionnée pendant des heures. Elle avait perdu la tête et s'était enfuie avec Johnson.

C'était la chose la plus idiote qu'elle ait faite de sa vie. A présent elle se trouvait en pays ennemi et l'homme avait l'effronterie infernale de compter qu'elle l'aide dans ses travaux contre son propre peuple, et qu'elle soit heureuse quand des navires de la Royal Navy étaient capturés.

— Ah, cela m'a fait un coup au cœur, Stephen, un coup terrible. Toutes ces frégates dont nous étions si fiers, et ils en ont pris trois, sans une seule victoire ; et les Américains en font des gorges chaudes. Et je vois des officiers anglais qui circulent, prisonniers de guerre : c'est épouvantable.

— N'êtes-vous pas devenue citoyenne américaine ?

— Oh, j'ai signé quelques papiers ridicules, parce qu'il disait que cela faciliterait le divorce, mais comment un misérable morceau de papier peut-il faire la moindre différence ? Johnson est un homme très intelligent, mais il peut parfois être incroyablement stupide — attendre de la fille d'un soldat qui a servi le roi toute sa vie, élevée parmi les soldats, mariée à un soldat, qu'elle travaille contre son propre pays ! Peut-être se prend-il pour Adonis, Byron et Crésus tout en même temps et croit-il qu'aucune femme ne peut lui résister : il pense encore pouvoir me persuader, car j'écris certaines de ses lettres aux Français. Mais il n'y parviendra pas, jamais, jamais, jamais !

— Son travail est-il important ?

— Oui. J'en ai été étonnée. Je pensais que c'était juste un homme riche qui s'amusait, un dilettante ; mais pas du tout. Il est absolument passionné, dépense beaucoup plus d'argent que le gouvernement ne lui en donne, et a vendu le mois dernier une plantation en Virginie. Il conseille le secrétaire d'Etat et il a toute une troupe de gens qui travaillent sous ses ordres. Louisa Wogan en était, et en sera encore. Oh, Stephen, je ne peux le supporter. Je suis désespérée. Comment puis-je en sortir ?

Il se leva, gagna la fenêtre et se tint les mains derrière le dos, regardant les ouvriers au bout du balcon. Son récit était tout à fait vrai : elle était sincère, mais pas entièrement — elle ne disait rien de sa perplexité à se trouver dans la position d'une femme, sinon abandonnée, du moins supplantée. Jusque-là c'était elle qui donnait congé et ce nouveau rôle la dépassait ; et elle était dans un tel désarroi, si profondément troublée, que son intuition ne lui donnait aucun indice sur l'état actuel du cœur de Stephen. Par ailleurs, elle avait sans aucun doute peur de Johnson. Position vraiment désespérée.

Pivotant, il lui dit :

— Ecoutez-moi, ma chère. Il vous faut m'épouser : cela refera de vous un sujet britannique et vous permettra de rentrer en Angleterre. Jack et moi devons être échangés d'ici un jour ou deux et vous viendrez avec moi en tant que mon épouse. Ce sera un mariage purement nominal, un mariage blanc, si vous le souhaitez.

— Oh, Stephen ! s'exclama-t-elle, se dressant d'un bond avec un tel regard de gratitude, de confiance et d'affection qu'il sentit son cœur s'emplir de remords et de culpabilité. Je savais pouvoir compter sur vous.

Elle le serra dans ses bras, se pressant contre lui, et il dissimula son absence d'émotion physique en la serrant plus fort. Puis elle s'écarta ; son visage retomba et elle dit :

— Non, ah non, j'allais oublier. Ils pensent qu'Aubrey a quelque chose à voir avec les services d'intelligence, qu'il a refilé des papiers à Louisa quand elle était à bord du *Leopard*. Dieu sait s'ils ont raison, je ne sais plus quoi penser de quiconque, je n'aurais jamais, jamais cru que Louisa puisse être une espionne, mais, s'ils ont raison, que Dieu lui vienne en aide entre les mains de Johnson. Il n'y aura pas d'échange.

On entendit Johnson parler dans un français remarquablement mauvais au bout du corridor et ils eurent le temps de reprendre une apparence indifférente avant qu'il entre. Il s'excusa d'avoir été si long et, apercevant le collier de diamants, le saisit.

— J'allais le ranger, dit Diana.

La rivière qu'il faisait couler d'une main à l'autre scintillait, étincelante, et une infinité de minuscules reflets prismatiques couraient au plafond comme un essaim d'étoiles filantes.

— Oui, c'est cela, dit-il, je ne suis pas très content du fermoir et je voudrais l'écrin pour le transporter.

Diana quitta la pièce sans un mot, emportant le collier, et Johnson dit :

— J'ai vu le capitaine Aubrey cet après-midi : il a dit beaucoup de bien de vous, docteur Maturin, et nous nous sommes fort bien entendus. Il y a eu un malheureux malentendu avec les messieurs qui l'ont interrogé précédemment, mais cela s'est clarifié très vite. Je crois qu'ils étaient tout à fait sur la mauvaise piste et que cette affaire sera bientôt réglée. Le capitaine Aubrey est le modèle même de l'officier de marine britannique, de ceux qui ont appris leur métier à nos hommes. Mais il m'a étonné une ou deux fois : serait-il indiscret de vous demander qui peut être l'amiral Crichton auquel il vous compare ? Je ne me souviens pas d'avoir jamais entendu ce nom parmi les compagnons de Lord Nelson. Et qu'avait-il en tête en disant que Napoléon tuait le veau d'or en Russie ? Je n'ai pas voulu m'attarder, car il était vraiment très abattu et le docteur Choate a insisté pour que je ne le fatigue pas.

— Le Crichton en question est sans aucun doute l'Ecossais ingénieux d'il y a quelque deux siècles, qui parlait tant de langues et qu'on appelait l'Admirable en raison de son mérite : le capitaine Aubrey est depuis longtemps convaincu qu'il a servi dans la Royal Navy.

Quant au veau d'or, je ne peux que me hasarder à supposer quelque confusion entre l'erreur des tribus d'Israël et la poule de notre enfance, celle qui pondait des œufs d'or, la pauvre.

— Ah, je vois, je vois. Oui. Donc il voulait dire que Napoléon avait tort d'attaquer le tsar : c'est cela. Quelle est votre opinion, docteur Maturin ?

— Je sais vraiment fort peu de choses sur tout cela. J'espère simplement que ces massacres et ces destructions inutiles s'achèveront bientôt.

— Moi aussi, et de tout cœur, dit Johnson. Vous êtes un homme de paix, tout comme moi ; pourtant il me semble que s'il y avait simplement une meilleure compréhension entre les forces en présence — une meilleure connaissance des objectifs réels et du potentiel de chacun —, la paix viendrait beaucoup plus tôt. Et comme je l'ai observé il y a peu, nous autres Américains sommes regrettablement ignorants des finesses de la situation en Europe. Par exemple, c'est tout récemment que nous avons appris l'existence de différentes organisations parmi les Catalans du nord-est de l'Espagne qui sont déterminés à échapper à la domination de la Castille : nous avions supposé qu'il n'y en avait qu'une. Et puis, je pense bien entendu aux affaires de l'Irlande. Il y a tant de points de ce genre pour lesquels j'aimerais connaître votre avis.

— Je crains, monsieur, que l'avis d'un simple chirurgien de marine ne vous soit que de peu d'usage.

— Vous n'êtes pas exactement le plus simple des chirurgiens de marine, dit Johnson, l'air amusé. (Après une pause, il poursuivit :) Je sais quelque chose de vos publications, de votre réputation et de vos activités, de vos activités scientifiques. Et Louisa Wogan m'a parlé de votre affliction à la perspective d'une guerre entre les Etats-Unis et le Royaume-Uni, et de votre, disons, impatience devant la conduite du gouvernement anglais en Irlande. Mais même si vous n'étiez qu'un simple chirurgien de marine, vous êtes un Européen, un Européen qui a beaucoup voyagé, et votre conseil serait de valeur. Après tout, nos objectifs sont essentiellement les mêmes, la restauration d'une paix juste et durable.

— Je vous comprends parfaitement et j'ai beaucoup de sympathie pour ce que vous me dites, dit Stephen, mais je dois vous prier de m'excuser. En dépit de l'estime que je vous porte personnellement, monsieur, il me faut souligner que nous sommes techniquement en guerre et que si mon conseil était pour vous de la moindre valeur, j'apporterais en fait mon aide à l'ennemi, ce qui, vous en conviendrez, sonne de manière déplaisante. Je vous demande de m'excuser.

— Un homme de votre intelligence ne sera jamais prisonnier des mots, des mots d'homme de loi d'ailleurs. Non, non ; je vous en prie, réfléchissez à ce que je vous ai dit. C'est seulement sur des points sans aucun rapport avec la Navy que j'aimerais vous consulter.

— Nous savons de source très sûre qu'un homme ne peut servir deux maîtres, dit Stephen en souriant.

— Non, répondit Johnson en lui rendant son sourire, mais il peut servir une fin qui les transcende tous deux. Cher docteur, je n'accepte pas votre refus.

Il sonna.

— Demandez à ces messieurs d'entrer, dit-il à la servante, et à Stephen :

— Excusez-moi un instant. Je dois remettre une lettre à ces Français.

Dubreuil entra, suivi par la haute silhouette de Pontet-Canet. Stephen reconnut aussitôt Dubreuil — il avait passé suffisamment de temps à regarder l'homme entrer et sortir de l'ambassade, à Lisbonne, et à le surveiller de la fenêtre d'une servante en face du ministère à Paris — tout en étant à peu près certain que Dubreuil ne connaissait de lui qu'une description. Dubreuil s'inclina de loin, Stephen aussi. Pontet-Canet lui demanda comment il allait. Il n'y eut pas de présentations et les Français, ayant reçu une enveloppe, se retirèrent.

— Avez-vous remarqué cet homme ? demanda Johnson. Le plus petit, qui passe inaperçu ? Vous ne le croiriez pas, mais c'est l'être le plus diabolique qui soit. Ils avaient sur la frontière canadienne un agent qui avait cru plus profitable d'être payé par les deux côtés : ils l'ont amené ici et je ne tenterai pas de vous décrire ce qu'ils lui ont fait, bien que vous soyez médecin. La vision de ce corps, je peux vous l'assurer, m'a hanté pendant des semaines. Ils ont des principes que je ne saurais approuver, malgré leur possible efficacité, et c'était une violation flagrante de notre souveraineté ; mais en ces périodes critiques, nous ne pouvons être aussi rigoureux avec nos collègues français que je le souhaiterais. Quoi qu'il en soit, rencontrons-nous demain : il y a certaines formalités concernant l'échange du capitaine Aubrey que nous pouvons résoudre — je suis certain qu'il ne faut pas le tracasser dans son état lamentable — et, quand vous aurez dormi dessus, j'espère que vous ne verrez plus d'objection à ce que je vous consulte sur quelques points de politique purement européenne.

Chapitre sept

Stephen discernait bien les motifs de Johnson : ils étaient assez évidents, juste ciel, évidents et assez maladroits. L'homme n'était pas un artiste, bien qu'éviter de faire la moindre allusion à une récompense matérielle fût habile, et la mention de la Catalogne plus habile encore. Ce que Stephen ignorait, c'est quelles certitudes Johnson et Dubreuil possédaient. L'allusion aux Catalans aurait pu être lancée au hasard : un certain nombre de propos divers avaient été échangés après le dîner, avec parfois mention de régions tout à fait étrangères aux champs de bataille de Stephen, tels que Moscou, la Prusse et Vienne. Tout dépendrait de ce que Johnson avait appris de Jack.

Leur entretien avait plané dans son esprit tout au long de cet après-midi, parfois très présent, parfois à peine un fantôme inquiétant et froid à l'arrière-plan, derrière les paroles de Diana ; en se hâtant vers l'Asclepia, il revint sur le récit qu'en avait fait Johnson. Un récit authentique, sans aucun doute ; nul n'aurait pu inventer le veau d'or ou l'amiral fantôme. Les implications de cet amiral Crichton lui firent encore plus froid dans le dos, et il pressa le pas.

— Vous voici, Stephen, dit Jack, je suis heureux de vous voir. Vous ont-ils donné un dîner correct ? Nous avons eu un repas de carême, morue et haricots.

— Excellent, je crois. Oui, excellent, avec un remarquable hermitage. Diana vous envoie son affection.

— Voilà qui est aimable de sa part : effectivement,

nous sommes cousins, après tout. Et à présent, sachant où elle se trouve, je lui enverrai tous mes remerciements de sa bonté d'avoir écrit à Sophie. Son... je veux dire, Mr Johnson est venu me voir cet après-midi. Il semble qu'il soit un homme d'importance dans le gouvernement de ce pays : Choate était très impressionné.

— Comment vous êtes-vous entendu avec lui ?

— Etonnamment bien. Je suis resté d'abord assez réservé et distant mais il m'a expliqué que toute l'affaire était tombée entre les mauvaises mains : il avait étudié la question de ce brick, *Alice B. Sawyer,* et il a convenu que, les positions ne coïncidant pas, il était aberrant de dire que le *Leopard* l'avait obligé à mettre en panne — quelqu'un avait dû faire une erreur stupide quelque part dans le Département et il savait à qui s'adresser pour la redresser.

— A-t-il parlé de votre échange ?

— Pas particulièrement. Il semblait tenir pour acquis qu'une fois l'erreur redressée cela progresserait de la manière habituelle et je ne l'ai pas poussé. J'ai eu l'impression qu'il était trop grand homme pour s'occuper des détails. Non : après avoir résolu la question du brick, nous avons surtout parlé de Nelson — c'est un grand admirateur de Lord Nelson —, de la goélette qu'il a sur la Chesapeake, une de ces goélettes américaines rapides, me semble-t-il, qui serrent le vent de si près, et puis surtout de vous. Il a beaucoup d'estime pour le docteur Maturin.

— Vraiment ! .

— Oui, et il m'a dit tant de choses agréables sur vos oiseaux et votre savoir, votre latin et votre grec ; pour ne pas être en reste, j'ai ajouté que vous parlez le français comme un Français, et aussi l'espagnol et le catalan, sans même mentionner les langues bizarres que vous êtes allé chercher en Orient.

« Mon frère, dit Stephen intérieurement, vous m'avez peut-être bien perdu avec votre bonté. »

— Il se plaignait de n'être jamais parvenu à parler français, poursuivit Jack, et j'en ai fait autant ; nous nous sommes penchés un moment sur un papier que quelqu'un lui avait envoyé de Louisiane : sans me vanter, je peux dire que j'en ai tiré plus que lui. A propos, que veut dire *pong* ? (il griffonnait sur un morceau de papier).

— Je crois que c'est un paon.

— Pas un pont ?

Stephen nia de la tête.

— Ah bon. Tant pis. Nous traverserons ce paon quand nous l'aurons atteint. Il s'est montré curieux de savoir comment vous en étiez venu à parler catalan, cette langue peu courante ; mais sachant qu'il y a certaines choses que vous préférez garder secrètes, je me suis dit « Jack, *tace* est le nom latin de la bougie » et l'ai laissé dans l'ignorance. Je peux être diplomate, quand il le faut.

Il ne manquait plus que la diplomatie terrienne de Jack pour compléter l'image : rien n'aurait pu fixer plus efficacement l'attention de Johnson sur le détail utile à Dubreuil pour son identification. Par ailleurs, le seul Français connaissant les activités de Stephen en Catalogne, les connaissant de première main et le connaissant de vue, sinon de nom, ne raconterait plus jamais rien — comme l'aurait dit le cher Jack. Tout n'était pas perdu, loin de là : il pouvait encore, peut-être, rester le docteur S. Incog, simple ornithologue.

— Jack, dit-il, je vous suis fort obligé de votre bonne opinion, mais en principe, mon cher, vous devriez éviter de mettre en relief ce que vous avez la bonté d'appeler mes talents auprès des étrangers lorsque nous sommes dans d'autres pays ; cela pourrait les conduire à penser que je suis intelligent — même trop intelligent. Dans notre service, par contre, vous pouvez dire ce qu'il vous plaira : plus vous en direz, mieux cela vaudra.

— Grand Dieu, Stephen, s'écria Jack, ai-je eu tort ?

J'ai été diplomate, comme je vous l'ai dit, secret et muet comme... comme tout ce que vous voudrez nommer.

— Non, non. Je disais simplement cela d'une manière générale. Voyons, quelles sont les nouvelles de la mer aujourd'hui ?

— La *Shannon* a jeté un coup d'œil dans le port avant le petit déjeuner, comme je vous le disais quand vous êtes parti, et trouvant *President* et *Congress* sortis, elle a envoyé sa conserve, sans doute *Tenedos*, au large. Puis Evans est venu, amenant un de leurs officiers, Lawrence, qui avait le *Hornet* quand il a coulé notre *Peacock*. Il commande la *Chesapeake* à présent.

— Quel type d'homme est-ce ? Comme Bainbridge ?

— Non. Tout à fait différent, beaucoup plus ouvert et communicatif — plus jeune aussi : à peu près notre âge. Je l'ai beaucoup aimé. Pour vous dire la vérité, je l'aime beaucoup plus que Johnson, car bien que Johnson se soit montré civil à votre propos et très gentleman dans l'ensemble, il a un petit quelque chose qui ne me plaît pas beaucoup : ce n'est pas le genre d'homme avec lequel ou sous lequel j'aimerais servir, alors que je serais heureux de naviguer avec Lawrence. Il a apporté un message du jeune Mowett, pris avec le *Peacock* et blessé mais qui se remet à New York.

Ils parlèrent de Mowett, jeune homme très attachant à tendance littéraire, et Stephen récita certains de ses vers :

En tout point du navire le vaillant bosco vole,
Sa voix dans la tempête hurlant ses ordres rauques,
Rapide à diriger l'homme le moins habile,
A louer le meilleur, soutenir le timide :
Dans l'action le feu ardent coule en mes veines
Comme danse l'éclair sur le câble électrique.

— Quelle mémoire vous avez, dit Jack, comme un...

— Un éléphant ?

— Exactement. Ensuite, Mr Herapath a eu la bonté de venir et de rester un moment avec moi après avoir vu sa sœur. Il m'a dit quels tristes chiens sont les républicains, à peine meilleurs que les démocrates, et comment il a combattu pour le roi sous le général Burgoyne. C'est un homme merveilleux ; il a promis de revenir demain pour m'apporter... voici la *Shannon*, dit-il en attrapant sa lunette. Regardez, elle se dégage tout juste de la longue île. A présent, la barre dessous pour éviter le haut-fond. Il y a un méchant haut-fond juste au large de la pointe ; Herapath me l'a montré. Mais Broke connaît maintenant ce chenal comme la paume de sa main. Là : ils pèsent les écoutes et les amures — ils sont tous sur la pointe des pieds, à attendre les ordres —, joli ! Elle a viré dans sa longueur, agile comme un cotre. Elle est toute seule à présent, et n'a plus que la *Chesapeake* à surveiller du fait que la *Constitution* est désarmée ; inutile donc d'espérer l'envoi d'un signal.

— Pourquoi toute seule ? A deux, ils tiendraient sûrement mieux la *Chesapeake* au port.

— Tout est là ! s'exclama Jack. Broke ne veut pas qu'elle reste au port, j'en suis tout à fait sûr. Il veut qu'elle sorte ; elle ne sortira pas s'il y a deux frégates. Voilà pourquoi il a renvoyé *Tenedos* dès l'instant où il a vu que *President* et *Congress* étaient partis. Là ! Le petit hunier masqué sur le mât et la bonnette d'artimon carguée, un peu de marche arrière, à border partout, voilà qui est fait : très joliment...

Jack poursuivit son commentaire des manœuvres de la *Shannon* louvoyant dans le chenal serpentin, cependant que Stephen s'interrogeait : « Que dois-je lui dire ? » L'état physique de Jack était assez bon, mais Stephen ne souhaitait pas interrompre sa convalescence par une agitation mentale inutile ; il y avait aussi la longue habitude du secret, et puis encore l'incertitude concernant Dubreuil. Etait-il ici autre chose qu'un pion, avancé par Johnson pour son propre usage ?

Quant à Johnson, il était à peu près sûr de pouvoir en faire son affaire, bien que ce fût sans aucun doute un homme dangereux : Dubreuil était une autre paire de manches ; il avait souffert beaucoup, beaucoup plus des activités de Stephen.

Il n'était pas encore décidé quand la frégate atteignit la portée extrême des batteries américaines.

— Il met en panne, dit Jack. Voilà. Et voilà Philip Broke en tête de mât avec sa lunette, pour observer la *Chesapeake*. J'étais presque sûr de l'avoir reconnu ce matin et à présent, avec le soleil dans l'ouest, j'en suis tout à fait certain. Voulez-vous jeter un coup d'œil ?

Stephen ajusta la lunette et trouva la silhouette lointaine :

— Je ne le distingue absolument pas. Mais peut-être le connaissez-vous assez bien pour le reconnaître à grande distance ?

— Bien sûr, dit Jack. Je connais Philip Broke, gamin puis homme, depuis plus de vingt ans. Je vous ai certainement parlé de Philip Broke au moins vingt fois.

— Jamais. Et je ne l'ai jamais rencontré. Je suppose que c'est un bon marin ?

— Oh oui, oui, absolument, un marin remarquable. Penser que toutes ces années je ne vous ai jamais parlé de lui. Grand Dieu !

— Parlez-moi de lui, voulez-vous ? Il reste une bonne heure avant le souper.

Stephen n'avait pas très grande envie de tout savoir sur le capitaine Broke, mais il avait besoin, en arrière-plan, de la bonne voix ferme et profonde de Jack pendant que son esprit tournait sur lui-même, attendant l'éclair soudain qui lui dirait comment agir.

— Eh bien, dit Jack, Philip Broke et moi sommes à peu près cousins ; quand ma mère est morte, on m'a envoyé vivre à Broke Hall pendant quelque temps, une belle vieille maison du Suffolk. Leurs terres descendent jusqu'à l'Orwell, l'estuaire de l'Orwell, avant qu'elle se jette dans la Stour près de Harwich ; Philip et moi nous passions des heures dans la vase, à regarder les navires monter vers Ipswich ou redescendre avec la marée ; beaucoup de ces bateaux de la côte Est, vous savez, qui se débrouillent si bien à tirer des petits bords dans un chenal difficile, et puis des charbonniers, des barges de Londres et des Hollandais venus de l'autre côté de l'eau avec leurs dérives latérales et leur gros cul, doggers, schuyts et busses. Nous étions tous les deux acharnés à nous enfuir en mer, nous avons même essayé une fois mais le vieux Mr Broke nous a poursuivis en dog-cart, ramenés et fouettés à nous faire pleurer comme des chiots — il était très impartial. Nous avions tout de même une espèce de méchante barque avec une voile de lougre, presque trop lourde à hisser : la sale bête la plus contrariante qui ait jamais été sur l'eau ; malgré son poids épouvantable elle se retournait pour un rien. Je sauvais la vie de Philip deux ou trois fois par jour. Une fois j'ai dit qu'il devrait me donner un demi-penny à chaque sauvetage. Mais il a dit que non, si je pouvais nager et lui pas, c'était manifestement mon devoir de chrétien et de cousin de le sortir de l'eau, surtout que j'étais déjà mouillé : pourtant il a promis de prier pour moi. Oh, c'étaient des jours de bonheur ; cela vous aurait plu, Stephen : il y avait toutes sortes d'oiseaux à longues pattes sur la vase — nous les appelions tuc-tuc — et des butors qui mugissaient dans les roseaux, et ces, comment les appelez-vous, ces grands oiseaux blancs avec des becs à forme bizarre — des spatules — et l'autre espèce dont le bec se relève au bout, et il y avait un endroit sec sur la rive où se retrouvaient les chevaliers qui se battaient ou faisaient semblant, en étalant leur collerette comme des bonnettes. Et on ramassait des œufs de pluviers, à pleins seaux. Dieu sait combien de temps ça a duré mais ce fut comme une petite éternité, et c'était toujours l'été. Ensuite il est parti à l'école et moi je suis parti en mer.

« Nous nous sommes écrit trois ou quatre fois, ce qui est beaucoup pour des gamins, mais je ne suis pas un grand écrivailleur, comme vous savez, et nous avons perdu contact jusqu'à ce que je revienne des Antilles quand l'*Andromeda* a désarmé. J'ai appris qu'il n'avait pas pu supporter l'école, malgré son intérêt pour les livres, et qu'il les avait persuadés de l'envoyer à l'école navale de Portsmouth. Je n'avais évidemment pas envie qu'on me voie me promener avec un élève de l'Académie. »

— Etaient-ils de mauvaise compagnie ?

— Oh, je pense qu'ils étaient aussi méchants que leurs moyens le leur permettaient, à douze ou treize ans, mais ce n'était pas cela : ils étaient *inférieurs*. Nous les considérions comme une misérable bande de lourdauds et d'arrivistes, qui apprenaient la mer et les canons dans les livres et prétendaient se mettre au même niveau que nous, qui les apprenions en mer. Mais nous étions cousins, tout de même, aussi je l'ai conduit aux Blue Posts et je lui ai offert un bon dîner : j'avais sept guinées de part de prise dans ma poche et lui pas un sou — le vieux Mr Broke était généreux pour les grandes choses, mais terriblement radin de petit argent. Et nous sommes allés au théâtre, voir *Venise préservée* et puis un spectacle de choses étonnantes où il y avait la vipère de Cléopâtre, des puces qui tiraient un carrosse et, pour deux pence de plus, la vraie Vénus vivante, nue comme un ver. J'ai voulu le lui offrir, mais il a dit que non, que c'était immoral.

« Il a ensuite embarqué sur le *Bulldog*, capitaine Hope : il devait avoir quinze ou seize ans, très vieux pour partir en mer pour la première fois. Mais il a eu de la chance avec son capitaine, un marin de première classe et un ami de Nelson ; il l'a suivi sur l'*Eclair*, et je l'ai vu un peu en Méditerranée. Ensuite il l'a suivi sur *Romulus* et nous avons été compagnons de bord quelque temps, quand j'ai embarqué pour rentrer à la maison. A cette époque, je ne lui arrivais pas à la cheville en navigation ; la mienne était tout expérimentale, jusqu'à ce que j'en vienne à aimer les sections coniques, assez tard dans la vie, et à retrouver tout seul les théories. Ses talents de navigateur ne me surprenaient pas car il avait toujours su aussi bien ses mathématiques que son *hic haec hoc* ; mais j'ai été stupéfait de voir ce qu'il avait acquis en qualités marines. Nous avons tous deux passé lieutenant à peu près à la même époque, mais je ne l'ai pas revu avant Saint-Vincent, où il était troisième lieutenant du *Southampton*, et nous nous sommes fait signe au passage en formant la ligne. Après cela nous ne nous sommes plus rencontrés pendant des années, mais nous entendions parler l'un de l'autre, évidemment, par des amis communs : il est resté presque tout le temps en Manche et en mer du Nord, il est devenu capitaine de frégate sur ce vieux *Shark* pourri, une misérable barcasse à peine bonne pour escorter un convoi. Il a été nommé capitaine de vaisseau bien avant moi, son père étant un grand ami de Billy Pitt, mais n'a tout de même pas obtenu de navire et il est resté sur la plage pendant des années. Il m'a écrit une très jolie lettre après la prise du *Cacafuego* et m'a raconté qu'il entraînait ses paysans. Entretemps il s'était marié, pas très bien, je le crains. »

— La dame n'était-elle pas convenable ? Tant de marins prennent pour femme d'étranges traînées ou même des catins.

— Non, non, elle était parfaitement convenable sur ce plan : une dame de qualité, une parente, et une superbe dot, en plus — dix mille, je crois. Mais elle avait des vapeurs, voyez-vous, une pauvre chose chétive, toujours mal en point ; et par-dessus tout elle se croit toujours maltraitée, elle se plaint sans cesse. Je l'ai connue petite fille, et elle se plaignait tout le temps, elle perdait le souffle et tournait de l'œil. Je crains que cela ne lui pèse. Je suis sûr qu'il aurait été plus heureux avec une fille joyeuse, de bonne nature et sans un sou ; une femme qui se prend au sérieux et ne sait pas rire

— grand Dieu, cela doit lui peser. Je suis sûr que cela me pèserait. Je suis allé à Broke Hall peu après la naissance de leur premier garçon et je me suis étonné qu'il puisse le supporter ; mais il se comportait comme un de vos stoïques ; ou comme Prométhée sur son tonneau, comme on dit. Quoi qu'il en soit, il est reparti en mer dès qu'il l'a pu, après la paix, bien qu'il ait hérité d'une jolie propriété avec d'excellentes terres agricoles et la meilleure chasse à la perdrix de tout le pays : on lui a donné le cher vieux *Druid*, raccommodé, humide, inconfortable, encombré et si fragile qu'il avait fallu le doubler en sapin, mais quel bolide ! Je l'ai vu de mes yeux filer quatorze nœuds avec le vent par la hanche, sous perroquet, avec trois ris largués dans ses huniers et bonnettes hautes et basses. Mais il n'a jamais eu la chance de se distinguer, n'a jamais rencontré un Français à sa hauteur, et c'est une pitié car il n'existe aucun homme plus avide de gloire, ou qui se soit donné plus de mal pour l'atteindre — même le vieux Jarvie faisait compliment du bon ordre régnant à bord du *Druid*, bien que les Broke soient des tories et l'aient toujours été. Ensuite on lui a donné la *Shannon* toute neuve, construite au chantier de Brindley pour remplacer celle que Leveson Gower avait échouée près de La Hague. C'était en l'an six, et je suis monté à bord au mouillage du Nore. Vous étiez en Irlande à l'époque, je crois. Il venait tout juste de prendre son commandement et n'avait pas eu le temps de l'entraîner, mais elle semblait pleine de promesses et on m'a dit qu'elle est parfaitement réglée : il a toujours eu, c'est certain, les idées qu'il fallait en matière d'artillerie et de discipline.

« Je ne l'avais pas revu depuis ma visite à Broke Hall et je l'ai trouvé changé. Plus silencieux, assez triste ; je suis sûr que c'était son mariage. Il a toujours été religieux et il l'était devenu plus encore : mais pas un de vos capitaines à l'eau bénite, brûleurs de chandelles, chanteurs de psaumes et distributeurs de tracts et de cacao ; et il n'a jamais fait mine de tendre l'autre joue, du moins pas aux ennemis du roi. Cela se voyait à ses canons — il les avait équipés de viseurs à tangente, de sa poche — et aux tonnes de poudre et de boulets qu'il avait embarqués ; d'ailleurs il était réputé pour ses entreprises. Pas de combat retentissant, bien sûr, il n'en avait jamais eu l'occasion, mais coups de main et captures de corsaires à la douzaine. Toutefois il avait un petit côté puritain : pas de femmes à bord, suppression du tafia des jeunes messieurs à la moindre incartade, et pas de grivoiseries à sa table. »

— Je vous ai déjà vu supprimer le tafia des plus jeunes et vous avez horreur des femmes à bord : pourtant vous n'avez rien d'un puritain. Il est vrai que votre conversation avec les autres capitaines est assez grivoise et que vous chantez des chansons paillardes quand vous êtes ivre.

— Oui, dit Jack — laissant de côté ses chansons —, mais je le fais pour la discipline et l'ordre. Les jeunes gens ou les aspirants ivres sont une peste, et les querelles à propos de femmes peuvent bouleverser tout un équipage, en dehors de vider leurs poches — ce qui leur fait vendre leurs frusques et voler l'équipement du navire — et de ruiner leur santé, de sorte qu'on ne peut plus les envoyer dans les vergues ou leur faire tirer le canon. Broke le fait pour des raisons morales. Il déteste l'ivresse pour elle-même, et il déteste l'adultère et la fornication, car ce sont là trois péchés, non pas contre le navire, mais contre Dieu. Quand je parle des femmes, à propos, j'entends les femmes communes, les hordes qui se précipitent dans tous les canots dès qu'un navire arrive.

— Cela, je ne l'ai jamais vu.

Jack sourit. Il y avait bien des choses dans la Navy que Stephen n'avait jamais vues.

— Non, je ne pense pas, car vous n'avez navigué qu'avec moi, et je ne le supporte pas sur les navires que je commande. Mais vous avez certainement remarqué les essaims de canots, les hordes de putains autour de tout vaisseau de guerre au port ?

— Je supposais qu'il s'agissait de visiteuses.

— Certaines le sont. Les femmes et les familles des hommes, ou leurs bonnes amies, mais la plupart sont des putains, deux ou trois cents putains à la fois, quelquefois plus de putains que d'hommes, et elles couchent avec le quart en bas, se glissant dans tous les hamacs, partageant leurs vivres et prenant leur argent jusqu'à ce que le navire appareille. C'est une vision étonnante que toute cette copulation — car il n'y a pas le moindre écran, comme vous savez —, et assez peu plaisante pour les véritables épouses et les enfants des hommes mariés. La plupart des capitaines l'autorisent, à condition que l'on fouille les femmes pour qu'elles n'apportent pas d'alcool : ils disent que c'est bon pour l'équipage. Et bon nombre d'officiers et d'aspirants invitent aussi des filles. Quand j'étais gamin, je me souviens que le carré et le poste des aspirants du vieux *Reso* en étaient pleins à chaque escale, et on vous considérait comme un misérable méprisable et un affreux rabat-joie quand on n'avait pas une catin. Cela ouvre les yeux d'un jeune homme, je peux vous le dire.

Le souper vint, un plat de morue, et Maurya dit :

— Eh quoi, docteur, monsieur, je croyais que vous étiez dans votre chambre, j'allais vous apporter votre plateau là-bas. Est-ce que le monsieur vous a trouvé, donc ?

— De quel monsieur s'agit-il, ma chère ?

— Le monsieur étranger à qui j'ai dit de monter, j'étais si occupée avec les pots. Il doit être encore assis là-bas, le pauvre.

— Je vais aller voir, dit Stephen.

Le monsieur n'était plus assis là-bas mais il avait occupé son temps en fouillant dans les papiers de Stephen : c'était fort bien fait, à peine discernable pour un œil sans méfiance, si ce n'est que le talent professionnel du monsieur n'allait pas jusqu'à refaire un lit avec la précision de deux infirmières, de sorte qu'il restait une vilaine bosse là où il avait fouillé sous le matelas. Mais de toute façon l'œil de Stephen était méfiant ; il s'arrêta à la netteté peu naturelle des notes médicales sur la table et à la disposition nouvelle des livres empruntés.

— Jack, dit-il, quand ils eurent terminé leur morue, les choses ne vont pas tout à fait comme je le voudrais. A un moment on vous a soupçonné de faire partie des services d'intelligence, à présent c'est moi que l'on soupçonne. Je ne pense pas que les Américains agiront sans preuves, et il n'y a pas de preuves. Mais il y a des agents français en Amérique — l'un d'eux vient de fouiller ma chambre — et avec eux c'est tout différent. Il n'est pas impossible que la situation se gâte.

— Mais ils ne peuvent sûrement rien vous faire aux Etats-Unis ? Nous ne sommes pas en Espagne.

— Peut-être pas : pourtant j'ai le soupçon qu'ils risquent d'essayer et j'ai l'intention de prendre mes précautions. Quand Mr Herapath viendra demain, donnez-lui s'il vous plaît cette note : quand il l'aura lue, reprenez-la et mettez-la dans le feu. Elle lui dit que je pense que d'autres réunions entre lui et moi seraient inopportunes pour le moment et lui demande de nous procurer une paire de pistolets de poche. Pensez-vous qu'il le fera, Jack ?

— Oui, dit Jack, je le crois. Si seulement je peux mentionner les Français. Il déteste les Français autant que moi.

— Faites-y allusion, alors ; juste une allusion diplomatique, rien de plus. (Herapath n'était pas Johnson, de très loin.) J'ai déjà demandé au portier de ne laisser entrer aucun homme qu'il ne connaisse pas, et j'ai emprunté ceci au coffre à instruments de Mr Choate.

Il sortit de son mouchoir, qui l'enveloppait, un couteau à forte poignée et brève lame à double tranchant.

— Nous nous en servons pour les amputations, dit-il.

— Il n'a pas l'air très grand, dit Jack.

— Dieu vous garde, Jack, un pouce d'acier au bon endroit fait des merveilles. L'homme est une machine pitoyablement fragile, dit Stephen, regardant attentivement le visage de Jack : il avait peut-être eu tort de parler, la fièvre semblait revenir. Et bien des gens ont été tués avec un simple bistouri, bien que pas toujours exprès. Mais considérez simplement ce que je viens de dire comme une déclaration de méfiance. Nous devons prendre des mesures pour nous prémunir même contre les plus fortes improbabilités ; et une paire de pistolets de poche est toujours utile.

Le soupçon, vif tout au long de la nuit et de la matinée, se renforça excessivement lorsque Stephen traversa la petite ville pour aller à son rendez-vous avec Johnson. Il vit venir vers lui, de l'autre côté de la rue principale animée, Louisa Wogan : son œil fut attiré vers elle par les têtes des hommes qui se retournaient à son passage et il remarqua que deux de ses admirateurs étaient des lieutenants de la Royal Navy, prisonniers, et plaisamment nommés Abel et Keyne. Elle l'aperçut quelques instants après, lui lança un regard bizarre, difficile à interpréter, mais chargé à la fois d'inquiétude, de crainte et d'hostilité, et s'engouffra dans la plus proche boutique, un marchand de tabac.

« Merci, ma chère », dit Stephen. Il lui lança un baiser et poursuivit sa route, suivant les marins à une trentaine de yards. Il remarqua qu'ils faisaient de gais moulinets avec leur canne et saluaient leurs connaissances.

Des voitures de toutes sortes déposaient ou prenaient des clients devant l'hôtel Franchon, ou attendaient, et de l'une d'elles, un peu avant qu'il parvînt à sa hauteur, il vit sauter Pontet-Canet, regardant de tous côtés, l'air farouche et réclamant un docteur. Voyant Stephen il courut vers lui, s'écria : « Vite, docteur Maturin — la dame a une crise — là, dans la voiture — du sang, du sang ! » Il le prit par le bras, l'attirant vers la portière ouverte. Deux hommes en sautèrent, deux autres jaillirent du porche de l'hôtel. Ils l'entouraient, le pressaient de toutes parts, et Pontet-Canet ne cessait de crier : « Dépêchez-vous, venez vite, vite, vite ! » Mots rapides murmurés tout bas en français : « L'autre bras ; assommez-le vite ; par le cou ; jetez-le dedans. »

Stephen se jeta en arrière de toute sa force et se laissa choir au sol, hurlant et clamant : « Arrêtez-les, au voleur, au voleur ! Abel et Keyne, au secours, au secours ! » Il faisait un bruit infernal, se débattait, saisissait bras et jambes. Il mit un homme à terre et le mordit à le faire crier ; ils le soulevèrent à bras-le-corps, mais il était trop tard. Tout le monde criait, il y avait une foule, Abel et Keyne jouaient de la canne, et lui ne cessait de hurler : « Au voleur, arrêtez-les ! » L'anglais de Pontet-Canet lui fit défaut. Son « Lui voleur » manquait de conviction. La foule devenait hostile. Les Français s'entassèrent à une vitesse extraordinaire dans la voiture qui partit en trombe, suivie de cris furieux.

— Etes-vous blessé, monsieur ? demanda Abel en l'aidant à se remettre sur pied.

— Vous ont-ils volé, monsieur ? demanda Keyne en l'époussetant.

— Tout va bien, je vous remercie, dit Stephen. Soyez aimables de me prêter une épingle. Ces voyous ont déchiré mon habit.

— Je suis heureux d'avoir brisé ma canne sur la tête du plus gros, dit Keyne.

— Comme je suis heureux de vous voir, dit Johnson, quand on introduisit Stephen.

Stephen était pâle et tremblait de rage, mais il avait l'esprit vif et clair : il jouerait le rôle du citoyen outragé.

— Mr Johnson, monsieur, s'écria-t-il, je veux déposer une plainte officielle de la plus grande gravité. Je viens d'être agressé dans la rue, devant cet hôtel, devant votre hôtel, monsieur, par une bande de voyous, des Français, conduits par Pontet-Canet. Ils ont tenté de m'enlever, de me forcer à monter dans une voiture. Je déposerai la même plainte auprès de l'agent britannique pour les prisonniers de guerre à la première heure demain matin. Je demande la protection des lois de votre pays et la sécurité des personnes accordée universellement aux officiers prisonniers. Je demande que Pontet-Canet soit livré à la justice et ses auxiliaires identifiés et punis ; et dès que j'aurai vu l'agent, il présentera la même demande au plus haut niveau officiel.

Johnson se montra infiniment soucieux. Il supplia le docteur Maturin de s'étendre sur le canapé, de prendre un peu de cognac ou du moins un verre d'eau. Il regrettait infiniment cet incident, il ferait sans aucun doute les représentations les plus fermes aux chefs du Français.

Jouant toujours celui qui vient de recevoir la plainte d'un citoyen outragé, il parla en termes généraux pendant un temps considérable, sans rien dire, avec l'expérience aisée d'un politicien : l'iniquité déplorable de telles procédures, les terribles conséquences de la guerre, les avantages de la paix, d'une paix juste et durable. Stephen le regardait parler, et s'il était en mesure de contrôler son impatience devant ce flux sans intérêt, et sa colère après cette attaque imbécile, il n'était pas vraiment maître de ses yeux : leur regard pâle, fixe, un peu reptilien, rendait Johnson nerveux, le déconcertait. Il mit fin à son discours par une conclusion boiteuse, se leva, fit un tour ou deux dans la pièce, ouvrit la fenêtre et pria les ouvriers sur le balcon de faire moins de vacarme puis, retrouvant son aplomb, poursuivit sur un ton tout différent. Parlant en confidence, d'homme à homme, il demanda au docteur Maturin de considérer la difficulté de sa position ; il n'était qu'un petit rouage dans une très grande machine et si en temps de guerre ses supérieurs jugeaient bon d'accorder aux agents français une plus grande liberté, de leur laisser les mains plus libres qu'il ne le jugeait, quant à lui, conforme à la souveraineté nationale, il ne pouvait rien faire de plus que protester. Et la réponse serait sans aucun doute que l'objectif était la réciprocité, que les agents américains dans les territoires gouvernés par les Français se verraient tacitement accorder une liberté égale.

— Par ailleurs, dit-il, je peux sans aucun doute protéger mes propres agents : de cela vous pouvez être absolument certain. Je vous supplie donc pour votre sécurité de m'autoriser à vous recruter comme conseiller... qu'est-ce que c'est ? s'écria-t-il en réponse à un coup frappé à la porte.

— La voiture cst à la portc, monsieur, dit un valet, et Mr Michael Herapath attend toujours.

— Je ne peux pas le voir maintenant, dit Johnson, prenant sur son bureau une liasse d'épreuves d'imprimerie. Donnez-lui ceci et dites-lui que j'espère le voir après-demain. Non : un instant. Je les lui donnerai moi-même en partant. (La porte se referma et il poursuivit :) A vous recruter en tant que conseiller, disons pour les affaires catalanes. Le strict minimum, un bref aide-mémoire sur la situation dans ce pays, l'arrière-plan historique suffirait ; juste assez pour satisfaire la conscience de Mr le Secrétaire. Je n'insisterai pas maintenant ; vous êtes troublé et, j'ose dire, très en colère. Mais je vous supplie d'y penser le plus sérieusement du monde et de me donner votre réponse à mon retour, après-demain. Jusque-là, je vous garantis qu'il n'y aura pas de répétition de l'incident de ce matin. Et à présent, si vous le permettez, je vais vous appeler une voiture. Quoique, j'y pense, Herapath soit en bas, si vous préférez repartir avec lui : vous ne devriez certainement pas rentrer seul après un tel désagrément.

A moins que Michael Herapath fût un monstre absolu de duplicité, il ignorait tout de l'affaire ; et Stephen connaissait le jeune homme depuis assez longtemps et suffisamment bien pour être sûr qu'il n'était pas un monstre d'une espèce quelconque, sauf peut-être d'érudition. En route il bavarda avec enthousiasme du changement d'attitude de son père à l'égard de l'école de médecine, qu'il pensait devoir à la grande bonté du docteur Maturin, et de ses futures études ; il parla avec encore plus d'enthousiasme de son livre, montra quelques pages, s'extasia sur le caractère, admira avec des yeux pleins d'amour la page de titre et, debout dans la foule, lut quelques passages à haute voix.

— Voici une version, mon cher monsieur, dont je me flatte que vous ne la désapprouverez pas totalement :

Fleur : est-ce une fleur ?
Brume : est-ce une brume ?
Elle vient à minuit
Elle part avec l'aube
Elle est là : douceur d'un printemps qui passe
Elle est partie : brume du matin — pas de trace.

Stephen l'écouta gravement et l'applaudit.

— Cela résume assez bien les rapports habituels entre les sexes. Chacun tend à vénérer un être de sa création. Les femmes attendent souvent que les oranges poussent sur les pommiers et les hommes cherchent la concordance avec un idéal purement imaginaire : si souvent, la femme se révèle n'être rien d'autre que brume matinale. Lentement il poussait Herapath, parfois d'une centaine de yards entre deux poèmes. Au cours d'un intervalle décent, il demanda des nouvelles de Caroline, qui allait très bien, en dehors de quelques rougeurs, et de Mrs Wogan, qui était un peu patraque, renfrognée et sans appétit ; mais elle serait bientôt guérie par la vue de ces épreuves. Parlant de médecin à médecin, Herapath proposa une explication physique pour cet état d'esprit et de corps ;

à partir de là ils en vinrent à discuter des livres qu'il devait lire.

— Mais plus que tout livre, dit Stephen, je vous recommande très vivement un cadavre privé. Les cadavres d'école, bousculés et malmenés, les têtes, pièces et morceaux plus ou moins bien conservés par la femme du portier suffisent pour les tâches grossières ; mais pour les travaux délicats, rien ne vaut un bon cadavre privé, bien frais, de préférence un pauvre, pour éviter la graisse, conservé avec amour dans le meilleur esprit de vin, raffiné deux fois. Ce sont là d'éloquents volumes — *nocturna versate manu, versate diurna* — qui valent toute une bibliothèque imprimée. Voici votre père, de l'autre côté de la rue. Je suis sûr qu'il vous aidera à vous procurer un cadavre : c'est un homme méritant. Ne voyez-vous pas votre père, Mr Herapath ?

Ils approchaient de l'Asclepia d'où le vieux monsieur sortait, portant un panier ; mais Michael Herapath était avec son livre dans un si plaisant émoi d'esprit qu'il l'aperçut seulement quand, en réponse au salut de Stephen, il fit de loin une courbette. En même temps il jetait à Stephen un regard significatif, posait son doigt sur les lèvres et, sans pour autant le faire, donnait l'impression de marcher sur la pointe des pieds — une impression générale de savoir et de discrétion.

— Il porte un panier, observa son fils. Il a dû apporter des crabes mous à tante Putnam.

— Ne devriez-vous pas le soulager de son fardeau ? dit Stephen. L'intérêt bien compris, autant que la piété filiale, le demande. Bonne journée à vous, et je vous remercie de votre compagnie.

— Jack, dit-il, comment allez-vous ?

— A merveille, à merveille — mais qu'est-ce que cela, Stephen ? Avez-vous eu des ennuis ?

— Pontet-Canet s'est efforcé de m'obliger à monter dans une voiture ; Abel et Keyne sont venus à ma rescousse. Cela n'a rien été. Dites-moi, comment Mr Herapath a-t-il répondu à ma requête ?

— Allez-vous tout à fait bien, Stephen ? Pas de blessure ?

— Tout à fait bien, je vous remercie. Mon habit est déchiré mais je l'ai arrangé avec une épingle. Qu'a dit l'ami Herapath ?

— Il a parlé comme un ami, un bon ami ; il a maudit les Français et leurs œuvres, est sorti aussitôt et revenu avec ceci dans un panier. (Jack se pencha et attrapa un coffret de pistolets avec leurs accessoires.) Voici. Faits à Londres, du meilleur Joe Manton. La plus jolie paire que l'on puisse souhaiter. Je joue avec depuis une demi-heure, pour bien ajuster les pierres. Voulez-vous me donner votre habit, dit-il, se penchant à nouveau pour attraper sa trousse. Ce n'est que la poche à recoudre.

— J'admire la manière dont vous autres marins savez coudre, dit Stephen en l'observant.

— Nous ferions de fameux épouvantails si nous devions attendre que les femmes le fassent pour nous, dit Jack en s'activant de l'aiguille. Etant gamin j'étais sur le *Goliath,* qui portait la marque de l'amiral Harvey et l'enseigne bleue au grand mât, et nous devions être particulièrement élégants : bottes hautes, culottes blanches, chapeaux à dentelles, bas noirs ; et quiconque échouait à l'inspection de l'amiral devait prendre un quart sur deux. Quatre heures de sommeil à la fois seulement, c'est très dur quand on est petit, aussi étions-nous habiles à l'aiguille et au noir à bottes. Mais là où j'ai vraiment appris à coudre, c'est sur *Resolution,* quand le capitaine Douglas m'a renvoyé devant le mât, comme je crois vous l'avoir dit.

— Je m'en souviens. Vous êtes redevenu simple matelot pendant quelque temps, pour vous guérir de votre lubricité. Etrange notion, d'après ce que vous m'avez dit des femmes sur le pont inférieur ; mais cela a peut-être eu quelque effet ?

— Cela eut l'effet de me permettre de me faire une tenue de temps chaud. Je ne parlerai pas des réparations à l'habit d'un ami, car cela manquerait de générosité. On nous distribuait tant de yards de toile, et nous cousions pendant notre quart de repos ; ce n'étaient pas non plus des habits ordinaires, d'ailleurs, car nous étions un navire très chic — la moitié de l'équipage se piquait d'élégance —, et nous, les gabiers de la bordée tribord, nous cousions des rubans bleus dans les coutures pour la chapelle et l'inspection. Et puis j'ai été aide-voilier aussi, ce qui m'en a appris bien plus, y compris l'utilisation de ma main gauche, comme vous voyez. Dites-moi, Stephen, poursuivit-il d'un ton bien différent, comment voyez-vous la situation actuelle et que pensez-vous que nous devions faire ?

— La situation ? Eh bien, je crois que les Français m'ont repéré. Vous savez que de mon côté je leur ai fait tout le mal que j'ai pu, et j'imagine qu'ils me tueront pour cela si jamais ils y parviennent. Par ailleurs, je pense que Johnson peut me protéger.

— A cause de votre amitié avec Diana ?

— Pas du tout ; je crois qu'il ne sait rien de sa nature réelle : connaissance de longue date, rien de plus pour lui. Et s'il le savait, cela n'arrangerait rien. Ils ne sont pas bien ensemble. Elle le hait en tant qu'homme et en tant qu'ennemi : Diana est très patriote, Jack ; elle ressent très durement nos revers.

— Bien entendu, dit Jack d'une voix sombre, comme toute personne ayant la moindre fierté.

— Elle souhaite le quitter et quitter l'Amérique. Je lui ai proposé de m'épouser, de retrouver sa nationalité et de repartir avec nous quand nous serons échangés. Si Johnson le savait, ou bien il me provoquerait en duel, car c'est un homme très jaloux et qui souhaite conserver ce que je décrirais comme un harem — ce sont de grands duellistes que les hommes des Etats sudistes et il s'est battu souvent —, ou bien il me jetterait aux Français.

Jack jugea préférable de ne faire aucune remarque sur la proposition de mariage de Stephen, bien que sa consternation fût visible à l'œil averti. Il reprit :

— Il vous protégerait donc par amitié, et parce que c'est chose convenable ?

— Pas du tout. C'est un homme important dans les services de renseignement américains et son amitié n'entre pas en ligne de compte : non, il pense pouvoir obtenir de moi certaines informations ; et si je ne me trompe pas, il suppose qu'à partir de très peu je pourrais être conduit, par différentes formes de pression, à en donner plus et plus encore jusqu'à ce qu'enfin ils me retournent entièrement. C'est une pratique courante. Je l'ai souvent vu réussir. Mais je n'ai pas l'intention d'être partie prenante, même aux premières étapes du processus. Il m'a donné jusqu'à lundi pour me décider, j'ai l'intention d'utiliser ce temps. Il me semble que notre sécurité est dans le bruit. Je verrai notre agent pour les prisonniers de guerre, je parlerai à toutes nos connaissances, prisonniers ou autres, à tous les consuls étrangers de cette ville, peut-être aux autorités civiles et aux rédacteurs des journaux fédéralistes. Les opérations clandestines de cette sorte doivent se faire en silence : le bruit est la mort des services secrets, par-dessus tout dans une ville comme celle-ci, possédant une opinion publique active et bruyante, dont une bonne partie est fortement opposée à la guerre, et j'ai l'intention de faire tout le bruit public que je pourrai, exactement comme je me suis couché dans la rue en criant et hurlant jusqu'à ce qu'une foule se rassemble quand Pontet-Canet s'en est pris à moi. Je pense que cela fonctionnera aussi dans ce cas ; et que, les charges fumeuses contre vous ayant été abandonnées, l'échange se déroulera de la manière habituelle. Voilà comment je passerai la journée de demain et une partie de lundi.

— Combien j'espère que vous avez raison, dit Jack,

mais que feront entre-temps ces Français assoiffés de sang ?

— Johnson m'a donné l'assurance qu'ils ne bougeront pas avant notre prochaine rencontre : ils ne sont pas dans leur propre pays, après tout. Il les brandit audessus de moi comme une menace, voyez-vous, pour m'obliger à acquiescer. Nous pouvons raisonnablement nous fier à ses assurances, car il n'a pas l'intention de sacrifier un agent potentiellement valable pour contenter la soif de vengeance de Dubreuil. Il est dans son intérêt de me protéger jusqu'à notre rencontre finale de lundi ; après cela nous pourrons rester ici, sans bouger, protégés par le bruit public que j'aurai fait. Et si, par le plus improbable des hasards, les Français faisaient une tentative contre moi ici, nous pouvons à présent nous défendre.

Jack coupa le fil et rendit l'habit réparé ; il regarda par la fenêtre, où les huniers de la *Shannon* scintillaient dans la lumière du soir, et dit :

— Dieu tout-puissant, comme je voudrais pouvoir vous tirer de ce sale pétrin, sinistre, sournois ; comme je voudrais être en pleine mer.

L'aube du dimanche ne se leva pas du tout. Le brouillard qui s'était formé dans la nuit devint simplement un peu plus clair et plus visible, en bancs mouvants le long des quais, en tourbillons silencieux aux angles des rues, animés par un courant d'air. La légère augmentation de la lumière ne suffisant pas à réveiller le docteur Maturin, les deux infirmières avec lesquelles il s'était entendu pour aller à une messe précoce furent obligées de cogner sur sa porte pour le tirer du lit.

Il s'habilla en toute hâte, mais le prêtre était tout de même à l'autel quand ils atteignirent l'obscure chapelle au fond d'un petit passage et se glissèrent dans le parfum terriblement évocateur de l'encens. Suivit un interlude sur un plan tout à fait différent : entouré des mots anciens et familiers, toujours les mêmes, quel que fût le pays (bien que prononcés ici dans un lourd latin de Munster), il se libéra du temps et de la géographie. Il aurait pu ressortir, tout gamin, dans les rues de Barcelone, d'un blanc éclatant sous le soleil, ou celles de Dublin voilées d'une douce bruine. Il pria comme il avait prié si longtemps pour Diana, mais avant même que le prêtre ne les eût bénis, la nature transformée de ses paroles intérieures le ramena au présent immédiat et à Boston : s'il avait été homme à pleurer, son visage se fût couvert de larmes.

C'est simplement avec des yeux secs et brûlants, la gorge serrée, qu'il attendit le prêtre à la sortie de la sacristie. Il lui expliqua qu'il était prisonnier de guerre, qu'il serait probablement échangé sous quelques jours, qu'il souhaitait se marier avant son voyage et que dès qu'il le pourrait il indiquerait au père Costello le jour et l'heure, car la cérémonie devrait être effectuée très rapidement.

Il quitta ensuite la chapelle embrumée, éclairée de bougies, pour le brouillard froid extérieur et réfléchit un moment. Il ne servirait à rien de rendre visite à Diana à cette heure car elle restait souvent couchée jusqu'à midi, mais il y avait bien d'autres choses à faire. La première serait peut-être de voir Mr Andrews, l'agent britannique pour les prisonniers de guerre : Stephen savait où il vivait et, prenant ses repères sur la forme vague d'une tour d'horloge, il s'élança. Il connaissait assez bien la ville et se sentait assuré de couper bientôt la rue où se situait l'hôtel Franchon ; la maison de l'agent n'était pas très loin de l'hôtel, à peu près deux cents yards derrière. Mais la large rue n'apparut pas ; au lieu de cela il se retrouva au port, avec à ses pieds la mer beaucoup plus large, qui se perdait dans la grisaille : marée haute, et pas une ride. Les quais mouillés étaient vides ; des gouttes tombaient des vergues et du gréement des navires amarrés là ; pas un bruit, sauf celui des pas de quelques chevaux et le plouf lointain des avirons des rares Bostoniens qui avaient célébré le sabbat le samedi ou ne le célébraient pas, et partaient à la pêche. Les jours ordinaires, il y avait beaucoup de ces petits bateaux ; la *Shannon* ne les dérangeait pas mais achetait régulièrement leurs paniers de homards, lieus, colins et flétans.

Enfin, il trouva un nègre au bord de l'eau, mais le nègre était un étranger dans ce quartier ; ensemble ils s'en allèrent à la recherche de la rue qui descendait tout droit jusqu'au port lui-même. Pas de rue : rien que de mauvais pavés, des flaques, de sombres entrepôts et le brouillard qui les encerclait ; à un moment, Stephen pensa qu'ils ne tarderaient pas à atteindre la campagne. Mais finalement une lumière apparut, une rangée de fenêtres éclairées.

— Frappons, dit-il et demandons notre chemin. Nous sommes peut-être tout à fait hors de la ville.

Avant d'avoir eu le temps de frapper, il s'aperçut qu'il connaissait l'endroit : le brouillard en effaçait l'environnement et modifiait la perspective, mais c'était la taverne où il avait rencontré Mr Herapath et ses amis. L'endroit était ouvert et quand il poussa la porte un flot rectangulaire de lumière orange éclaira le brouillard.

— Entrez et venez boire une tasse de café, ami, dit-il à son compagnon.

— Mais je suis un négro, monsieur, un homme noir, dit-il.

— Ce n'est pas un crime très abominable.

— Oh, mon frère, on voit bien que tu n'es pas d'ici, dit le nègre en riant, et il s'évanouit dans le brouillard, toujours riant.

Quand Stephen sortit en s'essuyant les lèvres il faisait un peu plus clair et parfois l'on apercevait la boule rouge du soleil. La géographie, du moins, était plus évidente ; il se dirigea d'un pas vif vers ce qu'il appelait en lui-même la Rambla, qu'il remonta jusqu'à l'hôtel. Il y avait quelque activité à l'intérieur, mais pour autant qu'il pût le voir, les fenêtres de Diana étaient encore aveugles : pas de lumière derrière le balcon tout au long du premier étage. De l'hôtel il prit d'abord une rue latérale où chantait un coq désorienté, puis une autre peuplée de cochons fantomatiques ; mais pas seulement de cochons. Il dépassa une couple d'hommes traînant dans une embrasure de porte et une interminable famille chargée de livres de prières. En approchant de la maison de Mr Andrews il vit une forme sombre, vague, qui bientôt se définit en une voiture. Devant elle, quatre chevaux fumaient gentiment à travers leurs couvertures. Une voiture noire : la voiture de Pontet-Canet. Pas de lumière dans les fenêtres d'Andrews, ni dans la demi-lune au-dessus de sa porte.

Délibérément il commença à traverser la rue, mais une tête à la fenêtre de la voiture s'écria « *Le voilà !* », les portières s'ouvrirent et des hommes sortirent en nombre. Stephen fit demi-tour et partit en courant. Un cochon en travers de sa route faillit bien le faire tomber ; en reprenant son équilibre, il entendit un coup de sifflet derrière lui et vit les deux hommes quitter leur embrasure. Ils couraient pour bloquer les deux rues latérales et tous deux avaient sorti leur pistolet. La famille nombreuse était entre eux et lui : représentait-elle une foule, un groupe assez nombreux ? Non point. Stephen était parmi eux, le visage outragé de la mère se tournant vers lui quand il bouscula ses fils, mais au même instant l'homme à sa gauche leva son arme et tira, blessant un enfant à ses côtés. Après une pause infinitésimale de stupeur, l'homme de la famille se jeta sur lui comme un tigre, canne brandie, et Stephen passa en courant à gauche des combattants. Les troupeaux de cochons, les hurlements d'enfants retardèrent l'homme de droite et ceux de la voiture : Stephen avait une longueur d'avance, mais il avait aussi un terrible point de côté. Tout en courant laborieusement il regardait à droite et à gauche, cherchant une maison éclairée, une église, une taverne, et cherchant en vain, car c'était un quartier commercial : lugubres entrepôts aux grues dépassant des étages supérieurs, bureaux fermés, boutiques fermées et le bruit de course de plus en plus fort derrière lui. Un terrain vague encombré d'herbes folles — une porcherie improvisée. Il se glissa entre les planches disparates et s'accroupit près d'une truie gravide, proche de son terme, craintive sur sa litière changée pour la mise bas. Plié en deux pour calmer son point de côté, il chercha autour de lui l'habitation de l'homme qui avait apporté la paille : pas de cottage, pas de maison, rien que des murs sinistres sur les trois côtés, et pas de sortie. Dans quelques instants, quand ils verraient qu'il avait disparu, son refuge se transformerait en piège désespéré ; et le brouillard se dispersait, poussé çà et là par une légère brise.

Le point de côté avait disparu. Il se rapprocha de la palissade, mais déjà deux hommes revenaient en courant. Il s'accroupit dans les orties, pistolet en main, une expression très méchante sur le visage. Ils passèrent. Il se glissa dehors et partit en courant derrière eux, d'un pas allègre et bondissant. Il dépassa un gamin nu-pieds : le coin ne pouvait être loin. Mais il y avait un bruit de course, un homme seul, derrière lui, et bien qu'il courût le plus vite possible, au risque de rattraper ceux qui le précédaient, les pas derrière lui étaient encore plus rapides. Plus près, plus près, il entendait le souffle court ; il sentait le pistolet pointé. Plus près encore : l'homme était à ses côtés, un Indien, un demi-caste, qui le regardait, un visage sombre, interrogateur, qu'il n'avait jamais vu, et le coin apparaissait dans le brouillard. « *Vite, vite* », s'écria Stephen d'un croassement essoufflé, « *à gauche. Tu l'attraperas.* »

L'homme acquiesça, accéléra, tourna le coin à une vitesse effrayante : le brouillard l'avala. Stephen tourna à droite puis à gauche et retrouva la voiture : toujours aucune lumière dans la maison d'Andrews, et des cris derrière et devant lui car l'un des groupes avait fait le tour complet. Les portes de la voiture étaient ouvertes, personne à l'intérieur que le cocher, forme vague sur son siège. Lançant « *Allez, allez* », Stephen courut à la voiture, claqua la porte, sauta sur le siège, appuya son pistolet armé sur la tête du cocher et lui dit « *Fouette* ». Le cocher changea de couleur, saisit les rênes, cria « *Arré* » et fit claquer son fouet. Les chevaux s'élancèrent, la voiture démarra, plus vite, plus vite, toujours plus vite. « *Fouette, fouette* », dit Stephen, et le cocher joua du fouet. Le premier groupe d'hommes, avec le grand Pontet-Canet, apparut devant et s'éparpilla en travers de la rue en saisissant la situation : « *Fouette toujours* », dit Stephen, appuyant le pistolet dans le cou du cocher. Ils foncèrent tout droit entre les hommes ; la rue latérale conduisant à la grande rue principale apparut. *« A gauche. A gauche, je te dis.* » Le cocher freina ses chevaux pour tourner le coin : les poursuivants gagnaient. La voiture avait viré, violemment agitée sur ses ressorts ; la grande rue était droit devant. « *A droite* », dit Stephen, car ce virage leur permettrait d'accélérer, de descendre au galop la rue jusqu'au port. Le cocher se redressa pour tirer sur les rênes et faire tourner ses chevaux : le pistolet bougea quand Stephen s'arc-bouta pour le virage, et d'un furieux coup de hanche le cocher le jeta à terre.

Il fut debout comme un chat avant que le cocher ne puisse arrêter ses chevaux, avant que Pontet-Canet et ses hommes fussent plus qu'une vague masse sombre qui s'approchait. Il courut vers le haut de la rue, s'éloignant de la voiture : mais il ne pouvait plus courir beaucoup — sa tête avait heurté le trottoir et il commandait mal ses pieds — et on entendait des cris dans le brouillard devant lui. C'était l'hôtel Franchon. Et là, avec ces Français assoiffés de sang sur ses talons, mieux que la porte d'un lieu public, la corde des ouvriers pendait du balcon. Il y grimpa main sur main, non point comme un gabier grimpant dans le gréement mais comme une bête sauvage, agile et dangereuse, tentant une dernière ruse avant de se retourner contre ses ennemis, tout aussi dangereux et beaucoup plus nombreux : la balustrade du balcon, il la franchit et s'accroupit, haletant désespérément, le cœur battant comme s'il lui remplissait la poitrine, les yeux incapables d'accommoder.

Il entendit des voix françaises discuter de ce qu'il fallait faire. « Il a pu entrer ici. » Ils ne tarderaient pas à voir la corde.

Il commençait à respirer mieux, et à voir. Il se glissa tout courbé le long du balcon, comptant les fenêtres, jusqu'à la chambre de Diana. Elle était fermée, volets clos. Il frappa : pas de réponse. Il sortit son couteau, glissa la lame dans la fente et souleva la barre, ouvrit le volet, heurta au carreau.

Une voix, en bas : « Je vais grimper. »

— Diana, appela-t-il, et il la vit s'asseoir dans son lit. Vite, pour l'amour de Dieu.

La corde commençait à grincer derrière lui.

— Qui est-ce ?

— Ne soyez pas idiote, femme, lança-t-il d'une voix basse mais sèche par la petite fente qu'il avait ouverte à force — casser un carreau serait un désastre. Ouvrez vite, par Dieu !

Elle sauta du lit, ouvrit la porte-fenêtre ; il remit le volet sans un bruit, ferma la fenêtre derrière lui, tira le rideau et sauta dans son lit, un lit immense et lui tout au fond.

— Remettez-vous au lit, murmura-t-il à travers les draps, froissez le couvre-lit sur le pied.

Elle restait assise, rigide, ses orteils tout chauds contre son cou. Des pas étouffés sur le balcon : « Non, ça c'est la chambre de la maîtresse de Johnson. Essayez deux fenêtres plus loin. »

Longue pause. Long silence ; enfin, un coup à la porte. La voix de Madame Franchon : elle était extrêmement désolée de déranger Mrs Villiers, mais on pensait qu'un voleur s'était réfugié dans l'hôtel : Mrs Villiers avait-elle entendu ou vu quelque chose ?

— Non, dit Diana, rien du tout.

Madame Franchon pouvait-elle jeter un coup d'œil dans les pièces intérieures ? Mrs Villiers en avait les clés.

— Certainement, attendez un instant.

Diana sortit du lit, jeta dessus quelques vêtements aériens, ouvrit la porte et regagna son nid profond d'édredons froissés et d'oreillers innombrables.

— Les clés sont sur la table, là, dit-elle.

Il ne fallut à Madame Franchon que quelques minutes pour décider que les pièces intérieures, avec leurs fenêtres fermées, intactes, et leurs portes inviolées, n'abritaient aucun voleur, mais, durant ce temps, Stephen crut mourir de crampes et d'étouffement. Le pire fut le flot d'excuses et il ressentit un soulagement infini quand Diana y coupa court, ferma la porte sur Madame Franchon et poussa le verrou.

Il sortit à l'air libre ; peu à peu le battement dans ses oreilles se calma.

— Vous devriez boire quelque chose, Maturin, chuchota-t-elle, tendant la main vers une jolie petite carafe à côté de son lit. Ça ne vous ennuie pas de boire dans mon verre ?

Elle lui versa une bonne rasade qu'il but mécaniquement : le feu se répandit dans ses entrailles. Il reconnut l'odeur, la même odeur qui se mêlait au parfum habituel de Diana dans son lit.

— Est-ce une sorte de whisky ?

— Ils l'appellent bourbon. Une autre goutte ?

Stephen fit non de la tête.

— Votre... la femme de chambre est-elle là ? La grande femme, Peg ? Renvoyez-la tout de suite, jusqu'à demain.

Diana passa dans une autre pièce. Il entendit résonner une clochette lointaine puis la voix de Diana disant à Peg d'emmener Abijah et Sam à la maison de Mr Adams avec le dog-cart et de lui remettre cette note. Il y eut, semble-t-il, quelque objection en un murmure bas, car la voix de Diana prit un ton sec, impérieux, et la porte se referma avec un bruit décidé.

Elle revint et s'assit au bord du lit.

— C'est fait, dit-elle, je les ai tous renvoyés jusqu'à lundi matin.

Elle le regarda avec affection, hésita, se versa un doigt de bourbon et dit :

— Que vous arrive-t-il, Maturin ? Vous fuyez un mari furieux ? Cela ne vous ressemble pas de sauter d'un lit dans un autre. Mais, après tout, vous êtes un homme. Vous m'avez parlé, à travers cette fenêtre, exactement comme un homme — exactement comme si nous étions déjà mariés. Vous m'avez traitée d'idiote. Mais je suis peut-être idiote. J'étais tout à fait désolée de vous entendre hier avec Johnson et de ne pas vous voir. Mon Dieu, Stephen, j'ai été si heureuse d'entendre votre voix à l'instant. Je croyais que vous m'aviez abandonnée.

Il se retourna vers elle, dont le sourire s'évanouit.

— Je fuyais Pontet-Canet et ses sbires. Ils ont l'intention de me tuer s'ils le peuvent. Ils m'ont attaqué dans la rue hier — c'est de cela que je parlais à Johnson — et ils viennent de faire une tentative beaucoup plus déterminée. Ecoutez-moi, mon cœur, voulez-vous vous habiller tout de suite et aller voir l'agent britannique ? Dites-lui que je suis assiégé et ne puis bouger d'ici. Pontet-Canet et Dubreuil vivent dans cet hôtel, n'est-ce pas ?

— Oui.

— Y en a-t-il d'autres ?

— Non, mais tous les Français, officiers et civils, hantent cet endroit. Il y en a toujours une demi-douzaine dans le hall.

— Bien sûr, je les ai vus moi-même. Il se peut qu'Andrews ne soit pas à Boston un dimanche ; il n'y avait pas de lumière chez lui ce matin. Mais il a un cottage près de la mer, quelque part entre ici et Salem.

Herapath le connaît ; il y a été. Pourriez-vous voir Herapath sans Wogan ?

— Très facilement. Louisa est à la campagne avec Johnson.

— Ah. Alors, si Andrews n'est pas là, emmenez Herapath avec vous au cottage. Dites à Andrews que s'il peut réunir un groupe de nos officiers pour nous couvrir, tout ira bien. Dubreuil ne risquera jamais l'éclat du scandale public que serait une attaque de l'Asclepia, et d'ici demain j'aurai fait tant de bruit qu'un assassinat privé sera hors de question. Appelez une chaise et mettez un voile : il n'y a pas de danger, mais il vaudrait mieux qu'on ne vous voie pas. Y a-t-il le moindre risque que les gens de l'hôtel viennent faire le ménage ?

— Non, Johnson exige toujours que ce soient ses esclaves qui fassent tout ; mais si vous préférez vous pouvez passer dans ses appartements. Ils n'ouvrent pas sur le corridor et nous avons les seules clés. Là, sur la table.

Elle se pencha, l'embrassa et sortit en hâte. Il l'entendit commander la voiture — y avait-il plus de deux postes jusqu'à Salem ? Elle revint en habit de voyage avec un large chapeau et un voile — il n'avait jamais vu une femme s'habiller aussi vite. Ils s'embrassèrent.

— Je n'ai jamais douté de votre courage, ma chère. Dites au cocher de conduire lentement dans cet affreux brouillard. Dieu vous bénisse.

— Je fermerai la porte à clé, dit-elle.

Et elle disparut.

Il pénétra dans le grand salon adjacent, sans volets et relativement clair par contraste. Le brouillard s'était encore éclairci, et debout sur une chaise il put apercevoir la silhouette indistincte de sa chaise de poste gagner la rue, tourner à droite et à droite encore, par la petite rue qu'il avait longée si peu de temps auparavant, vers la maison de Mr Andrews. S'il y était, elle serait de retour en vingt minutes. Sinon, peut-être dans deux ou trois heures. Elle avait toute l'énergie du monde, tout le courage nécessaire pour ce genre de chose, pour une crise physique ; des *tripes,* comme disent les marins ; il était impossible de ne pas l'admirer, impossible de ne pas l'apprécier.

Une pendule française sur la cheminée sonna onze coups, deux fois. Il s'assit, et tandis qu'au fond de lui-même il continuait à songer à Diana, son esprit médical, ses mains de médecin auscultèrent ses côtes douloureuses, sa tête plus douloureuse encore. Il se sentait étrangement épuisé et son esprit ne se concentrait pas bien mais circulait vaguement tout autour d'un point central. Le médecin était en meilleur état. Il décida que la huitième et la neuvième côte étaient probablement fêlées, sans plus ; mais il y avait une sorte de crépitation le long de la suture coronale, un peu au-dessus de la crête temporale, tandis que le lieu principal de la douleur était de l'autre côté : un effet de contrecoup manifeste. « Je m'étonne qu'il n'y ait pas de commotion cérébrale, observa-t-il, mais la nausée va suivre, sans aucun doute. » C'était tout ce que pouvait dire le médecin puisqu'il n'y avait d'autre remède que le repos, et les pensées de Stephen revinrent à Diana. Un coup d'œil à la pendule lui montra qu'elle devait à présent avoir poursuivi sa route vers le cottage des Andrews et il l'imagina discutant avec le petit homme inquiet, anxieux.

La demie le rappela au sentiment du devoir. Il retourna dans la chambre, saisit les clés et traversa la longue suite de pièces jusqu'aux appartements privés de Johnson, ouvrant et refermant les portes à clé. La dernière pièce était évidemment son cabinet, avec un grand bureau à cylindre, un coffre-fort et une quantité de dossiers et de papiers : dans l'angle, une porte conduisait à un cabinet de toilette contenant aussi un bain de siège. Ce fut tant mieux car la nausée qu'il avait prévue le rattrapait ; il s'agenouilla et vomit un moment.

Enfin remis et lavé, il regagna le bureau : le plus difficile était de savoir par où commencer. Selon le principe scientifique de s'attaquer d'abord au plus facile, il feuilleta les dossiers ouverts et les papiers. Pour la plupart il s'agissait des documents privés et des comptes d'un homme très riche, mais il y avait aussi quelques documents français intéressants avec des traductions de la main hardie de Diana. Elles remontaient à avant la guerre : les plus récentes étaient d'écritures qu'il ne reconnaissait pas, sauf celle de Louisa Wogan. Quoi qu'il en soit, Diana devait posséder des connaissances utiles sur l'arrière-plan des liens avec les Français. Mémorandums quant à la position militaire sur les Grands Lacs et la frontière canadienne : une liste codée, sans doute d'agents dans cette région. Une note le concernant : « Pontet-Canet confirme que Maturin est tenté de se retirer aux Etats-Unis : le don de terres dans une région particulièrement intéressante pour un naturaliste pourrait emporter l'affaire. » D'autres comptes rendus et des courriers officiels, des listes de prisonniers avec des remarques et des interrogations. Rien de première importance, mais des éléments utiles, dans la masse.

Il porta son attention sur le bureau. Aucune des clés n'ouvrait rien, ce qui était significatif. Mais les bureaux à cylindre en général n'opposent pas grande difficulté à qui est habitué à ce genre de chose et une fois que Stephen eut découvert lequel des boutons d'ornement commandait la barre, une bonne poussée de son couteau à amputer dégagea le verrouillage et le couvercle s'enroula.

La première chose qu'il vit fut l'éclat de la rivière de Diana dans son écrin ouvert, étincelante même dans cette pâle lumière fantomatique, et à côté, sous le lourd phallus d'obsidienne servant de presse-papiers, une lettre qui lui était adressée. Le cachet avait été soulevé et il n'était pas le premier à lire :

« Très cher Stephen, je vous ai entendu parler et je vous attendais, mais je vous ai vu repartir sans venir me voir. Oh, que veut dire cela ? Vous ai-je contrarié ? Je ne vous ai pas donné une réponse nette — nous avons été interrompus — et peut-être avez-vous pensé que je refusais votre offre. Mais ce n'est pas cela, Stephen, je vous épouserai quand vous voudrez et avec, oh, tant de joie. Vous me faites trop d'honneur, cher Stephen. Je n'aurais jamais dû vous refuser en Inde — c'était à contre-cœur — mais aujourd'hui, telle que je suis, hélas, je suis à vous tout entière. Diana. PS : ce grossier personnage emmène sa traînée à la campagne : venez me voir, nous aurons tout le dimanche à nous. Rappelez-moi au souvenir du cousin Jack. »

Il en avait à peine entrevu toutes les implications quand il entendit un bruit à la porte, un léger grattement métallique sur la serrure. Ce n'était certainement pas Diana. Il saisit le presse-papiers, referma silencieusement le bureau et se glissa derrière la porte qui s'ouvrait.

C'était Pontet-Canet, cherchant les mêmes choses que lui. Le Français connaissait manifestement l'endroit et il était mieux équipé que Stephen. Il choisit l'un des nombreux passe-partout de son porte-clés et ouvrit le coffre-fort, sortit un livre et le déposa sur le bureau. Sa main exercée alla droit au bouton de commande, le rideau s'enroula et il s'assit pour recopier le livre. Il poussa la rivière de diamants pour faire place au papier tiré de sa poche et, ce faisant, vit la lettre. « Oh, oh, *la garce*, murmura-t-il en lisant. Oh, *la garce*. »

Stephen avait son pistolet, mais bien que dans une pièce intérieure et fermée, il préférait éviter le bruit. Pontet-Canet se raidit, mal à l'aise, levant la tête comme s'il sentait la menace. Stephen fit un pas et, au moment où le Français se retournait, il lui abattit l'énorme pièce d'obsidienne sur la tête, brisant l'un et l'autre. Pontet-Canet tomba : inconscient, il respirait encore. Stephen se pencha sur lui, couteau en main, chercha la carotide encore battante, la trancha et s'écarta du jet de sang. Puis il tira le corps jusqu'au bain de siège, étala tapis et serviettes pour empêcher le sang de se répandre sur le plancher et fouilla les poches du mort. Rien d'intéressant. Mais il prit le pistolet de Pontet-Canet et, comme il n'en possédait pas, sa montre, une jolie Bréguet très semblable à celle qu'on lui avait prise voici des années quand il avait été capturé par les Français au large des côtes d'Espagne.

Remplaçant par une autre la chaise ensanglantée, il s'assit devant le livre ouvert. Mémorandums des conversations de Johnson avec Dubreuil, copies de ses lettres à son chef politique, transactions au jour le jour, projets futurs, non codés, en toute franchise : rien d'étonnant que Pontet-Canet y soit allé tout droit. Avec ce livre en main, il plongeait directement au plus profond de l'esprit de son allié, sans la moindre réserve.

Sur la dernière page, après une plainte concernant l'attaque des Français contre le docteur Maturin, Johnson avait écrit :

> « J'aurai un autre entretien avec lui lundi, où je me propose de renforcer la pression ; si toutefois il reste aussi obstiné, je pense qu'il faudra discrètement le livrer à Dubreuil en échange de la liberté de manœuvre avec Lambert et Brown, de préférence en un lieu où cela ne puisse exciter les commentaires publics. J'ai déjà rapatrié virtuellement tous les prisonniers en bonne santé, pour éviter tout incident déplaisant. »

Johnson avait-il écrit cela avant ou après avoir lu la lettre de Diana ? Si c'était avant, avait-il ensuite donné à Dubreuil l'autorisation de poursuivre, ou le Français, craignant que Stephen ne cède le lundi, avait-il décidé d'opposer à Johnson un nouveau fait accompli ? Ces points étaient intéressants mais tout à fait théoriques. Il revint à l'étude du livre. La lecture était plus facile à présent, le soleil de midi ayant en partie dispersé le brouillard ; avec la lumière revenue, la ville se réveillait ; le bruit de la circulation dans la rue atteignait presque son niveau habituel et quelqu'un, pas très loin, lançait des feux d'artifice. Etait-ce donc un jour de fête ? Une autre victoire américaine en mer ? La douleur dans sa tête augmentait, et en dépit de la lumière plus forte, ses yeux ne restaient pas longtemps focalisés.

Perdu dans sa lecture, ses conjectures et sa douleur, il n'entendit bouger la porte, que Pontet-Canet n'avait pas refermée à clé, que quand elle fut grande ouverte.

— *Tu es là, Jean-Paul ?* murmura Dubreuil.

Cette fois, pas de choix ; pas question de silence. Stephen se leva, pivota, le pistolet déjà en main, l'appuya contre la poitrine de Dubreuil et tira. L'homme fut projeté contre le bord de la porte ouverte qui céda lentement sous son poids tandis qu'il tombait, son expression de stupéfaction mauvaise persistant jusqu'à ce que la tête retombe, calme et indifférente enfin.

Stephen, le pistolet fumant en main, restait immobile, écoutant l'énorme détonation qui semblait emplir de façon durable et la pièce et sa tête. Odeur de poudre et de tissu brûlé. Lentement, lentement, les minutes coulaient ; mais nul ne semblait avoir entendu le coup. Pas de bruit de course, pas de martèlement sur les portes extérieures, pas le moindre bruit sauf la pendule sonnant le quart ; dehors une sorte de procession passait devant l'hôtel — acclamations lointaines, rires, un ou deux pétards.

La tension retomba à un niveau supportable. Il posa le pistolet et tira Dubreuil dans le cabinet de toilette, jusqu'au bain de siège. « On dirait la fin de Titus Andronicus », dit-il, affectant une brutalité cynique, en soulevant le corps.

Mais il était, constata-t-il, fortement troublé et se demanda pourquoi. Il n'avait même pas fouillé Dubreuil. Pourquoi ? Il avait vu des cadavres par dizaines et même par centaines en combat ouvert ou clandestin, mais cette tuerie le rendait malade. Ce n'était pas raisonnable : il lui fallait tuer ou être tué et Dubreuil était l'homme qui avait torturé Carington et Vargas de manière si inhumaine, jusqu'à ce qu'ils en meurent. Pourtant c'était ainsi, et il s'aperçut qu'il ne pouvait que lire mécaniquement, retenant à peine les éléments importants... Aspect sordide de sa conduite et de celle de ses ennemis, toujours pour les meilleurs motifs. La violence extrême de cette matinée, l'épuisement physique et peut-être moral étaient les causes évidentes de son état, mais, chose étrange, il ne parvenait pas à maîtriser son cerveau, à l'obliger à répondre à la question : que dois-je faire à présent ? Il reposa la question, encore et encore, et la seule réponse était l'impossibilité de quitter l'hôtel tant que les Français attendaient dans le hall ; il lui fallait toutefois sortir avec ces documents et avec Diana ; et l'Asclepia ne pourrait lui servir de refuge dès le retour de Johnson. Une suite de réponses négatives, rien de plus.

Il entendit rentrer Diana. Elle parlait et il crut un instant que c'était à Johnson, revenu avant l'heure, peut-être averti par Peg la traîtresse ; mais il se rendit compte bien vite que l'autre voix était celle d'Herapath.

Il alla au-devant d'elle, porte après porte, et la retrouva dans la salle à manger. Elle avait le visage anxieux, découragé et dès qu'elle le vit, elle dit :

— Je suis désolée, tellement désolée, Stephen chéri, mais Andrews n'était pas là. Il est reparti à Halifax avec le navire parlementaire et presque tous les prisonniers de guerre.

— Ne vous inquiétez pas, ma chère, dit Stephen gentiment — il ressentait pour elle une immense pitié, sans pouvoir dire pourquoi. Herapath est avec vous ?

— Dans le salon.
— Y avait-il des Français dans le hall ?
— Oui, toute une foule qui riait et bavardait. Certains en uniforme, mais ni Pontet-Canet, ni Dubreuil.

Ils passèrent dans le salon. Herapath accueillit Stephen avec un regard de profonde inquiétude mais Stephen se contenta de quelques mots vagues et dit qu'il devait écrire une note.

— Il y a une table à écrire dans ma chambre, dit Diana, ouvrant la porte et tendant la main.

Il resta quelques minutes abruti à fixer le papier, puis écrivit : « Jack, j'ai été obligé de tuer deux Français ici. Il y a d'autres Français en bas et je ne peux sortir — ils ont essayé de me tuer ce matin. Je dois à tout prix tirer Diana d'ici, et certains papiers et moi-même si c'est possible. Wogan ne peut servir à rien — ne le dites pas à Herapath —, pas plus que l'Asclepia. Choate pourrait trouver un refuge à Diana, où le frère Costello qui doit me marier. Je ne suis pas moi-même. Jack, faites ce que vous pourrez. Le grand portier pourrait s'avérer un ami. »

— Mr Herapath, dit-il en revenant, puis-je vous prier de donner ceci au capitaine Aubrey aussi vite que vous pourrez l'atteindre ? C'est pour moi de la toute dernière importance, sans quoi je ne vous dérangerais pas.

— De tout mon cœur, dit Herapath.

Ils étaient seuls. Diana circulait dans la pièce, allumant des chandelles, tirant les rideaux. Elle le regardait de temps en temps et lui dit :

— Mon Dieu, Stephen, je ne vous ai jamais vu si abattu, si prostré ou d'une si terrible couleur. Avez-vous mangé quelque chose aujourd'hui ?

— Rien du tout, dit-il, s'efforçant de sourire.

— Je vais commander un repas. Et pendant qu'il viendra, allongez-vous sur mon lit et buvez quelque chose. Vous avez l'air d'en avoir bien besoin. J'en prendrai un peu aussi.

Il fit ce qu'on lui disait — sa tête lui faisait terriblement mal à présent — mais dit « rien à manger ».

— Vous n'aimez pas me voir boire, n'est-ce pas ? dit-elle en versant le bourbon.

— Non. Vous ruinez votre teint, Villiers.

— Le whisky est-il mauvais pour la peau ?

— L'alcool durcit les tissus, c'est un fait certain.

— Je n'en bois que quand je suis excitée comme à présent ou abattue. Toutefois, comme j'ai été abattue depuis mon arrivée ici, je pense que j'ai dû en absorber des gallons. Mais je ne serai pas abattue avec vous, Stephen. (Un long silence, puis elle poursuivit :) Vous souvenez-vous, voici bien des années, vous m'avez demandé si j'avais lu Chaucer et j'ai dit « Ce vieux cochon de Chaucer ? » et vous m'avez insultée pour cela ? C'est tout de même lui qui a dit : « Chez la femme, l'amour du vin n'est pas une défense. Ce que savent les coureurs de jupons, par expérience... »

— Diana, dit-il brusquement, connaissez-vous quelqu'un en Amérique ; avez-vous un ami sûr auquel vous puissiez faire confiance, chez qui vous puissiez vous réfugier ?

— Non, dit-elle surprise, pas une âme. Comment le pourrais-je dans ma position ? Pourquoi demandez-vous cela ?

— Vous avez eu la bonté de m'écrire une lettre hier, une lettre très très gentille.

— Oui.

— Elle ne m'est jamais parvenue. Je l'ai trouvée sur le bureau de Johnson, à côté de vos diamants.

— Oh mon Dieu, dit-elle, d'une pâleur mortelle.

— Il faut bien évidemment que nous soyons partis avant son retour. J'ai envoyé un mot à Jack pour voir ce qu'il peut faire. S'il ne peut rien faire, eh bien, il y a d'autres possibilités. Peut-être y en avait-il, mais lesquelles en dehors d'une fuite éperdue dans le noir ?

Son esprit ne pouvait pas, ne voulait pas se colleter avec ce problème difficile : une réflexion claire, incisive et prolongée était au-dessus de ses forces.

— Je m'en moque, dit-elle en lui prenant la main. Cela m'est égal du moment que vous êtes là.

Chapitre huit

— Le capitaine Aubrey, s'il vous plaît, dit Michael Herapath.

— Quel nom ? demanda le portier.

— Herapath.

— Vous n'êtes pas Mr Herapath.

Le regard fixé sur ces yeux noirs, implacables, Herapath répondit :

— Je suis le fils de George Herapath. J'apporte au capitaine un message du docteur Maturin.

— Je vais le lui porter. Aucune visite n'est autorisée.

Peu après il réapparut avec une infirmière et dit, d'un ton plus humain :

— Montez. Mademoiselle vous montrera le chemin.

— Mr Herapath ! s'exclama Jack en lui tendant la main, je suis profondément heureux de vous voir. (Et quand la porte fut refermée :) Venez, asseyez-vous tout près de moi. Le docteur est-il blessé ?

— Pas à ma connaissance, monsieur, mais il était étrangement ralenti : hébété, dirais-je.

— Avez-vous vu des Français en sortant de l'hôtel ?

— Oui, monsieur. C'est leur rendez-vous général et il y en avait huit ou neuf assis dans le vestibule, militaires et civils.

Son ancien capitaine avait toujours été un personnage effrayant pour Michael Herapath ; il l'était plus encore à présent, assis bien droit dans son lit, l'air plus grand, plus large et plus furieux qu'il ne l'avait jamais été à bord du *Leopard,* et quand, après une pause de sombre réflexion, il dit de sa voix forte et décidée : « Passez-moi ma chemise et mes culottes, voulez-vous ? », Herapath obéit sans protester. Il se récria toutefois quand Jack défit l'écharpe et passa son bras blessé dans la manche :

— Tout de même, monsieur, le docteur Maturin ne permettrait jamais...

Seule réponse :

— Mon habit et mes chaussures sont dans la penderie. Mr Herapath, votre père est-il chez lui ?

— Oui, monsieur.

— Alors ayez la bonté de me donner le bras pour descendre l'escalier et de me montrer le chemin jusque chez lui. Le diable emporte cette boucle !

Herapath s'agenouilla pour l'attacher, passa à Jack son pistolet et l'aida à descendre l'escalier.

— Non pas, observa Jack, que je ne sois pas assez alerte ; mais lorsqu'on est resté quelque temps couché, on est parfois mal assuré dans un escalier. Et je ne voudrais pour rien au monde trébucher à présent.

Dans le hall, le portier les arrêta.

— Vous n'êtes pas autorisé à sortir, dit-il, la main sur le levier qui commandait la porte.

Jack força son visage à revêtir une expression aussi aimable que possible :

— Je vais seulement faire un petit tour, pour voir le docteur Maturin.

Sa main gauche crispée sur le canon de son pistolet, il évaluait la force du coup qu'il lui faudrait donner pour mettre hors d'état d'agir un homme aussi puissant.

— Le docteur a quelques ennuis, ajouta-t-il, se souvenant de la note de Stephen.

L'Indien ouvrit la porte :

— S'il a besoin de moi, dit-il sans aucun changement d'expression, je suis son homme. Je suis libre dans une demi-heure ; plus tôt, si nécessaire.

Jack lui serra la main et ils sortirent dans le brouillard, à nouveau aussi épais qu'au matin.

— Voyez-vous, ces maudits chiens de Français s'en sont pris à lui ce matin. Ils ont l'intention de le tuer s'ils y parviennent. C'est comme d'attaquer un navire dans un port neutre. Le diable les emporte et les...

Le reste de ses paroles se perdit dans un profond grommellement blasphématoire.

En surface, il était assez calme quand ils atteignirent la maison. Il demanda à Herapath d'entrer le premier et de dire à son père qu'il souhaitait le voir seul ; quand on l'introduisit dans le bureau, il y trouva le vieil homme, l'air soucieux, étonné, mais accueillant.

— Je suis heureux de vous voir chez moi, capitaine Aubrey, dit-il. Asseyez-vous, je vous en prie, et buvez un verre de porto. J'espère que cette sortie n'est pas trop imprudente, par un tel brouillard, dans votre...

— Mr Herapath, dit Jack, je suis venu vous voir parce que vous êtes un homme pour lequel j'éprouve de la confiance et de l'estime. Je suis venu vous demander un service et je sais que si vous ne pouvez me le rendre, si vous devez refuser, vous n'irez pas vendre la mèche.

— Vous me faites honneur, monsieur, dit Herapath en le regardant avec fermeté, et je vous suis obligé de votre confiance. Veuillez s'il vous plaît nommer ce service : s'il s'agit d'escompter un effet, même un effet important, ayez l'esprit en repos.

— Vous êtes trop bon, mais c'est beaucoup plus que tout effet que je pourrais tirer.

Herapath prit l'air grave. Jack réfléchit un instant et dit :

— Vous m'avez montré deux beaux trois-mâts barques à vous, Mr Herapath, amarrés pas très loin de l'Asclepia. Lorsqu'ils naviguaient, avant cette maudite guerre, je suis sûr que vos capitaines ne souhaitaient pas voir leurs meilleurs hommes recrutés de force. Je suis sûr qu'ils avaient leur cachette.

— Il se peut, dit Herapath, la tête de côté.

— Et vous connaissant, monsieur, je suis sûr que c'étaient les meilleures cachettes que l'on pût trouver. (Herapath sourit.) Je ne vais pas tourner autour du pot : je vous dirai franchement que mon ami Maturin est aux prises avec une troupe de Français qui ont l'intention de le tuer. Il s'est réfugié à l'hôtel Franchon et ne peut en bouger. J'ai l'intention de l'en sortir et, avec votre permission, je pense le cacher dans l'un de vos navires. (Il vit l'accord et le soulagement envahir le grand visage écarlate d'Herapath.) Mais ce n'est pas tout. Il me faut être tout à fait franc et sincère avec vous. Il en a aussi expédié deux : les autres ne le savent pas encore, j'en suis certain, mais cela ne pourra être dissimulé longtemps. De plus, il souhaite emmener avec lui une dame anglaise, une cousine de ma femme, qu'il doit épouser, Mrs Villiers.

— Le docteur Maturin, épouser Mrs Villiers et l'emmener avec lui ! s'écria Herapath, parfaitement conscient que si Diana disparaissait, Louisa Wogan prendrait sa place, que Louisa était pour l'instant à la campagne avec Johnson, et que Johnson n'aurait rien à faire de sa Caroline.

— Oui, monsieur, et qui plus est, Mr Herapath, qui plus est, je veux partir avec eux moi-même, m'efforcer de les tirer d'ici dans un bateau, en profitant du temps et de la marée, si vous pouvez m'en procurer un : car vous observerez, monsieur, que je n'ai pas donné ma parole. Je ne suis pas prisonnier sur parole. Un doris ferait l'affaire. Stephen Maturin est un homme de grande érudition, mais je ne le laisserais traverser une mare à canards sur aucun engin et je dois aller avec lui. Voilà, monsieur : je vous ai fait un récit franc et honnête et, sur mon honneur, je ne crois pas avoir déformé la moindre chose ni dissimulé le moindre risque.

— J'en suis bien sûr, dit Herapath, marchant de long en large, les mains derrière le dos. J'ai un très grand respect pour le docteur Maturin... Je suis stupéfait de ce que vous me dites...

— Voulez-vous y réfléchir un moment ?

— Non, non. Si je suis long à vous répondre, c'est simplement que je n'arrive pas à décider ce qu'il vaut mieux, de l'*Orion* ou de l'*Arcturus* — les cachettes, je veux dire. Une dame et deux messieurs : ce sera *Arcturus* — beaucoup plus de place. J'ai un gardien idiot à bord... cela n'a pas d'importance. Mais dites-moi, monsieur, comment vous proposez-vous de le faire sortir ?

— J'ai pensé à faire une reconnaissance — escalier de derrière, écuries, logement des serviteurs, etc. — avant de prévoir un plan. Tout ce que je sais de la situation est ce que votre fils m'a dit, et ce que j'ai appris par la brève note de Maturin. Je sais qu'il est dans les appartements de Mrs Villiers — votre fils l'y a vu —, mais je ne connais rien de la nature du terrain.

— Faisons venir le garçon, dit Herapath. Michael, où sont donc les appartements de Mrs Villiers chez Franchon ?

— Ils sont au premier étage, monsieur, devant, donnant sur le long balcon.

— Le balcon ? dit Jack.

Un grappin léger et un cordage pouvaient être très utiles avec un balcon. Mais il y avait d'autres choses à envisager d'abord.

— Dites-moi, les Français, en bas, semblaient-ils inquiets, agités, tracassés ? Etaient-ils armés, occupés avec les gens de l'hôtel ou avec des officiels ?

— Pas du tout, monsieur, dit le jeune Herapath. Ils riaient et bavardaient comme dans un café ou un club. Quant aux armes, les officiers avaient leurs épées mais je n'en ai pas vu d'autres.

Jack lui demanda de dresser un plan de l'hôtel : opération longue et peu satisfaisante, le jeune Herapath n'étant pas doué et n'ayant aucune mémoire visuelle. De temps à autre son père, qui connaissait intimement l'hôtel, ajoutait un corridor ou une volée de marches, mais au bout d'un moment il les abandonna et se mit à faire les cent pas ou à regarder le brouillard par la fenêtre.

— J'y suis, s'écria-t-il enfin en les interrompant ; j'y suis. Cela m'est venu. Le panier à linge et le bouchon brûlé. Le docteur Maturin ne pèse pas plus de cent vingt-cinq livres. Capitaine Aubrey, le gardien de mon *Arcturus* est un Noir : nous allons noircir vos mains et votre visage pour que vous puissiez prendre sa place. Je l'enverrai à Salem ou à Marblehead et personne ne s'en rendra compte ou n'y attachera la moindre importance. Othello ! s'exclama-t-il.

Il avait le visage éclairé, rouge vif d'excitation et d'une sorte de triomphe sauvage en perspective ; ses yeux, jusque-là couleur d'huître, étincelaient comme ceux d'un jeune homme. Trop jeune, peut-être, pensèrent Jack et son fils en le regardant avec étonnement. Trop jeune et un peu ivre. Pourtant la carafe n'avait pas versé le moindre verre ; sa main et son pas étaient fermes, si sa voix ne l'était pas.

— Othello ! Et vous avez déjà deviné mon Falstaff, monsieur, j'en suis sûr ? Ha, ha, nous allons confondre ces Français, que Dieu maudisse leurs tours de coquins. J'ai le plus grand respect pour le docteur Maturin.

— Je ne vous suis pas entièrement, monsieur, dit Jack.

— Comment, Falstaff et le panier à linge, vous ne vous souvenez pas ? Dans la pièce, on le fait sortir dans le panier à linge, alors qu'il pèse cinq fois plus lourd que le docteur. Nous avons justement un panier de ce type — très grand. Michael, courez demander à votre tante où se trouve le grand panier. Dieu me garde, dit-il, je me sens à nouveau comme un jeune homme. Nous le sortirons de là sous leurs nez de Français vérolés. Etant donné ses... ses relations avec Mr Johnson, je suppose que la dame ne court aucun danger ? Je vous demande pardon si je suis indiscret.

— Je pense qu'elle peut entrer et sortir comme elle veut, dit Jack, du moins jusqu'au retour de Johnson, et j'ai cru comprendre qu'il était occupé ce soir.

Ils se comprenaient l'un l'autre, ils comprenaient la nature de l'occupation de Johnson, et ils avaient un air assez faux quand Michael Herapath revint. On ne pouvait toucher au panier : il était dans la buanderie, plein de vêtements sales.

— Videz-le et apportez-le ici, dit Mr Herapath. Non, d'abord, dites à Abednigo que je veux la voiture — je conduirai moi-même — et puis descendez jusqu'à l'*Arcturus* et envoyez Joe à Salem ; donnez-lui quelque message urgent pour John Quincy, à porter tout de suite, attendez qu'il ait quitté le navire et prenez ses clés. Dites-lui d'aller à bord du *Spica* et d'y rester jusqu'à ce que je l'envoie chercher. Là, monsieur, que pensez-vous de mon plan ? Simple, clair, évident, n'est-ce pas ? Mais c'est que je suis un homme simple moi-même, et que j'aime les choses évidentes et claires : tout comme vous-même, je crois.

— Un plan tout à fait excellent, monsieur, dit Jack, et il a de grands avantages — beaucoup de bons côtés. Mais vous me permettrez de le modifier après avoir vu le terrain, si quelque nouveauté surgit. J'ai idée que le balcon pourrait nous servir et peut-être serions-nous bien avisés d'emporter un grappin et, disons, dix brasses d'un robuste cordage.

— Certainement, quoique je doute que vous puissiez voir votre balcon, tant le brouillard s'épaissit : regardez, j'aperçois à peine la lumière de mon voisin Dawson d'ici, alors qu'il y a une demi-heure elle était nette et brillante. La seule chose qui me tracasse, ce sont mes Noirs pour transporter le panier.

— Faut-il que ce soient des Noirs ?

— Non, mais cela paraîtrait plus naturel, cela passerait inaperçu.

— Si j'étais noirci comme vous l'avez suggéré, je pourrais en être un.

— Mais votre bras, mon cher monsieur, votre bras, et votre santé en général.

— Mon bras gauche n'a jamais été meilleur et il est certainement assez fort pour porter la moitié de Maturin. Regardez.

Il chercha autour de lui quelque objet lourd, aperçut un guéridon de marbre et le souleva.

— Pourtant, monsieur, poursuivit-il, à la réflexion, je crois qu'il faut d'abord reconnaître les lieux. Un coup de main, lorsqu'on ne connaît ni le port ni les courants, n'est souvent qu'un triste gâchis. Mais faites partir le gardien du navire et d'ici le retour de votre fils nous pourrons évaluer nos actes, réfléchir et délibérer.

— Très bien. Michael, prenez la petite jument.

L'intervalle ne fut pas très long et Mr Herapath le remplit en traçant un meilleur plan de l'hôtel, en allant chercher le panier, plusieurs bouchons, du cordage et un crochet à marmite qui servirait de grappin ; il chargea un tromblon et trois pistolets d'arçon, à double charge et double balle. Excité comme un gamin, il avait manifestement envie d'agir tout de suite : il n'aimait pas l'idée d'une simple reconnaissance mais espérait exécuter le coup de main, comme il l'appelait, en une seule opération. Son esprit était très axé sur un second Noir et, à un moment, Jack pensa au portier indien. Mais dans quelle mesure pouvait-il se fier à cet homme ? Il y aurait des questions, et beaucoup, quand on découvrirait les Français morts ; et Jack ne souhaitait pas qu'on vînt les dénicher tous les trois dans la cachette de l'*Arcturus*. Il ne voulait pas non plus qu'Herapath se passe la corde au cou.

— Il y a une autre petite chose à envisager, dit-il, c'est qu'il faut quelqu'un pour tenir les chevaux, à moins que vous ne restiez sur le siège.

— Oh, quant à cela, n'importe quel petit gamin fera

l'affaire. Il y a toujours des petits gamins à traîner autour de l'hôtel pour retenir les chevaux.

— Oui, mais votre petit gamin ne reconnaîtra-t-il pas Mr Herapath ?

— Ah, dit Mr Herapath, ah oui, c'est vrai : mieux vaut que je reste sur le siège, bien emmitouflé.

Jack le regarda : « Mieux vaut ne pas insister », se dit-il, et il ajouta :

— Puis-je vous demander de me prêter un vêtement civil, Mr Herapath ? Les épaulettes sont assez voyantes, même par une nuit de brume.

Il était effectivement assez voyant dans son uniforme de capitaine de vaisseau, complet à l'exception de son épée remise à l'ennemi.

— Peut-être qu'un habit de valet ou une blouse conviendrait mieux, et un chapeau rond, si vous en avez un.

— Vous pensez à tout, dit Herapath, et il sortit en hâte.

Son enthousiasme, momentanément refroidi, reprit feu tandis qu'il déguisait Jack de toute une série de vêtements, pour choisir finalement une gabardine usée de teinte morne.

— Mais il faudra vous couper les cheveux, mon cher monsieur, avant de vous transformer en nègre convaincant.

Jack portait ses cheveux longs et jaunes en catogan, noué d'un ruban noir entre les épaules.

— Je vais prendre des ciseaux. Et à présent que j'y pense, le brou de noix vaudrait beaucoup mieux que le bouchon brûlé. Vous n'êtes pas opposé au brou de noix, capitaine Aubrey ?

— Jamais de la vie, dit Jack. Quand nous aurons étudié le terrain et que nous aurons décidé de notre plan, vous pourrez me teindre de la tête aux pieds et me couper les cheveux aussi, si vous voulez.

Ils firent silence, attendant le retour de Michael ; Herapath tripotait son panier à linge, son tromblon et son cordage, il alla chercher une lanterne sourde ainsi que deux autres, et un panier de provisions pour la cachette ; Jack étudiait le plan. Il ne regrettait pas son acte — c'était la seule possibilité — mais il regrettait le zèle du vieil Herapath. Il n'était pas du tout certain de la manière dont le vieux monsieur se comporterait quand l'expédition se transformerait d'une sorte de jeu en une affaire sérieuse et peut-être sanglante ; et il regrettait beaucoup l'heure précoce. Pour une telle opération, plus il est tard et moins il y a de monde, mieux cela vaut ; et tenir Herapath en haleine ne serait pas facile. Il ne voyait pas non plus la nécessité des nègres. Les porteurs naturels étaient les hommes de l'hôtel.

— Le voilà, dit Herapath, et un moment plus tard son fils entra. Tout va bien, Michael ?

— Oui, monsieur. Joe est en route pour Salem dans la carriole de Gooch et la voiture est prête dans la cour. J'ai envoyé Abednigo au lit.

— Très bien, mon garçon. A présent, chargeons ces choses à bord : tout peut entrer dans le panier à linge. Prenez soin du tromblon. Dépêchons-nous, dépêchons-nous. Monsieur, de ce côté, s'il vous plaît.

— D'abord, dit Jack posément, je vous demanderai de me conduire au navire. C'est une règle essentielle en matière de tactique de garantir sa ligne de retraite. Son ton était si convaincu, si autoritaire que Mr Herapath ne fit pas d'objection malgré son air un peu déçu.

Il grimpa sur le siège ; ils sortirent de la cour de l'écurie ; et Jack vit aussitôt que Mr Herapath n'était pas un très bon cocher. En tournant pour prendre la rue, ils raclèrent longuement la borne en pierre de l'angle ; et, l'excitation du conducteur se communiquant aux chevaux, la voiture se mit très vite à bondir et tressauter sur les pavés grossiers, à une telle vitesse, en dépit du brouillard, qu'à l'intérieur il fallait se cramponner tandis que Mr Herapath ne cessait d'encourager ses bêtes :

— Hue, Roger. Allons, Bessy, allons, Rob, hue donc !

Ils faillirent bien écraser deux soldats ivres et poussèrent un cabriolet jusque sur le trottoir, mais heureusement il y avait fort peu de circulation dans les rues et les chevaux se calmèrent en approchant du port. Herapath atteignit sa taverne habituelle — ou plutôt les chevaux l'y conduisirent — et ils poursuivirent à pied le long du quai jusqu'à l'*Arcturus*, portant une lanterne et le panier de provisions.

— A présent, monsieur, dit Mr Herapath en les conduisant en bas, je vais vous montrer une chose qui, je crois, vous étonnera.

Ils descendirent dans l'odeur du goudron, du cordage et de l'eau de cale, vers l'arrière, jusqu'à la soute à biscuits : l'espace aujourd'hui vide était entièrement doublé de tôles métalliques étamées, contre les rats, et sentait encore le biscuit. Mr Herapath appuya sur les lattes de bois qui maintenaient les tôles, les secoua et sonda les panneaux qui rendirent tous le même son creux.

— Où est-ce, marmonnait-il, par le diable, j'aurais bien juré... Je l'ai vu cent fois.

— Je crois que c'est celle-ci, monsieur, dit son fils en faisant pivoter une latte.

La tôle s'ouvrit vers le haut sur une charnière, découvrant un espace où quatre à cinq personnes pouvaient se dissimuler pendant que l'on fouillait le navire.

— Là ! Regardez cela, s'écria Mr Herapath, je vous avais dit que je vous étonnerais.

Le père et le fils étaient si heureux que Jack n'eut pas le cœur de dire qu'il avait vu la chose au moins une demi-douzaine de fois quand, aspirant ou lieutenant, on l'avait envoyé à bord de navires marchands pour recruter tous les hommes qu'il pourrait trouver. Mais son humeur morose s'améliora un peu à l'idée que cela arrêterait des terriens, et que si les officiers de la Royal

Navy étaient capables de découvrir facilement la cachette, ceux de la marine américaine n'avaient pas l'habitude de ce genre de découverte, puisqu'ils ne recrutaient jamais les hommes de force, leurs équipages étant faits de volontaires triés sur le volet. Par contre, évidemment, bien des marins américains avaient dû se dissimuler pour échapper aux recruteurs, soit dans les barils, dans la cale, soit dans des endroits comme celui-ci ; et beaucoup d'officiers américains avaient commandé des navires marchands.

Mr Herapath lui montra à l'intérieur le loquet qui libérait le panneau, rangea le panier et lui donna le double des clés.

— A présent, monsieur, dit-il en regardant sa montre à la lueur de la lanterne, en route pour notre reconnaissance. Il se fait tard.

Il était plus tard encore quand la voiture atteignit l'hôtel. Leur premier accrochage, au départ, avait endommagé le trait extérieur qui se rompit tout à fait quand Mr Herapath laissa ses chevaux s'emmêler dans une charrette en remontant du port.

Le cordage qu'ils avaient avec eux fit l'affaire, mais la tâche fut longue et lente : les lanternes ne cessaient de s'éteindre et il fallait les rallumer à l'intérieur de la voiture, tandis que la lanterne sourde ne donnait qu'une très faible lumière, et les chevaux énervés s'agitèrent du début à la fin. L'accident se produisit à l'angle de Washington Street et si la plus grande partie de Boston était au lit, il y eut à un moment une petite troupe de gens rassemblés pour donner des conseils, dont deux s'adressèrent à Mr Herapath par son nom.

Bavard dans les débuts de la réparation, plein de suggestions, pressé d'en avoir fini, il était devenu beaucoup plus silencieux quand Jack eut achevé de remplacer le trait et de le renforcer par un solide brin ramené à l'arrière, avec une certaine tendance à trouver tout mal et à s'offenser ; et quand enfin ils prirent le chemin de l'hôtel il était presque muet.

Jack connaissait bien ces symptômes : il les avait constatés assez souvent pendant le long trajet à l'aviron vers une côte hostile, avant que les batteries n'ouvrent le feu. Le jeune Herapath, par contre, était calme, solide, apparemment insensible : il supportait les reproches de son père avec une patience admirable.

Il était tard ; trop tard pour qu'un gamin puisse tenir les chevaux. Si tard qu'il ne restait guère signe de vie dans l'hôtel en dehors des chants au bar : *Malbrough s'en va-t'en guerre, mironton mironton mirontaine...* et des lumières dans le hall.

Jack abaissa la vitre et observa intensément la façade. Une brise de nord-ouest s'était levée pendant qu'il réparait le trait et, si le brouillard restait épais, entre les volutes errantes il voyait les lignes du balcon en travers de la façade. La voiture s'arrêta, non pas devant la porte mais un peu plus loin dans la rue. Jack sortit et dit à Michael Herapath :

— Allez-y. Voyez comment est le terrain, dites-leur que nous sommes là et revenez. Tout va bien, Herapath, n'est-ce pas ?

— Oui, monsieur, dit le jeune homme.

Il remonta le long du trottoir et entra dans l'hôtel ; quand la porte s'ouvrit, la lumière éclaira les écharpes de brume et les chants se firent plus forts : *Malbrough ne revient pas*.

Jack longea les chevaux — l'animal de tête était particulièrement agité, excité ; tout l'attelage semblait inquiet, nerveux, et une chatte traversant la rue avec un chaton dans la gueule les fit encenser follement —, et de là il étudia l'hôtel. Son œil aperçut aussitôt la poulie des ouvriers et la corde qui pendait : grandes possibilités. Deux hommes passèrent et il se pencha sur le trait pendant qu'ils regardaient la voiture ; Mr Herapath remonta son col et tira son chapeau sur ses oreilles. Un troisième, marchant d'un pas vif tout en marmonnant. Mr Evans, de la *Constitution,* et un collègue, en profonde conversation. Une femme noire avec un grand panier plat couvert sur la tête.

Mr Herapath avait retrouvé sa langue et, parlant à demi pour lui-même, à demi pour Jack debout près des marches de la voiture, il émettait en sourdine un flot continu de mots : « comme il est long... je l'aurais fait en moitié moins de temps... c'est toujours pareil, il traîne, il traîne... nous aurions dû commencer bien plus tôt, comme je le disais... chut, voici un homme qui traverse la rue... je ne suis plus tout jeune, capitaine Aubrey... ce genre de chose est parfait pour des jeunes gens... comme il met longtemps, cet imbécile de gamin... fait-il froid ? J'ai les pieds comme des blocs de glace... vous savez, capitaine Aubrey, je suis un citoyen très en vue, un membre du Conseil de la ville ; n'importe qui peut me reconnaître... c'était le révérend Chorley... il vaudrait beaucoup mieux que je m'asseye dans la voiture, si vous voulez bien monter sur le siège ».

— Je vais le faire, dit Jack, mais d'abord je vais aller jusqu'au coin pour voir ce qu'il y a derrière.

Son esprit fonctionnait vite et clair : ces chants à l'intérieur n'indiquaient pas l'état de siège ni l'embuscade ; le balcon serait peut-être un don de Dieu même avec son bras blessé — il enflait de manière déplaisante et avait peu de force, mais parviendrait quand même à le tirer là-haut. Il avait cette impression plaisamment maîtrisée d'entrer en action, le cœur battant fort mais contenu ; la brise fraîchissante sur sa joue, tandis qu'il regardait les volets fermés de Diana, renforçait l'impression : mais il gardait les doigts croisés.

Derrière le volet, éclairé par une paire de chandelles brûlées presque jusqu'aux bobèches, Stephen lisait le livre de Johnson quand ils entendirent toquer.

— Oh mon Dieu, c'est Johnson, murmura Diana.

On toqua à nouveau et elle lança d'une voix haute et tranchante :

— Qu'est-ce que c'est ?

— Mr Michael demande si Mrs Villiers peut le recevoir, dit la voix âgée du portier de l'hôtel, le dernier membre du personnel encore debout, ou presque.

— Oui, oui, dites-lui de monter.

Des minutes, des minutes qui s'étiraient, d'une longueur insolite, et enfin il fut là.

— Je suis désolé d'avoir mis si longtemps, dit-il, je suis resté pour regarder partir les derniers officiers français. Ils sont tout près de la porte, à discuter, à rire : l'un au moins est ivre. Dans quelques minutes nous pourrons sortir. Le capitaine Aubrey et mon père sont en bas avec la voiture. Je sors sur le palier pour voir ces hommes s'en aller et je vous préviendrai.

— Nous serons prêts, dit Stephen en sautant sur ses pieds. Diana, prenez quelques affaires. Il retourna en hâte dans le cabinet de Johnson, fit un choix rapide et précis de papiers — à la lueur mouvante de sa chandelle, le visage cireux de Dubreuil, tout blanc dans l'ouverture de la porte du cabinet de toilette, semblait bouger, perdant la gravité terrible de la mort —, revint et s'assit avec la pile de documents sur ses genoux.

— Stephen, chuchota Diana. Vous avez dit que mes diamants étaient sur le bureau de Johnson. Il est donc ouvert ?

— Il l'est, mais n'allez pas là-bas, Diana, vous verriez quelque chose de très laid.

— Bah, dit-elle, ça m'est tout à fait égal. Ils sont à moi. Je les ai bien gagnés.

Elle revint, portant l'écrin, et ses pas laissaient des traces de sang, de plus en plus légères.

— Je veux dire, en recevant ses horribles invités politiques et en traduisant...

Il baissa les yeux. La Diana qu'il avait connue n'aurait jamais dit les premiers mots ; ou si, par quelque impossibilité, elle les avait prononcés, elle n'aurait jamais, jamais, émis la moindre explication. Elle en était obscurément consciente.

— Je ne savais pas que vous aviez quelque chose à voir avec l'espionnage, Maturin, dit-elle.

— Plus maintenant, mais je connais l'officier des services de renseignement de l'armée, à Halifax, et ces papiers pourraient lui être utiles.

Herapath passa la tête par la porte.

— Ils s'en vont, dit-il, ils sont dans le vestibule extérieur. Partons.

Il prit la petite malle de Diana et ils descendirent lentement les escaliers dans le hall vide. Le vieux portier s'éloignait, il éteignait les lumières dans le bar.

Au même instant les Français, mus par quelque aberration, surgirent dans la rue en criant tous ensemble, agitant leur chapeau. La voiture se mit immédiatement en mouvement ; elle allait déjà vite quand elle dépassa Jack, à l'angle. Les Français, poussant de grands cris, passèrent près de lui en courant après la voiture sur une brève distance puis, toujours riant et plaisantant, s'évanouirent dans le brouillard. On entendit les chevaux passer du trot au galop.

Jack se retourna, vit ses amis sortir et rester là, incertains, regardant de droite et de gauche. Il les rejoignit comme la lumière s'éteignait dans le hall, les conduisit jusqu'à l'angle et dit :

— Les chevaux se sont emballés ; reste-t-il des Français ?

— Non, monsieur, dit Herapath.

— Cousine Diana, votre serviteur. Stephen, comment allez-vous ? Pas blessé ? Donnez-moi votre paquet. Herapath, je vous suis tout spécialement obligé ; par Dieu, vraiment. Pouvez-vous nous montrer le chemin jusqu'au port ?

— C'est par cette ruelle que ce sera le plus tranquille. Elle conduit chez moi. Voulez-vous vous arrêter pour vous reposer ou prendre quelque... quelque rafraîchissement ?

— Non, je vous remercie, dit Jack. Plus tôt nous

serons à bord, mieux cela vaudra. Mais ne nous pressons pas. Marchons naturellement.

Leurs pas résonnaient dans les rues désertes ; soudain la lune apparut, d'abord voilée puis bien claire — le brouillard s'enfuyant avec la brise —, et finalement presque constante, gibbeuse, bossue, courant vers le nord-ouest parmi les nuages élevés et déversant sa lumière spectrale. Quelques chats, un cochon endormi et, derrière la maison basse et sordide d'Herapath, les pleurnichements d'un enfant.

— C'est Caroline, dit-il.

Il entra ; les pleurs se turent ; un moment après il sortit avec une lanterne et, à sa lumière, Stephen inspecta le bras blessé de Jack, le banda, le mit en écharpe avec sa cravate, et reprit sans un mot les livres et les papiers.

Cinq minutes plus tard ils étaient sur le quai désert éclairé par la lune, longeant les navires qui grinçaient et grognaient, balancés par la marée montante. Herapath les conduisit à bord de l'*Arcturus*, en bas et jusqu'à la soute à biscuits. Il ouvrit le volet de métal : après une légère hésitation, Diana franchit l'ouverture, suivie de Stephen ; aucun n'avait dit plus de quelques mots depuis l'hôtel, d'ailleurs la tension n'avait cessé de monter.

— Il y a un panier là-dedans, derrière vous, dit Herapath toujours à voix très basse. J'apporterai d'autres nourritures demain.

Diana intervint et parla avec beaucoup d'élégance ; elle remercia extrêmement Mr Herapath, plus qu'elle ne pouvait le dire, pour ce soir ; elle ne pouvait exprimer à quel point elle admirait son sang-froid. Elle le pria de bien vouloir embrasser pour elle la chère Caroline ; elle espérait avoir l'occasion de le revoir quand il aurait pris une bonne nuit de repos — jamais personne ne l'avait mieux gagnée. S'il lui passait par l'esprit d'apporter un peu de lait, elle en serait très reconnaissante.

Jack retourna avec lui jusqu'au fronton du gaillard, regarda le ciel et dit :

— Herapath, vous vous êtes comporté noblement avec nous. Noblement, sur mon honneur. Mais nous ne sommes pas entièrement sortis du bois. Il y aura un terrible tollé demain et je ne suis pas très tranquille à propos de votre père. N'allez pas imaginer que je fasse la moindre réflexion sur son comportement : après tant d'amabilité ce serait terriblement mesquin, méprisable, ignoble. Mais c'est un vieux monsieur ; plus vieux que je ne pensais. Et s'ils se mettent à l'interroger, après le choc de ce soir et les chevaux emballés il pourrait être conduit... vous me comprenez ?

— Oui, monsieur.

— Par ailleurs, nous avions parlé d'un bateau, votre père et moi — je crois que c'était avant votre retour —, pour que, le temps et la marée le permettant, je puisse tirer d'ici le docteur et Mrs Villiers. Mais il me semble à présent que le temps est venu ; et la marée le permettra dès qu'elle sera pleine. Par ailleurs, votre père est absent pour le moment et demain il sera peut-être trop tard. Pouvez-vous m'en trouver un ?

— Celui de Joe est là, monsieur. Mais ce n'est qu'un vieux bachot, un scow raccourci avec lequel il va pêcher ; il ne saurait affronter la pleine mer, ni même un coup de vent dans le port. Vous n'atteindriez pas Halifax avec, j'en suis sûr.

— Grant a atteint Le Cap avec la chaloupe. Mais j'espère ne pas avoir à aller si loin. Pouvons-nous jeter un coup d'œil ?

Herapath traversa le pont jusqu'à la lisse tribord, trouva une amarre et tira : une vilaine embarcation à flancs plats sortit de l'obscurité et apparut dans le clair de lune. Un objet indistinct était couché dessus en long, et trois bidons brillaient sous la lune comme des yeux.

— Ce doit être le mât et la voile, dit Herapath, et là ses pots à amorce. Je les sens d'ici.

Jack observa longuement, grave.

— A marée haute, dit-il, j'embarquerai et nous partirons avec le jusant. Ne voulez-vous pas venir avec nous, Herapath ? Je ferai de vous un aspirant sur n'importe quel navire que je commanderai et vous pourriez être à nouveau l'assistant du docteur. Les choses risquent d'être désagréables pour vous à Boston.

— Ah non, monsieur, dit Herapath, ce n'est pas possible ; mais je vous suis très obligé du soin que vous prenez de moi. J'ai des liens qui m'attachent ici... et puis, vous savez, nous sommes ennemis.

— Par Dieu, c'est vrai. J'avais oublié. J'ai bien du mal à vous considérer comme un ennemi, Herapath.

— Voulez-vous que je vous donne la main, monsieur, pour mettre le mât en place ? Ce serait peu commode avec votre bras.

Le mât fut mis en place, le jeune Herapath partit. Jack restait appuyé à la lisse, regardant le bachot, puis le port éclairé par la lune, la forme vague des îles et des puissantes batteries. La marée montait, montait sans cesse, les défenses souffraient, couinaient et, par degrés imperceptibles, le pont de l'*Arcturus* s'éleva au-dessus du niveau du quai. Il surveillait sans trêve les changements de courant, l'évitage des petits bateaux et de leurs bouées, l'évolution du ciel — le marin en lui était bien vivant —, et sans cesse il tendait l'oreille, de manière relativement illogique à cette heure, vers une clameur dans la ville, des groupes se hâtant le long du quai, fouillant les navires. Il considérait aussi un certain nombre de solutions de rechange si la brise lui faisait défaut. Au plus profond de lui, son esprit s'en allait bien loin : vers l'Angleterre et Sophie, bien sûr, mais aussi vers l'*Acasta*, le commandement promis, et la possibilité d'une rencontre qui puisse redresser un peu la balance et lever la profonde dépression qui l'habitait depuis sa première heure à bord de la *Java*. La *Guerrière*, la *Macedonian*, la *Java* : c'était plus qu'un homme ne pouvait supporter.

Bien souvent Stephen l'avait jugé profondément

superstitieux. Peut-être l'était-il : sans aucun doute il croyait très fort à la chance, signalée par divers présages dont certains dérisoires, tels que la présence de l'étoile Arcturus là-haut, et par un sentiment impossible à définir quoique constitué en partie d'une confiance particulièrement solide, qui lui disait quand la marée lui était favorable. Il le sentait à présent. Et si une piété primitive lui interdisait de laisser les mots se former même dans le coin le plus retiré de son esprit, il pensait tout de même qu'il allait réussir.

Par ailleurs, il sentait la malchance liée à Diana, la malchance entourant Diana. Il n'avait pas envie d'être en bas avec elle. Elle était malchanceuse ; elle portait malchance. Il lui était profondément reconnaissant, il aimait bien la manière dont elle s'était comportée jusqu'ici — sans chichis, sans vapeurs, sans plaintes — mais il aurait préféré, pour lui, qu'elle ne soit pas là. Pour Stephen, il ne pouvait le dire. Il l'avait vu si tourmenté par elle et pour elle depuis quelques années qu'il ne pouvait plus savoir. Peut-être était-ce une bonne chose qu'il l'obtienne enfin. Dans le silence total du quart de minuit, il lui sembla tout juste entendre leurs voix, là, en bas.

Mais le long silence tirait à sa fin. On entendait gronder les premiers chariots du lundi matin quelque part dans la ville, assez proches, et des charrettes, loin à droite. La marée était tout près de son plein ; le flot diminuait depuis une demi-heure et les petits bateaux — il y en avait un grand nombre, bateaux de promenade, bateaux de pêche et quelques yachts — ne tiraient plus sur leurs bouées. La lune n'était qu'à un travers de main de son coucher.

— Joe, dit une voix sortie de l'obscurité sous la poupe de l'*Arcturus*, Joe. C'est-y qu'tu vas sortir ?

— J'suis pas Joe, dit Jack.

— Qui qu't'es donc ? demanda le bateau, à présent visible.

— Jack.

— Où est Joe ?
— Parti à Salem.
— C'est-y qu'tu vas sortir, Jack ?
— Peut-être.
— C'est-y qu't'as de l'amorce, Jack ?
— Non.
— Bon, ben, va t'faire voir, Jack.
— Va t'faire voir aussi, mon vieux, dit Jack avec douceur.

Il regarda le bateau s'écarter, hisser sa voile, en jurant tout bas, et s'en aller sur l'eau étale. Puis il descendit à tâtons vers l'arrière, jusqu'à la cale à biscuits. Il vit de la lumière à travers les fentes du panneau articulé, tapota, entendit la voix basse de Diana :

— Qui est-ce ?
— Jack, dit-il, et le panneau s'ouvrit, montrant Diana à côté de la lanterne assourdie, un pistolet sur les genoux. L'atmosphère était étouffante et la flamme assez basse. Elle posa son doigt sur ses lèvres et dit :
— Chut. Il a mangé tout ce qu'il y avait dans le panier et à présent il dort profondément. Il n'avait rien pris de toute la journée. Pouvez-vous imaginer ça ?

Une partie de l'esprit de Jack s'était aussi attardée sur la pensée du petit déjeuner, son estomac se rappelant depuis quelque temps à son souvenir, et il eut conscience d'une déception aiguë.

— Bon, mais il faut qu'il se réveille. Nous prenons le canot : c'est la renverse.

Ils le poussèrent, le pincèrent pour le réveiller plus ou moins et le conduisirent sur le pont, son paquet sous le bras.

Pour un navire de cette taille, l'*Arcturus* n'avait pas un plat-bord très important, mais le petit bachot semblait pourtant bien loin.

— Faut-il que nous changions de navire ? dit Stephen.
— Il le faut, je crois, dit Jack.
— Ne vaudrait-il pas mieux attendre que la marée

monte et fasse flotter le canot un peu plus haut, un peu plus près du pont ?

— Leurs positions relatives resteraient les mêmes, je vous l'assure. D'ailleurs, la marée est déjà pleine. Allons, Stephen, vous avez souvent sauté dans un canot bien plus bas que celui-ci.

— Je pense à Diana.

— Oh, Diana... elle descendra bravement. Donnez-lui la main pour passer la lisse et je la recevrai en bas. Diana, où est votre coffre ? Stephen, tenez bon cette amarre et laissez descendre joliment quand je vous le dirai. Il passa par-dessus la lisse, descendit dans les porte-haubans et, la main gauche cramponnée sur un piton à œil, se laissa descendre dans le bachot.

— Envoyez, dit-il, et la petite malle descendit. Diana, à vous. (Il guida ses pieds sur le porte-haubans.) Tenez vos jupons et sautez.

— Que mes jupons aillent au diable, dit Diana, et elle sauta.

Il la reçut tout entière avec son bras valide.

— Nul ne pourrait vous traiter de femme légère, Diana, dit-il en l'asseyant parmi les pots à amorce et l'odeur envahissante du calmar pourrissant, puis il rougit dans l'obscurité.

— Venez, Stephen ! lança-t-il.

Il y avait des chariots sur le quai et plusieurs lanternes, des voix dans le port, des lumières mouvantes.

— Jack, avez-vous un bout de ficelle dans votre poche ? Je ne peux pas descendre sans attacher mon paquet.

— Le pauvre agneau, murmura Diana, il est encore à moitié endormi.

Elle escalada la muraille comme un garçon, ôta son châle, y enveloppa les papiers, noua les coins et jeta le tout dans le canot.

— Nous finirons bien par partir, je suppose, dit Jack plus ou moins pour lui-même en mettant le gouvernail en place.

Et quand enfin ils furent descendus :

— Diana, installez-vous tout à l'avant et ne vous mettez pas dans nos pieds. Stephen, les dames de nage sont là : allez-y. Nagez.

Il écarta le canot ; le flanc de l'*Arcturus* s'effaça ; Stephen donna quelques coups d'aviron efficaces.

— Rentrez les avirons, dit Jack. Attrapez la drisse. Non, la drisse. Par le diable... hissez. La main dessus, Stephen. Tournez. Faites deux tours sur le taquet... le taquet.

Le canot fit une violente embardée. Jack lâcha tout, gagna l'avant, fit deux tours autour du taquet et repartit vers la barre. La voile se remplit, il mit le vent un peu sur l'arrière du travers et le canot se dirigea vers le large.

— Vous êtes terriblement hargneux ce soir, Jack, dit Stephen. Comment voulez-vous que je puisse comprendre votre horrible jargon sans réfléchir ? Je ne vous demande pas de comprendre le jargon médical sans vous laisser le temps d'envisager l'étymologie, par ma foi !

— Ne pas connaître la différence entre une drisse et une écoute après toutes ces années en mer, cela dépasse la compréhension, dit Jack.

— Sur la terre ferme, vous êtes un homme raisonnablement civil et assez complaisant, dit Stephen, mais dès l'instant où vous êtes sur l'eau vous devenez pragmatique et absolu, un vrai tyran — faites ceci et faites cela, gloupez les élicotes serretées, là —, plus rien d'un être social. C'est sans doute l'effet d'une longue habitude du commandement ; mais on ne saurait le considérer comme aimable.

Diana ne disait rien : dotée d'une considérable expérience, elle savait que pour être le moins du monde tolérables il fallait que les hommes fussent nourris. Elle commençait aussi à sentir les haut-le-cœur annonçant le mal de mer — elle était très mauvais marin — et redoutait la suite.

Le bachot raccourci avait une curieuse allure mais en fait, quand Jack se fut habitué à ses manières, il constata qu'il se conduisait assez bien, en dépit d'une obstination étonnante à rentrer dans le vent et d'une faculté de dérive extraordinaire : avec son fond tout à fait plat il glissait de côté sous la poussée du vent, presque aussi loin et aussi vite qu'il avançait. Mais il y avait toute la place nécessaire et, n'ayant pas à craindre les hauts-fonds avec une embarcation qui ne calait pas six pouces, il fit route sur Point Shirley pour doubler la longue île.

Il n'était pas seul dans la vaste rade extérieure : plusieurs autres bateaux de pêche étaient sortis, et à présent, sur tribord, dans le chenal d'eau profonde, la *Chesapeake* elle-même commençait d'apparaître. Il y avait des lumières dans la chambre — Lawrence était déjà levé — et sous les yeux de Jack on appela le quart du matin. D'autres lumières apparurent dans tous les sabords et les hublots ouverts ; à un mille de distance il entendit la voix des aides-bosco, tout le vacarme familier, si semblable à celui des navires où il avait servi.

Le silence de la nuit s'évanouissait très vite. Là-haut, les mouettes commençaient d'appeler, et au fond de la baie Boston se réveillait — les lumières derrière eux montraient la forme du front de mer. Mais elles ne seraient pas nécessaires très longtemps : Saturne s'était couché, pour aller avec la lune se lever en Tartarie, et déjà le ciel s'éclaircissait à l'est.

Il poursuivit sa route obstinément, s'écartant de la terre, l'eau clapotant le long du flanc, l'écoute vive dans sa main, la barre sous le genou. La brise était faible mais avec l'aide du jusant il faisait quatre ou cinq nœuds par rapport à la côte ; et il commençait à sentir la respiration du bel océan, les mouvements de la pleine mer, quoique fort atténués par la longue île.

— Qu'est-ce qui se passe ? demanda-t-il tout à coup.

— Diana est malade, dit Stephen.

— Oh, la pauvre ; qu'elle se penche du côté sous le vent.

Devant eux la clarté augmentait et l'île n'était plus une tache confuse mais une masse noire bien dessinée, à portée de fusil. Diana s'était écroulée dans le fond du canot. « Il faudra que ce soit pire avant de s'améliorer », se dit-il en l'observant sans émotion. Une file de mouettes passa au-dessus d'eux, avec des rires rauques et cyniques ; des fientes tombèrent à bord ; ils poursuivaient leur route.

La brise refusait un peu : avec une telle dérive il serait probablement obligé de virer pour doubler la pointe. Tout en refusant, elle mollissait ; le soleil levant risquait de l'avaler tout à fait.

Il n'était pas question d'en perdre un souffle. « Pas une minute à perdre », et virer lui en ferait perdre beaucoup. Par-dessous la voile il observa le rivage de l'île qui se rapprochait, bien clair à présent, avec des gens qui circulaient sur la plage et de l'eau blanche à la pointe. Plus près, encore plus près : il choqua l'écoute et saisit un aviron, comptant sur le courant pour les faire passer. Un ou deux chocs, un rocher repoussé de l'aviron, et c'était fait. Un homme les appela de l'île. Jack agita la main, borda son écoute : il sentait la houle à présent, qui rentrait du sud-est et s'opposait au jusant. Le bachot se mit à danser, et le bruit des nausées sèches se réveilla dans l'étrave.

— Mettez-lui mon habit sur les épaules, dit Jack en l'ôtant. C'était facile avec son bras en écharpe. Stephen lui avait déjà donné sa veste mais elle grelottait toujours ; grinçant des dents, les poings serrés, elle grelottait convulsivement.

Devant eux c'était Lovell's Island maintenant, un groupe de bateaux de pêche, le ciel bleu derrière et des rayons brillants surgissant de l'est, et puis le bord étincelant du soleil lui-même, supportable un moment, puis beaucoup trop puissant. La brise, irrégulière et capricieuse, passa brusquement sur l'arrière, risée plus forte qui poussa l'avant du canot dans une vague. Diana fut trempée : effondrée, aplatie, elle ne bougea ni ne grogna.

— Ecopez avec les pots à amorce, dit Jack. C'est Lovell's Island là devant. Je crois que nous allons la doubler.

— Ah oui ? Très bien. Il y a une substance glutineuse dans ces pots : je vois la tête d'un décapode.

— Jetez-le, dit Jack, et écopez.

— Ce sont là, je présume, dit Stephen, hochant la tête vers les petits bateaux, tout en écopant, les bateaux dc pêche qui sont partis avant nous. Mais qu'est-ce que ceci ?

Sur la mer brillante, sorti de l'extrémité sud de la longue île, un cotre, tous les avirons sortis, nageait vite et fort face au vent. Sa route couperait bientôt celle de leur canot, à la manière dont ses hommes ramaient.

— Pourriez-vous aller un peu plus vite, peut-être ? demanda Stephen.

Jack dit non de la tête, fit un pas en avant et abaissa doucement la voile. Le cotre fonçait droit sur eux : les hommes étaient armés — bandoulière, coutelas, tomahawk et pistolet — et dans la chambre un officier se penchait vers eux, gueulant d'un ton d'urgence : « Nagez, nagez ! »

A ses côtés le patron de canot se dressa à demi et lança : « Faites place ! » Les petits bateaux se dispersèrent ; le cotre fonça parmi eux, vira à gauche en une longue courbe qui lui fit doubler la pointe nord de la grande île et disparut, toujours à fond de train.

— C'était Lawrence entraînant ses équipes d'abordage, observa Jack en rehissant la voile. C'est un commandant rigoureux, pas de doute.

Il constata que son cœur battait la chamade et dit :

— A ce rythme, ils seront de retour à bord de la *Chesapeake* dans vingt minutes, malgré la marée. Comment va Diana ?

— Un certain degré de prostration, de prostration bénigne.

Ils la regardèrent : verte, les cheveux collés sur son visage moite, les yeux fermés, les dents serrées, une expression mêlant la mort et la résistance obstinée. Stephen lui essuya la joue. Jack dit :

— Je vais ménager le canot. Vous pourriez déplacer les pots à amorce et ôter ce vieux sac qu'elle a sous la tête : l'odeur lui déplaît peut-être.

Il fit passer le bachot au large de Lovell's Island, par le sud, pour adoucir les mouvements ; par le sud, avec la batterie sous son vent, dans le chenal, et là, en doublant la pointe sud, il vit ce que son âme attendait avec tant d'espoir : huniers et perroquets derrière l'extrémité nord des îles Brewster, un navire approchant par les Graves.

Incapable d'être sûr sans sa lunette que ce soit la *Shannon*, il ne dit rien ; mais son cœur était habité d'une merveilleuse certitude.

— Vous semblez satisfait, mon frère, dit Stephen au bout d'un moment, son regard passant d'un visage vert jaunâtre à un autre rouge et épanoui.

— Oui, c'est vrai, pour être franc, dit Jack, et vous allez l'être aussi, je crois. Voyez-vous ce navire, juste dégagé à présent de l'île la plus au nord ?

— Je ne le vois pas.

— L'île au nord, la prochaine, celle de gauche. On voit sa coque, par Dieu.

— Ah, je l'aperçois. Et pour ce que vaut mon opinion, je dirais que cela ressemble fort à un vaisseau de guerre. Il y a là une netteté, un certain air que nous associons aux vaisseaux de guerre.

Abandonnant toutes les possibilités de faire un mot d'esprit, Jack rit tout haut et dit :

— C'est la *Shannon*, qui vient comme tous les matins regarder la *Chesapeake,* ha, ha, ha !

La *Shannon* poursuivait sa route, refoulant le courant ; le canot, serrant le vent autant que possible, fit route pour passer devant elle. Deux milles les séparaient : leur vitesse combinée réduisit en dix minutes la distance à un demi-mille, et Jack vit qu'il ne pourrait l'atteindre sur ce bord — le canot dérivait trop — et qu'en virant il se retrouverait dans son sillage. « Ai-je parlé trop tôt ? » pensa-t-il, et, se dressant, il héla comme il l'avait rarement fait :

— Ho, du navire, ho, de la *Shannon* !

Un moment de la plus intense inquiétude puis il vit la frégate masquer son petit hunier : elle se freina juste assez pour que le bachot vienne à couple. L'embarcation rudimentaire vint cogner sur la coque et du pont une voix tonnante, une voix familière, s'écria :

— Attention à la peinture, que le diable vous emporte, attention à la peinture, écartez-vous. J'ai bien envie de vous mettre un boulet dans les fonds. (Puis, d'un ton plus aimable :) Eh bien, Jonathan, as-tu quelques homards ? Paul, passez lui un bout'.

Le bout' bien en main, le soulagement au cœur, Jack put se permettre quelque facétie :

— Je vous prierai de modérer votre langage, monsieur, nous avons une dame à bord. Veuillez dire au capitaine Broke que j'aimerais lui dire un mot. Et sortez vos mains de vos poches quand vous me parlez, Mr Falkiner.

Consternation totale sur le large visage honnête et buriné par les intempéries, montée de courroux, silence stupéfait d'un bout à l'autre du navire, puis un immense sourire et Falkiner s'écria :

— Par le... mon Dieu, c'est le capitaine Aubrey ! Je vous demande pardon, monsieur, je vais chercher le capitaine dans l'instant. Voulez-vous monter à bord, monsieur ?

Course sur le pont, ordres, cris, exclamations, le tonnerre des bottes de l'infanterie de marine, les hommes de coupée avec les tire-veilles garnis d'étamine et Jack, attendant le coup de roulis, franchit le vide et escalada le flanc, au trille des sifflets. L'infanterie de marine présenta les armes, Jack ôta son chapeau et Broke apparut, serviette à la main, du jaune d'œuf dégoulinant sur le menton.

— Jack, c'est merveilleux, comme je suis heureux de vous voir. Comment se fait-il que vous soyez ici ? Comment allez-vous... votre bras ?

— Philip, dit Jack, comment allez-vous ? Je suis venu avec ce bachot, je peux vous l'assurer. Puis-je vous demander une chaise de gabier ? Nous avons une dame à bord, un peu indisposée, la cousine de Sophie, Diana Villiers. Et peut-être mon chirurgien en aurait-il l'usage aussi : c'est un docteur prodigieux mais pas un grand marin.

Diana fut hissée à bord, flasque, inconsciente, tel un rat mort et mouillé, un rat femelle mort et mouillé, et transportée dans la cabine du maître absent. Stephen monta après elle et, se penchant à son oreille tandis qu'il s'efforçait de sortir de la chaise, Jack murmura :

— Je peux vous le dire à présent : nous nous sommes échappés. Je vous félicite de votre liberté, mon frère.

Il le présenta ensuite :

— Docteur Maturin, mon ami très cher ; capitaine Broke. Dites-moi, Philip, vous ne seriez pas en train de prendre votre petit déjeuner, par hasard ? Le pauvre Maturin que voici est affamé, il dépérit et se languit par manque de nourriture.

La routine navale les reprit, et de manière extraordinaire : à peine à bord depuis quelques heures, ils se sentirent parfaitement chez eux. Ils auraient pu être embarqués sur la *Shannon* depuis des semaines ou des mois, entourés par des odeurs et des sons familiers, ballottés par le mouvement familier, particulièrement prononcé aujourd'hui. Ils retrouvaient un certain nombre d'anciens compagnons de bord parmi l'équipage, au carré et dans la chambre, mais, de plus, l'existence étroitement ordonnée de la *Shannon* était dans presque tous ses détails la même que sur leurs anciens navires ; et quand le tambour battit « Roast Beef of Old England » pour le dîner des officiers, Stephen se surprit à saliver en dépit d'un petit déjeuner tardif et copieux. Boston aurait pu être à mille milles, si ce n'est qu'on la voyait encore, tout au fond de sa vaste baie, quand la frégate regagna le grand large, son inspection matinale achevée, pour reprendre son blocus obstiné.

Elle n'avait pas très grande allure : rien qu'une frégate ordinaire, trente-huit canons de dix-huit livres, un millier de tonneaux, traitée avec mesquinerie par l'arsenal en matière de peinture et qui venait de passer près de deux ans en poste sur la côte d'Amérique du Nord, par tous les temps — en général déplaisants, vergues, gréements et ponts garnis de glace épaisse —, qui avaient fort maltraité le peu qu'elle possédait en ornements, dorures ou décorations. Mais c'était un navire heureux : ses hommes étaient ensemble, avec bien peu de changement pour un navire de guerre, depuis que Broke avait pris le commandement ; ils étaient habitués les uns aux autres, à leurs officiers et à leurs tâches ; et ils travaillaient bien, un équipage de bons marins, efficaces et pleins de bonne volonté.

Mais ce bonheur, du moins pour le carré, était étouffé par un lourd sentiment de défaite, la sensation qu'avec la capture de trois frégates de la Royal Navy, l'une après l'autre, le service était tombé très, très bas, et un désir ardent de venger la *Guerrière*, la *Macedonian* et la *Java*. Stephen en prit conscience quand Watt, le premier lieutenant, l'introduisit dans le carré. Plusieurs officiers s'y trouvaient déjà et ils l'accueillirent volontiers. Mais, une fois terminées les présentations et les civilités ordinaires, il aurait pu se retrouver à bord de la *Java* ; l'atmosphère était à peu près la même, les officiers étaient encore plus soucieux de la guerre américaine. Elle leur était plus immédiate, beaucoup plus immédiate, et ils avaient frôlé le combat depuis sa déclaration. D'après les potins du service et le compte rendu de la cour martiale qui avait acquitté Chads et les officiers survivants de la *Java*, ils en savaient beaucoup plus que Stephen sur le combat avec la *Constitution*, mais il restait quelques lacunes dans leurs connaissances et ils l'accablèrent de questions : les Américains avaient-ils utilisé des boulets ramés ? Quel en était le résultat ? Y avait-il en fait de nombreux déserteurs britanniques sur la *Constitution* ? A quelle portée avait-elle ouvert le feu ? Que pensait le docteur Maturin de la qualité de leur artillerie ? Ses boulets se brisaient-ils à l'impact ? Etait-il vrai que les Américains utilisaient de la feuille de plomb pour leurs gargousses ?

— Messieurs, dit-il, j'ai passé la plupart du combat en bas. Je regrette mon ignorance, mais...

— Mais enfin, dit Mr Jack, le chirurgien de la *Shannon*, vous avez sûrement entendu quand les palans de garde ont cassé ? Il n'est pas possible qu'un blessé ne vous ait pas parlé des palans de garde.

— Les compliments du capitaine au docteur Maturin, dit un second maître grand et pressé, et il le prie de lui faire le plaisir de lui tenir compagnie pour dîner.

— Mr Cosnahan, dit Stephen en lui serrant la main, je suis enchanté de vous voir, manifestement en bonne santé et apparemment sobre. Mes compliments au capitaine Broke, et je serai heureux de lui rendre visite.

Plus haut le rang, plus tardif le dîner. Cosnahan était déjà tout graisseux du pudding du poste des aspirants avant que le carré ne s'installe pour manger sa morue bouillie, et le repas de la chambre n'était encore qu'un parfum lointain, quoique non déplaisant, dans la cuisine : Stephen avait salivé en vain. Il glissa discrètement dans sa poche un biscuit pris dans la corbeille à pain et retourna auprès de Diana.

Elle était plus prostrée que jamais, à présent que la *Shannon* avait retrouvé son habitat naturel, la grande houle de l'Atlantique : froide, glauque, apathique, secouée de temps à autre par un spasme, mais pour le reste muette et apparemment insensible. Il l'avait déjà dévêtue, épongée, et son art n'avait plus d'autre ressource en dehors des couvertures chaudes. Il l'observa, pensif, un moment, tout en grignotant son biscuit, puis descendit dans la cabine que son vieux compagnon Falkiner avait désertée pour lui. Il vérifia ses papiers, à présent enveloppés dans une toile à voile, et, se souvenant qu'il avait parlé un peu aigrement dans la nuit, il fit de son mieux pour se rendre présentable afin de faire honneur à Jack dans la chambre : enfin, net et propre, il s'assit sur la bannette de Falkiner, sa montre nouvellement acquise en main, et réfléchit à Diana.

Il avait tant de choses à considérer, tant d'aspects d'une relation complexe, ainsi que du mariage lui-même, état inconnu, que ses pensées n'avaient pas beaucoup dépassé une longue digression sur les effets singuliers, physiques et spirituels, de la grossesse, parfois admirables, parfois désastreux, quand les élégantes aiguilles de la montre et un minuscule carillon à l'intérieur lui indiquèrent qu'il était temps d'y aller. Son sommeil nocturne, quoique bref, s'était révélé remarquablement profond et restaurateur : il avait la tête encore douloureuse, ses yeux avaient encore du mal à ajuster correctement pour lire et ses côtes fêlées étaient abominablement douloureuses au moindre faux mouvement, mais dans l'immédiat il était son maître ; il n'avait plus à lutter avec un esprit vacillant, incertain, épuisé, incapable de décision ; et sans réussir à voir clairement en ce qui concernait Diana, il put mettre de côté son chagrin et son impression de perte.

Il rencontra en chemin Cosnahan, qu'on avait envoyé le chercher car le capitaine Aubrey ne faisait pas confiance à la ponctualité de son chirurgien ; mais, irréprochable pour une fois, et même digne de louanges, il poursuivit, triomphant en silence.

Ce fut un bon dîner — huîtres, flétan, homard, dindonneau, et un pudding roulé massif qui donna aux marins une bonne dose de plaisir sans mélange — et comme la plus grande part de la conversation traitait d'affaires nautiques, Stephen eut tout le temps d'observer le capitaine Broke. Ce qu'il vit lui plut : un homme mince, brun, réservé, tranquille, grave et même mélancolique, pesant deux fois moins que Jack mais à peu près de la même stature en autorité naturelle et détermination. Ils étaient manifestement très proches et au premier abord cela pouvait paraître paradoxal, leurs styles étant si différents, aux extrêmes de ce que l'on pouvait trouver dans le service, différents comme les siècles : Jack, homme du dix-huitième, plus chaleureux, plus flamboyant, grand buveur ; Broke plus discret, homme de l'époque moderne qui gagnait si vite du terrain, même dans la Navy conservatrice. Pourtant tous deux étaient marins et sur ce plan ils se ressemblaient ; leurs idées et leurs objectifs étaient les mêmes. Jack Aubrey était un capitaine combattant, fait pour la mer et l'action violente, et de même Broke, à sa manière si différente, avec un sentiment de la défaite de la Royal Navy peut-être encore plus fort, si possible. C'était un homme aux sentiments profonds et s'il les manifestait rarement, leur miroitement furtif ne laissa aucun doute à Stephen. Cela transparut tout particulièrement quand il se mit à parler avec Jack de la *Chesapeake*, seul objet désormais du long blocus de la *Shannon*, seul objet de l'ambition et du désir passionné de Broke. Ils avaient passé en revue tous les détails de son équipement avant que Stephen ne les rejoigne et Jack avait pu en dire beaucoup, de la nature exacte de ses caronades à une évaluation très précise de son équipage, qu'il estimait à un peu moins de quatre cents. Puis ils abordèrent son capitaine ; Jack dit :

— Lawrence est un homme très bien et je suis sûr que si ses ordres ne l'obligent pas à rester au port, il vous accordera une rencontre avec tout le plaisir du monde.

— Oh, comme je l'espère ! s'écria Broke plein d'ardeur. Je l'ai attendu jour après jour, en épuisant nos réserves d'eau douce — demi-ration depuis une semaine, bien que j'aie pris tout ce que *Tenedos* a pu me donner avant de le renvoyer —, et l'idée d'être forcé à quitter le poste, à le laisser sortir ou à l'abandonner à Parker me tourmentait. J'ai envoyé des messages par un certain nombre de prisonniers libérés, pour l'inviter à sortir ; mais je pense qu'il ne les a jamais reçus. Je craignais qu'il ne soit peureux ou qu'il ne partage les sentiments de tant de monde en Nouvelle-Angleterre.

— Lawrence, peureux ? Jamais de la vie ! dit Jack avec emphase.

— Eh bien, j'en suis profondément heureux, dit Broke.

Il poursuivit en parlant des sentiments qui régnaient à Boston, pour autant qu'il ait pu en avoir connaissance. Il avait eu de fréquents contacts avec la terre et rassemblé une somme d'informations, dont certaines confirmaient ce que Stephen savait tandis que d'autres allaient bien au-delà.

— Le parti fédéraliste souhaite sans aucun doute *tout événement* qui aurait pour objet de rétablir la paix, observa-t-il, et je l'ai appris d'une personne intelligente. Mais reste à savoir comment mon homme définirait *tout événement*. Souscrire à un refus global de la guerre et fournir des informations générales sur l'état de l'opinion publique est une chose, mais lorsqu'on en vient aux détails spécifiques qui pourraient déboucher sur une défaite, c'est alors, je suppose, que l'on réfléchit qu'il s'agit de son propre pays, même s'il est mal gouverné. Je sais par exemple qu'ils disposent d'un navire à vapeur, armé de six canons de neuf livres ; mais lorsqu'il s'agissait d'informations à cet égard — sa puissance, sa vitesse, son autonomie, la possibilité de s'en emparer par un coup de main — mon homme était tout gêné. Quand vous étiez à terre, docteur Maturin, avez-vous pu faire quelques observations sur ce navire à vapeur ?

Hélas, le docteur Maturin n'avait jamais entendu parler de ce navire : était-il véritablement doté d'un moteur à vapeur ? Quel était son moyen de propulsion ?

— Le moteur entraîne deux grandes roues latérales, comme celles d'un moulin à eau, dit Broke. Une chose bien gênante à rencontrer par temps calme ou dans un chenal étroit, car il peut naviguer non seulement contre vent et courant mais sans le moindre vent.

— Avec un seul canon long de vingt-quatre livres dans l'étrave, une machine de ce genre pourrait provoquer des dommages extravagants, dit Jack, je veux dire par brise faible ou par calme.

La conversation passa aux roues à aubes ; à la propulsion à réaction préconisée par Benjamin Franklin ; aux steamers que Broke avait vus sur un canal en Ecosse pendant la paix ; à ceux qui assuraient le service sur l'Hudson ; leur valeur probable en temps de guerre ; leur bref rayon d'action, qui s'améliorerait sans doute ; les dangers du feu ; la fureur de l'amiral Sawyer à la suggestion qu'on pourrait en utiliser un comme remorqueur dans le port d'Halifax ; la probabilité que les marins soient bientôt obligés de se transformer en infects mécaniciens, en dépit de la haine féroce de l'Amirauté pour ces innovations scandaleuses ; les défauts de l'Amirauté, en général.

Le capitaine Broke, homme bien élevé, s'efforçait souvent de généraliser la conversation, mais sans grand succès ; Stephen, habituellement silencieux à table et enclin aux longs moments d'abstraction, l'était plus encore aujourd'hui, non seulement en raison de son ignorance de la chose nautique mais aussi parce que le sommeil ne cessait de l'envahir et menaçait de l'éteindre tout à fait. Sa nuit, quoique remontante, avait été brève ; les effets s'en atténuaient ; et il avait hâte de retrouver le balancement de sa bannette.

Tiré en sursaut d'un début de somme sur son pudding, il s'aperçut que le capitaine Aubrey allait chanter. Jack, l'être le moins timide au monde, chantait aussi naturellement qu'il ronflait.

— Je l'ai entendue dans la maison de fous de Boston, dit-il en vidant son verre. Voici le refrain : (Il s'adossa dans sa chaise et sa voix profonde et mélodieuse remplit la chambre.)

Oh, oh, triste tourterelle
Où peut-elle être ?
C'était mon unique amour
Mais elle m'a quitté, ô, elle m'a quitté.

— Très bien, Jack, dit Broke. (Et, tournant vers Stephen l'un de ses rares sourires :) Il me rappelle cet habitant de Lesbos à la voix mélodieuse

qui ferox bello tamen inter arma
sive iactatam religarat udo
litore navim.

— Certes, monsieur, dit Stephen, et en ce qui concerne Bacchus et Vénus, et même les Muses avec un peu d'effort, que pourrait-on trouver de mieux ? Toutefois, si je m'en souviens bien, cela continue par :

et Lycum nigris oculis nigroque
crine decorum

et, bien que je puisse me tromper, il ne me semble pas que le garçon aux cheveux noirs soit très approprié dans une description des goûts du capitaine Aubrey.

— C'est bien vrai, monsieur, c'est bien vrai, dit Broke, contrarié et déconcerté. J'avais oublié... Il est chez les Anciens quantité de passages répréhensibles qu'il vaut mieux laisser de côté.

— Ah, ah, dit Jack, je savais que vous n'auriez pas le dessus, à vous battre en latin avec le docteur. Je l'ai vu mettre à la raison un amiral, avec son ablatif absolu.

Broke émit un rire peu naturel ; il était manifestement peu habitué à la contradiction, ne possédait pas le sens aigu de l'humour de son cousin, et détestait tout ce qui sentait le moins du monde la paillardise ;

homme grave et sérieux, il revint aux armes légères et aux canons longs avec tout le sérieux et la gravité que le sujet méritait. Il décrivit les exercices mis au point pour la frégate et que l'équipage de la *Shannon* exécutait régulièrement depuis cinq ans et plus. Lundi, tir à la cible des canons longs pour les matelots. Mardi, tir à la cible des pierriers. Mercredi, pierriers dans la grand-hune et mousqueterie, toute l'infanterie de marine. Jeudi, pour les aspirants, tir à la cible et aux caronades...

— Grand Dieu, Philip, cela doit vous coûter une belle somme, dit Jack, pensant aux tonnes de poudre à huit guinées le baril envolées en fumée, cinquante livres par volée de la *Shannon ;* sans même parler des boulets.

— Oui ; l'année dernière j'ai vendu les prés du côté du presbytère, ceux où nous jouions au cricket avec les fils du pasteur, vous vous souvenez ?

— Pas de chance avec les prises ?

— Oh, nous en avons pris un bon nombre, au moins une vingtaine au cours de cette croisière ; mais je les brûle presque toutes. J'ai bien renvoyé l'autre jour deux unités recapturées, quoique cela m'ait coûté un aspirant, un quartier maître et deux matelots premier brin, mais c'est uniquement parce qu'elles étaient d'Halifax. Autrement je préfère les brûler.

— Voilà qui est héroïque, dit Jack, profondément impressionné. Mais qu'en dit votre équipage ?

— En temps ordinaire cela n'irait pas : mais à présent c'est différent. Après *Guerrière*, je les ai convoqués à l'arrière et je leur ai dit que si nous devions envoyer des prises à Halifax il faudrait les armer, donc affaiblir le navire ; nous aurions moins de chances de prendre notre revanche si nous rencontrions une de leurs grosses frégates. Ce sont des hommes raisonnables ; ils savent que nous sommes tellement à court de navires sur cette station qu'il y a peu de chances de récupérer nos équipages de prise avant de rentrer nous-mêmes au port ; et ils veulent prendre leur revanche au moins autant que moi. Ils ont été d'accord : pas de murmures, pas de maussaderie, oh, bien au contraire. Ils savent que je perds vingt fois plus qu'eux.

Jack acquiesça : c'était un remarquable exemple d'abnégation.

— Bien, dit-il, et vous exercez vos aspirants séparément ? C'est une très bonne idée : ils ne sauraient enseigner aux hommes leur devoir s'ils ne savent pas le faire mieux encore eux-mêmes. Une très bonne idée.

— C'est comme cela doit être, Jack. Vous me l'avez dit il y a bien des années. Vous les verrez cet après-midi pratiquer ce que vous avez prêché ; peut-être, monsieur — à Stephen —, voudriez-vous les voir aussi, et inspecter le navire ? J'ai apporté aux lunettes de visée des canons quelques modifications qui pourraient intéresser un esprit philosophique.

Etouffant un bâillement, Stephen dit qu'il en serait fort heureux, et les voilà partis, par l'échelle, jusqu'au gaillard inondé de soleil. Les officiers se rassemblèrent aussitôt sous le vent et Broke entama la visite par un canon de six livres en laiton installé dans un sabord pratiqué pour lui près de l'échelle de dunette.

— Celui-ci est à moi, dit-il, et je l'utilise surtout pour les jeunes messieurs et les mousses ; ils peuvent le manipuler sans se détruire et savent à présent le pointer assez bien. Et voici ma première lunette de visée...

— Mais qu'est-ce que cela ? demanda Jack.

— Un pendule, dit Broke. Un gros pendule. Quand il est à zéro sur cette échelle, voyez-vous, le pont est horizontal et à bout portant un canon touche sa cible même si son capitaine ne voit rien dans la fumée. Et derrière chaque canon nous avons un compas découpé dans le pont, ce qui permet de les orienter sur un gisement donné si les hommes sont aveuglés. Vous savez comment la fumée s'accumule quand il n'y a pas beaucoup de vent, et le peu de brise tué par la canonnade.

Jack acquiesça, remarquant que dans ce genre de cas « on voit à peine son voisin, sans parler de l'ennemi ».

Vinrent ensuite les caronades, vilaines choses trapues à grande bouche, et les canons de poupe, longs, élégants, dangereux : discussion serrée sur les meilleures bragues pour les caronades, le meilleur moyen de les empêcher de basculer, puis l'on poursuivit le long du passavant jusqu'au gaillard d'avant et son armement, d'autres caronades et les pièces de chasse.

— Voici mon favori, dit Broke en flattant de la main le neuf livres tribord. Avec deux livres et demie de charge, il envoie bellement son boulet à mille yards. Je l'ai doté de mon viseur léger car seuls les meilleurs servants l'utilisent : vous verrez les autres sur le pont principal.

— J'en serai ravi, dit Jack.

Ils traversèrent le gaillard et il aperçut deux matelots accrochés sous le beaupré, occupés à peindre du même bleu gris triste qui couvrait les flancs de la frégate la silhouette symbolisant pour l'esprit officiel non pas l'Agriculture, la Bière ou la Justice, mais la rivière Shannon. Comme il n'y avait personne à portée de voix, il dit :

— Pour l'amour de Dieu, Philip, vous pourriez certainement lui offrir un peu de vermillon et de feuille d'or, avec ou sans parts de prise ?

— Oh, quant à cela, dit Broke, nous avons toujours été un navire sans prétention, voyez-vous, pas comme la pauvre vieille *Guerrière* avec son mastic et sa peinture. Attention, docteur ! s'écria-t-il saisissant le bras de Stephen à l'instant où le roulis de la frégate menaçait de le projeter par le panneau avant.

La batterie, longue et basse, et l'armement principal du navire : les canons massifs de dix-huit livres, palanqués contre leurs sabords de chaque côté, leurs affûts peints du même gris sourd, avaient l'air d'animaux puissants, étroitement liés, des rhinocéros peut-être. Va-et-vient d'un bout à l'autre parmi les groupes affairés de marins, d'officiers et de jeunes messieurs, Jack courbé par habitude sous les barrots, Broke bien droit, plein d'enthousiasme contenu à propos de chacun des canons. Ils étaient tous équipés des robustes lunettes de visée en laiton mises au point par le capitaine, ingénieuses et simples, et de percuteurs à pierre. Jack préférait la mèche lente à tout percuteur et pendant qu'ils discutaient de cette question, enracinés dans le plancher, Stephen sentit l'ennui l'envahir : le pudding lui pesait comme un drap mortuaire. Il murmura quelque chose sur ses patients qu'il devait voir et se retira, à peine aperçu dans la chaleur de la discussion. Mais au lieu de rejoindre directement sa cabine il se dirigea vers l'arrière, jusqu'au bout du gaillard, vers le couronnement où il resta un moment à observer le sillage et les canots en remorque — leur ignoble bachot, une chaloupe et la gigue du capitaine Broke.

Il pensait au capitaine Broke, homme encore plus déterminé, plus décidé qu'il ne l'avait pensé. Un homme austère et sans doute assez timide dans ses relations personnelles : Stephen avait l'impression qu'il n'éveillait pas chez son équipage la même affection que Jack Aubrey, mais le respect immense de ses hommes était indubitable. Il sentait que Broke vivait dans un état de tension inhabituelle, comme s'il avait à porter une croix privée particulièrement lourde, et comme si le souci de ses canons et de son navire l'y aidait. Il serait intéressant de rencontrer Mrs Broke. La croix était là, quelle qu'en fût la nature ; et chez un homme fier le seul signe ne pouvait être que la réserve et la maîtrise de soi qu'il avait remarquées chez Broke. Le chirurgien de la *Shannon* le rejoignit ; ils bavardèrent du mal de mer, de la vanité de tout traitement physique d'une part et des effets étonnants de l'émotion d'autre part, du moins dans certains cas.

— Cet homme, là, sur le passavant bâbord, dit le chirurgien, cet homme en pantalon rayé qui mâche du tabac et crache par-dessus les hamacs, c'est le patron d'un brick américain que nous avons capturé voici quelques jours. Il venait de sortir de Marblehead, se trouvait juste sous notre vent à l'aube et nous l'avons pris en deux coups de cuiller.

— De quoi ?

— De cuiller à pot. Cet homme était malade comme un chien — il l'était toujours, m'a-t-il dit, les premiers jours en mer — et il a fallu l'aider à monter à bord, tout vomissant. Un cas désespéré : il tenait à peine debout et se souciait comme d'une guigne d'être capturé. Mais quand il a vu brûler son brick, quel changement ! La couleur revient, la rage et la passion, guérison complète : il trépigne sur le pont en jurant, parle de sa cargaison — vingt-huit mille dollars et pas assurée, la ruine de ses armateurs. Guéri. Pas la moindre nausée depuis, et il a acquis de la philosophie. Je voudrais pouvoir en dire autant.

— N'êtes-vous pas philosophe, monsieur ?

— Que non pas, monsieur. Je ne peux supporter de voir brûler les prises. Avec la moitié de ma part des vingt-quatre dernières — vingt-quatre, monsieur, sur mon honneur —, j'aurais pu m'acheter une jolie clientèle à Tunbridge Wells ; et avec le tout, je n'aurais plus eu besoin de clientèle du tout ; je me serais installé gentilhomme de campagne. Combien j'espère que cette maudite *Chesapeake* va sortir, pour que nous puissions reprendre notre piraterie légale.

— Vous n'avez donc pas le moindre doute quant à l'événement ?

— Pas plus que n'en avaient les chirurgiens de *Guerrière, Macedonian, Java* et *Peacock*. Mais quelle que soit l'issue, ce serait la fin de mon tourment de voir ma fortune s'envoler en fumée et flammes diaboliques.

— Je dois aller voir ma patiente, monsieur, dit Stephen. Je vous souhaite le bonjour.

Sur le pont principal, le capitaine Broke s'inquiétait aussi de Diana Villiers. Il dit à son premier lieutenant, un homme grand à tête ronde, assez sourd et qui s'inclinait anxieusement pour saisir ses paroles :

— Mr Watt, je souhaite que pour le rappel ce soir nous ne fassions pas le branle-bas complet. La dame dans la cabine du maître ne doit pas être dérangée. Ce n'est que le mal de mer et elle sera certainement mieux demain, mais aujourd'hui il ne faut pas la déranger ; laissez donc les cloisons des cabines en place. Par ailleurs, j'aimerais montrer au capitaine Aubrey ce que nous savons faire, aussi, veuillez faire préparer quelques cibles.

— Aussitôt, monsieur, dit Watt.

Il s'en fut : on venait de piquer huit coups du quart de l'après-midi et il n'y avait pas de temps à perdre. Les matelots qui n'avaient pas entendu les mots du capitaine, observant la hâte du lieutenant, en tirèrent leurs conclusions ; en deux minutes tout l'équipage était au courant et les servants de canons se rassemblèrent autour de leurs pièces, vérifiant affûts, palans et bragues, parcs à boulets, écouvillons et tire-bourres, grattant et changeant les pierres des percuteurs. Ils connaissaient la réputation du capitaine Aubrey — un vrai tigre avec les grands canons — et ceux qui avaient déjà navigué avec lui magnifiaient encore sa précision et sa rapidité, réduisant à deux minutes pour trois volées les trois minutes dix secondes auxquelles il tenait, et jurant que tous les coups allaient au but. Personne ne le croyait tout à fait, mais les hommes voulaient que le navire se montre à son avantage et ils faisaient de leur mieux : ce n'était pas grand-chose, car les canons de la *Shannon* n'étaient jamais rangés autrement que dans un état proche de la perfection, mais enfin, un peu de graisse de cuisine pouvait encore lubrifier une poulie ou une roue et peut-être faire gagner une seconde.

Un coup du premier petit quart. Stephen était assis près de Diana. La mer restait assez forte et elle était toujours immobile, terriblement blafarde, mais elle ouvrit les yeux en entendant battre le tambour et lui fit un sourire mouillé.

Rappel. Tout l'équipage aux postes de combat ; aussitôt le navire prit un aspect belliqueux, avec ses trois cent trente hommes rassemblés en groupes bien ordonnés sur les cent cinquante pieds de sa longueur. Les aspirants, les plus jeunes lieutenants et les officiers d'infanterie de marine, ayant inspecté leurs hommes, vinrent rendre compte à Mr Watt :

— Tous présents et sobres, monsieur, s'il vous plaît.

Mr Watt, faisant un pas vers l'arrière et ôtant son chapeau, fit le même compte rendu au capitaine Broke qui donna l'ordre attendu :

— Branle-bas de combat sur tribord. Le cotre rouge, au large.

En quelques instants, toutes les cloisons sauf celles de Diana s'évanouirent, le cotre toucha l'eau avec son chargement de barils vides, et le sifflet du bosco lança le trille aigu qui envoyait les matelots de leurs canons aux postes de manœuvre pour faire virer le navire ; la *Shannon* entama le long virage qui mettrait sa batterie tribord en position pour tirer sur les cibles, au vent.

Soleil encore haut dans l'ouest, jolie brise de sud-est à porter les perroquets, lumière parfaite ; mais la mer un peu plus forte que Jack ne l'aurait souhaité pour un exercice de précision. Virage achevé, la première cible se présenta, un baril portant un pavillon noir sur une perche, par l'avant tribord, à trois ou quatre cents yards. Sur le pont, les ordres familiers : « Silence partout ; sortez les tapes ; canons en batterie ; amorcez », tous purement formels puisque les hommes bougeaient automatiquement, ayant effectué ces mouvements plusieurs centaines de fois, comme Jack le voyait bien, non seulement à leur aisance bien coordonnée mais aussi aux rainures gravées dans le pont derrière chaque pièce, gravées en profondeur par d'innombrables reculs, bien trop profondes pour les pierres à briquer.

— Trois quarts, Mr Etough, dit Broke au maître temporaire. (Puis, sortant sa montre :) Feu à volonté.

L'étrave de la *Shannon* s'écarta du vent : la cible se présenta un peu mieux. La pièce d'étrave tira, suivie une fraction de seconde plus tard par le reste, en une volée échelonnée dont le vacarme vint à l'arrière comme un énorme roulement de tonnerre. L'eau blanche jaillit tout autour de la cible ; la fumée envahit le pont — odeur la plus enivrante du monde ; dans la fumée les hommes halaient furieusement sur les palans, tiraient la bourre, épongeaient, rechargeaient et ressortaient les canons.

— Mon Dieu, s'écria Diana en s'asseyant brusquement au premier grondement, qu'est-ce que c'est ?

— Ce n'est qu'un exercice des bouches à feu, dit Stephen avec un geste apaisant.

Mais ses paroles, sinon son geste, furent perdues dans le rugissement prodigieux de la seconde volée, le grondement profond du recul des canons. La première avait arraché le pavillon, la seconde détruisit tout à fait le baril ; sans la moindre pause, les équipes s'affairaient à leurs pièces tandis que les débris de la cible passaient sur l'arrière, ramenant avec force les canons de deux tonnes contre leurs sabords, les orientant à l'anspect, les pointant, chaque chef de pièce l'œil rivé au viseur. Puis un silence surnaturel en attendant le haut du roulis, le premier soupçon de la descente, et la troisième volée pulvérisa les dernières douves.

— Par Dieu, ils vont en mettre une quatrième, dit Jack tout haut.

Les canons étaient déjà ressortis, orientés tout à l'arrière. La pièce d'étrave ne portait plus mais les treize autres propulsèrent deux cents livres de fer parmi les débris noirs épars de la cible, très loin par la hanche tribord.

— Amarrez vos pièces, dit Broke et, se tournant vers Jack :

— Quatre minutes et dix secondes. Si vous voulez

bien m'accorder la pièce d'étrave, cela fait quatre volées à une minute deux secondes et demie chacune.

Si ce n'avait pas été Broke, Jack l'eût traité de menteur ; mais Philip ne mentait pas.

— Je vous félicite, dit-il, ma parole, vraiment. Une performance admirable : je n'ai jamais fait si bien.

Il l'admirait sincèrement, mais la part la moins honorable de Jack Aubrey se sentait un peu contrariée : il s'était toujours senti légèrement supérieur à Philip, nautiquement supérieur, et Philip venait d'égaler ou même de battre son record le plus cher. Restait la consolation que deux des percuteurs avaient fait long feu, ce qui ne serait jamais arrivé avec une mèche lente, et que Philip avait eu cinq ans pour entraîner ses hommes, ce qui n'était jamais arrivé à Jack. Mais c'était de l'artillerie de grande classe, et voyant les visages heureux, couverts de sueur, qui le regardaient de l'embelle et du gaillard, décemment triomphants, il ajouta en parfaite sincérité :

— Tout à fait admirable, vraiment. Je doute qu'un autre navire de la flotte puisse faire aussi bien.

— Voyons à présent ce que peuvent faire les caronades, les pièces de chasse et la mousqueterie, dit Broke, si vous êtes sûr que cela ne dérangera pas Mrs Villiers.

— Oh non, dit Jack, elle y est tout à fait habituée. Je l'ai vue tirer à la carabine comme un homme. Et je me souviens qu'elle tirait des tigres en Inde — son père était militaire dans ce pays.

Broke héla le cotre qui lança d'autres cibles, et les caronades, les pièces de chasse et toute la mousqueterie se mirent à l'œuvre. C'était une vision magnifique, d'autant plus que Broke simulait toutes sortes de situations d'urgence, appelait les gabiers, les hommes d'abordage et les pompiers, tandis que les équipes de servants poursuivaient leur travail, imperturbables dans la confusion apparente, avec tout juste un peu plus de lenteur du fait qu'elles étaient plus réduites. Démonstration très impressionnante et qui ne pouvait être obtenue que par l'entraînement le plus intelligent et le plus suivi, avec d'excellents rapports entre les officiers et leurs hommes ; elle devint plus impressionnante encore quand Broke vira de bord et fit tirer les canons bâbord, les aspirants, en bras de chemise et le visage plein d'ardeur et de concentration, servant leur canon de six livres en laiton.

Il se trouvait immédiatement au-dessus de la bannette de Diana, à portée de main de sa tête, et son explosion déchirante, assourdissante, la fit à nouveau sursauter.

— Stephen, dit-elle, fermez la fenêtre, vous êtes un chou. Je dois avoir l'air absolument épouvantable. Je suis désolée de vous donner un tel spectacle et d'être une telle charge. Tellement, tellement désolée...

Mais après la seconde explosion il la vit sourire dans le demi-jour — l'éclair de ses dents. Elle lui prit la main et dit :

— Mon Dieu, cher Stephen, je commence tout juste à réaliser. Nous sommes sauvés ; nous leur avons échappé !

Chapitre neuf

Jack, réveillé au changement de quart par le bruit familier des fauberts et des pierres à briquer, sut que le vent était tombé pendant la nuit mais fut un instant incapable de dire sur quel navire il se trouvait, ni même sur quel océan. Puis la réalité merveilleuse de leur évasion envahit son esprit. Il sourit dans le noir et dit : « Réchappé : nous en avons réchappé. »

Il n'y avait pratiquement aucune lumière, tout juste assez pour lui permettre d'apercevoir la silhouette de Philip Broke se déplaçant sans bruit dans la grand-chambre à peine meublée où son hamac était accroché : c'était peut-être cela qui égarait son sentiment de l'espace et du temps — il n'avait que rarement dormi dans un hamac depuis l'époque où il était second maître. Broke était déjà levé, habillé — Jack aperçut le reflet de ses épaulettes d'or — et il sortit sur la pointe des pieds, tandis que grondaient au-dessus de leurs têtes les grandes pierres maniées à deux mains et que résonnait sourdement le choc des fauberts séchant le gaillard. Jack l'entendit dire bonjour à la sentinelle, à la porte de la cabine, puis à l'officier de quart, le jeune Provo Wallis, de Nouvelle-Ecosse, d'après sa réponse.

Toujours souriant, il retomba dans un état de béatitude entre somme et réveil. Non seulement il baignait dans une absence de responsabilité immédiate fort reposante, mais la tension de la veille avait tout à fait disparu ; elle avait persisté durant la nuit, au-delà de toute raison, mais il pouvait désormais regarder cette série d'événements comme appartenant au passé. Sa fureur à la fuite du vieil Herapath — Jack l'avait vu fouetter ses chevaux — s'était tout à fait évanouie, éclipsée par la contemplation de leur chance. Chance d'un bout à l'autre, chance à tout instant. Il réfléchit à la vieillesse, à ses dégradations, et se demanda ce qu'elle lui ferait, à lui ; des exemples lui vinrent à l'esprit, non seulement de délabrement mental, faiblesse physique, goutte, gravelle et rhumatisme, mais de vantardise mensongère et verbeuse, d'égoïsme intense et grincheux ; de timidité sinon de couardise, d'obscénité, de concupiscence, d'avarice. Le vieux Mr Broke était assez pingre. Grand Dieu, quelle différence en son fils ! Au cours de sa carrière, Jack avait brûlé ou relâché un certain nombre de prises, dans des situations critiques, afin de préserver la force de son équipage, mais vingt-quatre de suite, cela dépassait tout à fait son expérience et suscitait son admiration. C'est vrai, Philip était relativement à l'aise, mais même les hommes les plus riches apprécient dix ou vingt mille guinées ; il se souvenait d'horribles disputes entre Nelson, Keith et Saint-Vincent quant à leurs parts d'amiral. Plus encore que le mépris de Philip pour l'argent, Jack admirait la manière dont il avait formé ses officiers et ses hommes, de sorte qu'ils partagaient son opinion et ses vues : l'amour des parts de prise étant si fortement enraciné chez les officiers de marine et les équipages de vaisseaux de guerre, cela paraissait presque contre nature. D'autre part, tous les Shannons, et pas seulement leur capitaine, avaient dû encaisser la prise de la *Guerrière*, la *Macedonian*, la *Java* et le *Peacock* : série de pilules fort amères. Son humeur s'assombrit à ce souvenir et il crispa les poings. Avec bien peu de force : il tâta son bras, bandé serré sur sa poitrine — guère de douleur aujourd'hui, mais pas de force non plus, à peine assez pour armer un pistolet.

Broke avait bien formé ses hommes, et sans doute le matériau était bon. Il avait tort pour ses viseurs, mais malgré tout la *Shannon* disposait d'une excellente artillerie : excellente, pas d'autre mot. Jack était particulièrement impressionné par la mousqueterie des hommes de hune : l'officier d'infanterie de marine avait équipé quelques-uns de ses meilleurs tireurs de carabines à canon rayé, et ils s'en servaient remarquablement bien ; quant aux pierriers, tirant à mitraille sur un pont hypothétique, ils avaient fait mieux encore. Des pièces meurtrières, et bien servies. Il avait le sentiment embarrassé de n'avoir jamais prêté assez d'attention aux hunes... Nelson ne se souciait guère d'utiliser les hunes au combat, en partie en raison du danger d'incendie, et jusqu'à une époque récente, tout ce que disait Nelson était parole d'évangile pour Jack Aubrey. En revanche, il avait vu la *Java* partir au combat conformément à la devise du grand homme : « Ne vous souciez pas de manœuvres, attaquez tout droit », et il lui vint à l'esprit que si Nelson avait toujours raison quand il s'agissait des Français et des Espagnols, il aurait peut-être un autre point de vue s'il combattait les Américains.

Broke entra.

— Bonjour, Philip, dit Jack, je pensais justement à vous et à cette remarquable démonstration d'artillerie, hier soir.

— Je suis heureux que cela vous ait plu. Il n'est aucun homme dont l'opinion m'importe plus. Reste à savoir si nous étions à la hauteur de la *Constitution* ?

— Quant à cela, je ne peux rien dire de précis sur leur rythme de feu car je n'avais pas de montre, mais je sais que c'était assez rapide — j'estime à un peu moins de deux minutes pour leur première volée et ils ont fait mieux ensuite. Jamais aussi vite que la *Shannon* — peut-être dans un rapport de trois à quatre, ou même à cinq — mais assez rapide et particulièrement précis. Ils nous ont frappés très, très dur, vous savez. Mais, précision pour précision, je crois tout de même que vous devez avoir l'avantage ; vos hommes tiraient dans des mouvements irréguliers et gênants de roulis et de tangage, alors que la *Constitution* avait une mer beaucoup plus régulière, exactement par le travers la plupart du temps. Dans l'ensemble, je dirais que la *Shannon* l'aurait emporté sur la *Constitution* ; mais probablement de peu, avec leurs pièces de vingt-quatre livres. Quant à la *Chesapeake,* je n'en sais pas plus que vous ; je n'ai jamais vu Lawrence faire autre chose que sortir et rentrer ses canons, mais il le faisait très vivement, et il a bel et bien coulé le pauvre *Peacock* à l'embouchure de la Demerara.

— Eh bien, j'espère mettre tout ceci à l'épreuve aujourd'hui. Nous en sommes à notre dernière tonne d'eau, je ne peux pas rester ; et j'ai l'intention d'envoyer quelqu'un le lui dire.

Le serviteur de Broke toussa discrètement à la porte — quel contraste avec les irruptions brutales de Killick, ses coups de pouce ou de menton, son brutal « à table » — et Broke dit :

— Le premier petit déjeuner est prêt quand vous l'êtes, Jack. J'ai pris le mien. Mais comme je sais que vous préférez le café je vous en ai commandé un pot : j'espère qu'il sera à votre goût.

Il ne l'était pas. Le valet de Philip était peut-être discret comme un chat, mais Jack aurait donné toute sa discrétion et sa correction pour un pot du café de Killick. Il n'en avait pas bu une tasse correcte depuis la *Java*. Les Américains étaient gens aimables, polis, hospitaliers, et leurs marins de vrais matelots, mais ils avaient du café une étrange conception : une tisane des plus diluées — un homme pourrait aller jusqu'à l'hydropisie avant que ce breuvage ne lui anime le moins du monde l'esprit. Etranges gens. Leur pays se rapprochait, observa-t-il par le hublot. Versant une autre tasse de cette boisson aqueuse, il l'emporta sur le gaillard.

Le jour se levait vite, un jour plein de promesses avec brise régulière de nord-ouest ; la *Shannon* s'en allait donner son coup d'œil matinal à la *Chesapeake,* peut-être le dernier, d'après ce que disait Philip. Le rituel du nettoyage terminé, le navire présentait un aspect merveilleux : bois parfaitement récuré, cordages exactement lovés, vergues maintenues par leurs bras et leurs balancines, mâts et écoutes luisant de graisse fraîche ; il s'en fallait d'une heure au moins que le capitaine des hommes d'arrière n'appelle les balayeurs. Ce n'était pas un navire bichonné comme à la parade — usé, plutôt, et râpé, surtout quant aux voiles — mais propre et manifestement efficace. On n'apercevait pas la moindre pièce de cuivre en dehors de la cloche resplendissante à l'avant, du canon de six livres brillant sur le gaillard d'arrière et des lunettes de visée de toutes les pièces ; les hommes s'affairaient à des activités plus directement liées à la guerre que le polissage du métal. Certains piquetaient les boulets corrodés, d'autres préparaient tresses de ragage, paillets de brasseyage, amarrages, et les pompes de l'avant rejetaient en grinçant un mince filet d'eau par-dessus bord. Les cages à poules étaient déjà sorties. Le coq chanta fièrement, claquant des ailes dans les premiers rayons du soleil, et une poule s'exclama qu'elle avait pondu un œuf, un œuf, un œuf !

Philip parlait avec un patron américain, l'un de ses prisonniers ; derrière lui, une vingtaine d'hommes, groupe important, entouraient les caronades, l'air incertain, tandis que d'autres les poussaient et les rentraient sous la direction de deux aides-canonniers grisonnants dont la queue de cheveux atteignait la taille. Les Shannons savaient que leur capitaine n'aimait pas qu'on invoque en vain le nom du Seigneur et qu'il détestait les expressions grossières : le capitaine était présent, à portée de voix, et le cours de formation en prenait un air étrange, avec cette patience surnaturelle et cette douce persuasion.

— Bonjour, Mr Watt, dit Jack au premier lieutenant. Avez-vous vu le moindre signe du docteur Maturin ?

— Bonjour, monsieur, dit Watt, penchant vers lui sa bonne oreille. Je suis entièrement de votre avis.

— J'en suis heureux, dit Jack. (Et d'une voix un peu plus forte :) Avez-vous vu le docteur Maturin, ce matin ?

— Non, monsieur, mais il y a du cacao qui l'attend au carré.

— Voilà qui va le remonter, j'en suis sûr. S'il vous plaît, qui sont ces hommes près des caronades ? Ils n'ont pas vraiment l'air de Shannons.

— Ce sont des ouvriers irlandais, monsieur, nous les avons pris à un pirate d'Halifax qui les avait pris à un pirate américain qui les avait pris à un brick de Waterford. Les pauvres bonshommes savaient à peine où ils se trouvaient, mais quand nous leur avons dit que c'était la *Shannon,* et que nous leur avons donné un peu de tafia, ils ont paru heureux et se sont mis à piailler dans leur langue de païens. Le capitaine les a intégrés à l'équipage mais nous avons bien du mal à leur apprendre leurs tâches, étant donné que seuls trois d'entre eux parlent un peu d'anglais. J'espère tout de même qu'ils nous seront utiles si l'on en vient à l'abordage : ils se livrent entre eux de terribles batailles — vous voyez ces trois à la tête fendue — et ils savent se servir de piques et de haches. Docteur Maturin, monsieur, je vous souhaite le bonjour. J'espère que vous avez trouvé votre cacao chaud.

— Je l'ai trouvé, monsieur, et je vous en remercie vivement, dit Stephen en regardant avec mélancolie la tasse de Jack : ni lui ni Aubrey ne pouvaient apprécier le jour nouveau avant d'avoir bu une bonne pinte de vrai café brûlant, fraîchement grillé et fraîchement moulu.

Le coq chanta à nouveau et plusieurs des Irlandais s'écrièrent « *Mac nah'Oighe slan* ».

— Que disent-ils ? demanda Jack à Stephen.

— « Salut au fils de la Vierge », dit Stephen. C'est ce que nous disons en Irlande quand nous entendons le premier chant du coq de la journée, de sorte que si la mort soudaine nous emporte avant la fin du jour nous puissions aussi trouver la grâce.

— Il faut qu'ils se retiennent jusqu'à ce que nous ayons gréé la chapelle, dit Watt. Nous ne pouvons pas autoriser les pratiques chrétiennes les jours de semaine, ni les précautions chrétiennes.

— Comment va Mrs Villiers ? demanda Jack.

— Un peu mieux, je vous remercie, dit Stephen. Vous permettez que je regarde votre tasse ? Elle a un étrange dessin sur le côté.

— Infâme brouet, murmura Jack cependant que le premier lieutenant passait sous le vent à l'approche de son capitaine.

— Ecoutez-moi, Jack, dit Stephen, toujours de la même voix basse, Diana dit qu'un capitaine peut célébrer un mariage. Est-ce vrai ?

Jack acquiesça, mais rien de plus, car Broke approchait et demandait poliment des nouvelles de Mrs Villiers. Stephen affirma que les symptômes les plus pénibles avaient disparu, qu'une boisson tonique, telle que du café de triple ou même quadruple force, suivie d'un petit bol de gruau ou d'arrow-root, relativement épais, la remettrait sur pied d'ici l'après-midi.

— Et ensuite, monsieur, ajouta-t-il, vous m'obligeriez infiniment en nous mariant, si vous en avez le loisir.

Le capitaine Broke fit une pause : si c'était une plaisanterie, le moment était étrangement choisi. A en juger d'après le comportement du docteur et son visage pâle et déterminé, ce n'en était pas une. Devait-il lui présenter ses félicitations ? Peut-être, étant donné le silence de Jack et les manières froides, neutres et sans joie de Maturin, n'était-ce pas la chose à faire ? Il se rappela son propre mariage et le sentiment désespéré d'être poussé à la côte par la tempête, incapable de s'écarter, le courant contre lui, les ancres dérapant. Il dit :

— J'en serais très heureux, monsieur, mais je n'ai jamais exécuté cette manœuvre — c'est-à-dire, cette cérémonie — et je ne suis pas sûr des formes ni de l'étendue de mes pouvoirs. Vous me permettrez de consulter le livre des Instructions pour vous dire dans quelle mesure je peux vous être utile à vous-même et à la dame.

Stephen s'inclina et s'écarta. Broke dit :

— Cousin Jack, je voudrais vous dire un mot. (Et dans l'intimité de la chambre arrière, il poursuivit :) Votre ami est-il sérieux ? Il semblait assez grave, en conscience, mais il est catholique romain, n'est-ce pas ? Il doit savoir que même si je peux célébrer ce mariage il sera sans valeur pour ceux de sa confession. Pourquoi ne pas attendre que nous soyons à Halifax, où un prêtre pourra accomplir la chose pour lui ?

— Oh, il est parfaitement sérieux, dit Jack. Il veut l'épouser depuis que la paix est signée. C'est la cousine germaine de Sophie, vous savez ?

— Mais pourquoi tant de hâte ? Ne sait-il pas que nous serons au port avant la fin de la semaine ?

— C'est justement la question, me semble-t-il, dit Jack. Je crois que sa nationalité pose quelques problèmes, elle pourrait être considérée comme ennemie ; un mariage à bord résoudrait totalement l'affaire.

— Je vois, je vois. Vous n'avez jamais marié personne à bord, Jack, je suppose.

— Non, pas moi, mais je suis à peu près sûr que cela peut se faire. Le capitaine d'un navire du roi peut faire à peu près tout à un homme, sauf le pendre sans passage en cour martiale.

— Eh bien, je vais regarder les Instructions. Mais d'abord je voudrais que vous lisiez cette lettre. Elle est adressée au capitaine Lawrence. Je lui ai envoyé un certain nombre de messages oraux disant que j'aimerais le rencontrer seul à seul, mais d'après ce que vous m'avez dit de lui je pense ou bien qu'il ne les a pas reçus, ou bien que ses ordres l'ont maintenu au port. Il me semble à présent qu'à terre on doit savoir que vous vous êtes échappé, et que la *Shannon* est votre refuge manifeste ; désireux comme ils l'étaient de vous garder, ils pourraient être tout aussi désireux de vous reprendre, et par conséquent plus décidés à envoyer la *Chesapeake* en mer. Quoi qu'il en soit, un défi écrit a beaucoup plus de poids que toutes choses verbales et de seconde main. Ces deux considérations en tête, j'ai donc l'intention d'envoyer ma lettre par un prisonnier américain, un homme respectable nommé Slocum qui vit dans cette région. Son bateau est à couple et il s'est engagé à la remettre. Mais vous connaissez Lawrence ; vous savez quel genre de lettre a le plus de chances d'obtenir un résultat. Lisez ceci, s'il vous plaît, dites-moi ce que vous en pensez. Je me suis efforcé de faire un exposé aussi simple que possible — pas de rhétorique, pas de fioritures —, le genre de défi que j'aimerais recevoir. Mais je ne sais pas si j'ai réussi et j'espère que vous voudrez bien me le dire sans rien me cacher.

Jack prit la lettre.

A bord du navire
de Sa Majesté britannique *Shannon*
Au large de Boston
Juin 1813

Monsieur,

Comme la *Chesapeake* semble à présent prête à prendre la mer, je requiers de vous la faveur de rencontrer la *Shannon*, navire à navire, pour éprouver la fortune de nos pavillons respectifs. Pour un officier de votre caractère, il faut quelques explications avant de poursuivre en plus grand détail. Soyez assuré, monsieur, que ce n'est pas du fait de quelque doute que je pourrais entretenir quant à votre souhait de répondre à mes propositions, mais simplement pour fournir une réponse à toute objection qui pourrait être faite, et bien raisonnablement, des chances que nous pourrions avoir de recevoir un injuste soutien.

Après l'attention diligente que nous avions consacrée au commodore Rodgers ; le soin que j'avais pris de détacher toutes nos forces sauf la *Shannon* et le *Tenedos* à une telle distance qu'elles ne puissent en aucun cas se joindre à tout combat livré en vue des caps ; et les divers messages verbaux envoyés à Boston à cet effet, nous fûmes fort désappointés de constater que le commodore nous avait esquivés en sortant à la première possibilité, après que les vents d'est dominants nous eurent obligés à rester à l'écart de la côte. Peut-être souhaitait-il une plus forte assurance d'une rencontre équitable. Je suis de ce fait conduit à m'adresser à vous plus particulièrement et à vous assurer que je m'engage sur mon honneur à exécuter tout ce que j'écris au mieux de mes pouvoirs.

La *Shannon* est armée de vingt-quatre canons et d'un canon léger d'embarcation : pièces de dix-huit livres pour la batterie et caronades de trente-deux livres sur le gaillard d'arrière et le gaillard d'avant ; son équipage est de trois cents hommes et garçons (une forte proportion de ces derniers), en dehors de trente marins, garçons et passagers venus récemment de navires recapturés. Si je vous donne tous ces détails, c'est qu'un compte rendu a été publié dans certains journaux de Boston annonçant que cent cinquante hommes de plus nous avaient été envoyés de *La Hogue*, ce qui n'a vraiment jamais été le cas. *La Hogue* est à présent à Halifax pour avitaillement et j'enverrai tout autre navire trop loin pour qu'il puisse interférer avec nous, et je vous rencontrerai où vous le souhaiterez le plus, dans les limites du rendez-vous mentionné ci-après, à savoir : entre six et dix lieues à l'est du phare du cap Cod, entre huit et dix lieues à l'est du phare du cap Ann, sur le banc Cashe, par 43° N de latitude ou par tout gisement et distance que vous voudrez fixer, au

large des brisants sud de Nantucket, ou du haut-fond du banc Saint-George.
Si vous voulez bien me transmettre un plan de signaux ou de télégraphe, je vous avertirai (si nous naviguons selon cette promesse) au cas où l'un quelconque de mes amis serait trop proche ou en vue, jusqu'au moment où je pourrai les détacher et les éloigner : ou bien je naviguerai avec vous sous pavillon de trêve jusqu'en tout lieu qui vous paraîtra plus sûr de notre croisière, en l'amenant quand le moment sera venu de commencer les hostilités.
Vous devez, monsieur, comprendre que mes propositions sont des plus avantageuses pour vous car vous ne sauriez sortir seul avec la *Chesapeake* sans courir le risque imminent d'être écrasé par la force supérieure de la nombreuse escadre britannique actuellement en mer, où tous vos efforts en cas d'une rencontre seraient, malgré leur vaillance, parfaitement désespérés. Je vous implore, monsieur, de ne pas imaginer que je suis poussé par la simple vanité personnelle à souhaiter rencontrer la *Chesapeake* ; ou que je compte uniquement sur votre ambition personnelle pour accéder à cette invitation : nous avons tous deux de plus nobles motifs. Vous y verrez un compliment si je dis que le résultat de notre rencontre pourrait être le plus grand service que je puisse rendre à mon pays ; et je ne doute pas que vous, également certain du succès, serez convaincu que c'est seulement par les triomphes répétés *à combat égal* que votre petite marine peut à présent espérer réconforter *votre* pays pour la perte du commerce qu'elle ne peut protéger. Faites-moi la faveur d'une réponse rapide. Nous sommes à court de vivres et d'eau et ne pouvons rester longtemps ici. J'ai bien l'honneur d'être,

Monsieur, votre humble et obéissant serviteur.

P.B.V. Broke
Capitaine du navire de Sa Majesté britannique *Shannon.*

Jack négligea le post-scriptum, en dehors des derniers mots « choisissez vos conditions, mais rencontrons-nous », et rendit la lettre.

— Non, dit-il, je crois que c'est parfaitement ce qui convient pour un homme comme Lawrence. Pour ma part j'aurais omis la pique à propos du combat égal et de la petite marine — il le sait aussi bien que vous et moi —, mais je pense que cela devrait le faire sortir, à moins qu'il ait l'ordre absolu de rester au port.

— Très bien, dit Broke, alors je vais l'envoyer. (Il fit un pas vers la porte, puis, se reprenant, lança :) Faites passer pour mon secrétaire.

Un petit homme âgé en vêtement noir poussiéreux et perruque mal ajustée entra et dit d'une voix aigre et perçante de vieillard :

— Faut-il la réécrire ?

— Non, monsieur Dunn, dit Broke, le capitaine Aubrey a la bonté de l'approuver telle qu'elle est.

— J'en suis bien heureux, dit le secrétaire, sans signe de plaisir évident. Je l'ai déjà écrite trois fois en corrigeant les expressions et j'ai tout un tas de travail qui m'attend — grand livre, relevé trimestriel et livre des frusques qui doivent tous être finis et recopiés au propre avant que nous atteignions Halifax. Alors, monsieur, qu'est-ce que c'est à présent ?

Il n'avait pas de dents et, tout en fixant sur son capitaine ses yeux coléreux et bordés de rouge, il mâchonnait ses gencives, rapprochant son nez de son menton d'une manière qui avait intimidé bien des capitaines avant même la naissance de Broke.

— Eh bien, monsieur Dunn, dit Broke d'un ton qui manquait de son autorité habituelle, j'aimerais que vous regardiez dans les Instructions, ou dans tout autre document qui pourrait venir à l'esprit d'une personne de votre expérience, pour y chercher des renseignements sur le mariage en mer en l'absence d'un aumônier, les pouvoirs du capitaine et les formes à observer.

Le secrétaire renifla, sortit ses lunettes, les essuya et observa Jack. Puis, semblant ravaler quelque remarque caustique, il sortit en marmonnant « mariage... mariage... que Dieu nous garde tous ».

— Je l'ai hérité de Butler quand on m'a donné le *Druid*, dit Broke, et je souffre depuis sous sa férule. C'est à peu près la même chose avec mon bosco. Il a servi sous Rodney et nous étions compagnons à bord du *Majestic* quand j'étais gamin : il m'a appris à faire un nœud de griffe, mais il avait l'habitude de me gifler quand je me trompais. Il était déjà tout chauve. Ils me mènent la vie dure, à eux deux ; et si ce n'était qu'ils connaissent leur métier à fond... mais il faut faire partir cette lettre.

Le capitaine Broke qui émergea sur son gaillard d'arrière, lettre en main, ne donnait pas l'impression que quiconque sur terre soit capable de le tyranniser ou qu'un subordonné puisse lui mener la vie dure, quel que soit son âge : mince, réservé, il semblait invulnérable. Il regarda impatiemment la terre, automatiquement le ciel et les voiles, et se retourna vers l'Américain :

— Voici la lettre, capitaine Slocum, si vous le voulez bien. Tout est prêt, je pense, Mr Watt ?

— Oui, monsieur, le canot de ce monsieur est à couple, avec ses hommes et ses affaires déjà embarqués.

Se penchant par-dessus la lisse, il ajouta d'une voix puissante : « Attention à la peinture, vous autres ! »

— Je vous souhaite donc le bonjour, capitaine, dit Slocum d'une voix traînante, rude et grinçante, en empochant la lettre et en se préparant à partir. Je pense que nous pourrions nous rencontrer à nouveau, peut-être un peu plus tard dans la journée ; et j'ose dire que mes armateurs seront fous de joie de vous voir.

Son visage à l'expression sardonique, au regard fixe, hostile, disparut sous la lisse. Le canot déborda, hissa la voile et s'en fut très vite au près dans la fraîche brise de nord-ouest sur la mer d'un bleu brillant.

Ils le regardèrent s'écarter, diminuer, sa voile étincelant dans la lumière. Par l'avant bâbord c'était le cap Cod, par la hanche tribord, le cap Ann, et par le travers, tout au fond de l'immense baie, Boston et la *Chesapeake.*

Le maître ou plutôt le maître temporaire, un jeune homme nommé Etough, était officier de quart : c'est à lui que le capitaine donna les ordres qui mirent la *Shannon* dans le sillage du bateau, qu'il suivit lentement sous huniers seuls. Puis il dit :

— Mr Watt, voudriez-vous prendre le petit déjeuner avec moi ? (Et, regardant autour de lui, il choisit parmi les jeunes messieurs du gaillard d'arrière un aspirant fort maigre :) Mr Littlejohn, voulez-vous vous joindre à nous ?

— Oh oui, monsieur, s'il vous plaît, dit Mr Littlejohn qui reniflait depuis cinq minutes l'odeur du bacon du capitaine et dont l'âme était transportée de joie à la pensée des œufs qui pourraient l'accompagner — le poste des aspirants était depuis bien des jours à ration réduite.

Le petit déjeuner fut vraiment magnifique. Le valet, connaissant l'appétit du capitaine Aubrey et désireux de faire honneur à son navire, avait entamé presque toutes ses dernières réserves : le tiers d'un jambon de Brunswick, des harengs fumés, du saumon au sel, dix-sept côtelettes de mouton parfaitement brûlantes et puis des œufs, une sorte de scone grillé et deux pots de marmelade d'orange, de la petite bière, du thé et du café comme le docteur avait recommandé qu'il soit fait. Pourtant la conversation fut maigre : Broke était silencieux, taciturne, et selon une très ancienne tradition navale, son premier lieutenant ne pouvait lui parler sans que le capitaine lui adresse d'abord la parole. Cela ne s'appliquait pas à Jack et il fit quelques remarques à Mr Watt ; mais il n'était pas du côté de sa bonne oreille et, après une ou deux tentatives, il se limita à Littlejohn.

— Etes-vous parent du capitaine Littlejohn, du *Berwick* ? demanda-t-il.

— Oui, monsieur, dit le jeune homme en avalant, c'était mon père.

— Ah, dit Jack qui regrettait d'avoir posé cette question. Nous avons été compagnons de bord il y a bien longtemps sur l'*Euterpe* : un excellent marin. Je ne pense pas, dit-il, considérant l'âge de Littlejohn, son absence d'émotion et l'année où les Français avaient pris le *Berwick*, je ne pense pas que vous vous souveniez clairement de lui ?

— Non, monsieur, pas du tout.

— Pourriez-vous manger une autre côtelette ?

— Oh oui, monsieur, s'il vous plaît.

Jack pensa à son fils, encore en robe : un jour, George répondrait-il à la même question dans les mêmes termes, avec la même gravité décente mais impassible, et continuerait-il à manger avec le même appétit ?

— Je suis désolé de mettre fin à ce petit déjeuner, messieurs, dit Broke après un intervalle tout juste convenable, mais j'espère que nous aurons beaucoup à faire aujourd'hui.

Il se leva, ils le suivirent.

Une certaine tension nerveuse, assez étrange, était aussi évidente sur le gaillard d'arrière encombré ; et dans toute la frégate les hommes se déplaçaient en silence, parlant à peine, regardant souvent vers la baie où le bateau de Slocum avait disparu, ou vers leur capitaine.

— Mr Etough, dit Broke, les couleurs et notre meilleure flamme de guerre, s'il vous plaît, et faites route sur le phare de Boston.

La flamme ordinaire de la *Shannon* descendit sur le pont pour la première fois depuis des mois ; cette marque propre aux navires de guerre du roi était usée, battue par le vent et même tronquée : sa remplaçante s'éleva jusqu'à la pomme en tête du grand mât et se déploya, longue, longue banderole soyeuse couleur saphir, l'un des rares luxes de la *Shannon*, flottant très haut par la hanche, tandis qu'en même temps une enseigne bleue usée apparaissait à la corne d'artimon et un pavillon national tout aussi fatigué au mât de pavillon. La brise avait faibli, refusait un peu vers l'ouest, et la frégate, serrant le vent d'aussi près que possible, faisait à peine deux nœuds contre le jusant.

— Ho, du mât ! lança Broke, où en est le canot ?

La voix de la vigie descendit.

— Il n'est pas encore entré, monsieur, non, et de loin.

Presque imperceptiblement la côte s'approchait, devenait plus distincte ; les bras de la baie se déployaient lentement vers le large de sorte que le cap Ann se rapprocha du travers de la *Shannon*, au nord par l'ouest, puis glissa de hauban en hauban vers le nord par l'ouest un demi-nord, et enfin plein nord.

Dans la cabine du maître dont les rideaux arrêtaient le jour, Stephen dit tout bas :

— Comment vous sentez-vous à présent, Villiers ?

Pas de réponse, pas la moindre pause dans la respiration régulière : elle s'était endormie enfin, et avec la tranquillité régnant à bord, la douceur des mouvements du navire sur cette eau calme, tout son corps s'était détendu. Elle n'avait plus les poings serrés ; son visage avait perdu son air farouche de résistance obstinée ; et quoique encore pâle, il n'était plus livide. Le gruau lui avait fait du bien ; elle s'était lavée avec le peu d'eau que la *Shannon* pouvait lui offrir ; et surtout elle s'était coiffée : ses cheveux coulaient, noir intense, sur l'oreiller, laissant voir la colonne de son cou d'adolescente et une oreille dont la perfection éclipsait celle de tous les coquillages qu'il eût jamais vus. Il la contempla un moment puis se glissa dehors.

Quand il surgit sur le pont, clignant des yeux dans

l'éclat du jour, dérouté, plongé dans ses pensées, gênant les activités des hommes, le capitaine de la grand-hune, un ancien patient de son antépénultième navire, le prit bien gentiment par le coude en disant : « Par ici, monsieur, tenez-vous des deux mains » et le guida jusqu'en haut de l'échelle du gaillard.

Il y retrouva le commissaire, le chirurgien et le secrétaire qui lui souhaitèrent la bienvenue, lui expliquèrent que l'on faisait route vers le phare, que par l'avant bâbord c'étaient les Graves et ensuite les Roaring Bulls et que pour aujourd'hui ils avaient grand espoir de... l'explication cessa brusquement quand le capitaine Broke demanda à Mr Wallis, le second lieutenant, de monter avec une lorgnette en tête de mât et de lui dire ce qu'il voyait.

Le jeune Wallis sauta sur les filets de hamacs et courut dans les enfléchures comme si c'était un escalier facile, et de tout là-haut sa voix descendit dans le silence attentif.

— Ho, du pont ! Monsieur, la *Chesapeake* est sortie en rade. Sur une seule ancre, je crois. Elle a croisé ses vergues de cacatois.

— Où est le canot ?

— Monsieur ?

— Où est le canot de Slocum ?

— Encore de ce côté de l'île Green, monsieur, lança Wallis après un moment de recherche, et le silence retomba, rompu par le son des sept coups du quart du matin.

— S'il est sur rade et qu'il a croisé ses vergues de cacatois, c'est certainement qu'il va sortir. Ils vont déraper à l'étale et sortir au début du jusant, dit Mr Dunn, mâchonnant ses gencives avec satisfaction.

Il avait sous le bras les Instructions, et une liasse de papiers pliés dans le livre, mais tout son être était tendu vers la terre, vers les services de funérailles plutôt que de mariage.

— De quoi parlez-vous ? demanda Stephen.

— Comment, mais de la *Chesapeake*, bien sûr, s'écrièrent-ils.

Et le commissaire ajouta :

— La *Constitution* ne sera pas prête à prendre la mer avant plus d'un mois.

Ils se lancèrent dans une discussion serrée sur l'état de la marée, la régularité du vent et les nouvelles bragues doubles des caronades. Bien que Stephen connût depuis fort peu de temps ces messieurs, en théorie non combattants, il avait déjà constaté qu'ils étaient plus martiaux encore que les autres — Dunn, le secrétaire, et Aldham, le commissaire, commandaient des équipes de mousqueterie lors de l'appel aux postes de combat et tiraient l'un et l'autre comme des furieux, accompagnés chacun de deux chargeurs ; quant au chirurgien, il s'était amèrement lamenté que son poste, en dessous de la flottaison, lui interdît toute action sauf pour un coup de main occasionnel — pourtant, Stephen fut surpris de leur flux constant de détails techniques, de leur appréciation très fine des points les plus délicats, de leur soif ardente de violence et de sang.

Le flot fut coupé net par un autre appel de la tête de mât : — Monsieur, ils mettent en place les barres de cabestan. (Une pause.) On déferle le petit hunier. Grand voile et misaine. Des ennuis avec l'ancre.

— Une ancre engagée ne retiendra pas longtemps Lawrence, murmura Jack.

— Il sort, dit Broke, se retournant avec un sourire vers ses officiers. Mr Etough, nous nous passerons de la méridienne. Piquez huit coups et envoyez les hommes dîner.

Tout le monde y était prêt. Le vieux bosco avait déjà son sifflet aux lèvres quand le militaire le dépassa en toute hâte pour frapper la cloche — son presque toujours suivi de l'énorme vacarme des cuisiniers gueulant le numéro des plats, des hommes courant et beuglant avec les baquets, des matelots tapant sur leurs écuelles et cognant sur la table, mais cette fois le silence était étrange. Aussi étrange que le calme avec lequel les Shannons accueillirent la déclaration claire et forte du capitaine au premier lieutenant qu'aujourd'hui le tafia serait réduit de moitié, et rattrapé une autre fois.

Ayant fait cette annonce, Broke demanda une fois de plus à la tête de mât des nouvelles du canot : il n'avait pas encore atteint la *Chesapeake*.

— Ce n'est donc pas mon défi qui le fait sortir, dit-il à Jack, mais plutôt le désir de votre compagnie.

Après quelques instants, il ajouta :

— Je monte. J'aimerais que vous veniez avec moi, mais je pense que vous ne pouvez vous servir de votre bras.

— Pour la tête de mât, non, dit Jack, mais je peux aller jusqu'à la grand-hune, par le trou du chat.

Il traversa le pont et Dunn s'avança pour les intercepter.

— Pour ce mariage, monsieur, dit-il, j'ai peur que ce soit de votre compétence et il semble que les bans ne sont pas requis en mer. Toutes les références sont là, et j'ai marqué le livre de prières.

— Je ne peux vraiment pas m'occuper d'un mariage maintenant, Mr Dunn, dit Broke. Je monte. Mais, j'y pense, il faut déplacer la dame. Nous allons sans doute faire le branle-bas très bientôt et il faut la déplacer. Mr Watt, dites-moi dans quel état est le coqueron avant.

— Eh bien, monsieur, à présent que tous les cochons sont partis, c'est assez salubre, en dehors des rats et des cafards.

— Dans ce cas, dès que les hommes auront fini leur dîner, faites-le préparer. On peut l'asperger d'eau de Cologne — il y en a une bouteille intacte dans ma galerie de poupe — et y accrocher une bannette. (Puis, élevant la voix :) Mr Wallis, descendez et attendez-nous dans la hune. Allez-y doucement, Jack, dit-il à son cousin qui commençait à grimper gauchement, comme une araignée à trois pattes.

Broke et Wallis l'aidèrent à hisser ses deux cent vingt-cinq livres jusque dans la hune, et Broke poursuivit vers la tête de mât, agile comme un gamin. Wallis donna sa lunette à Jack, arrangea une bonnette pour qu'il puisse s'asseoir et observa :

— Ce doit être diablement malaisé, avec un seul bras.

— Oh, quant à cela, dit Jack, sur le pont je suis parfaitement à l'aise. Après tout, Nelson a abordé le *San Nicolas* et ensuite le *San Josef* avec un seul œil, et il a remporté Aboukir avec un seul bras. Pouvez-vous me laisser votre lunette, Mr Wallis ? Merci.

Le jeune homme disparut ; Jack regarda autour de lui — une hune spacieuse et commode, une cuirasse de hamacs couverts d'étamine rouge dans le filet entre les chandeliers, plus épaisse qu'il ne l'avait vue sur aucune frégate, et deux pierriers d'une livre de chaque côté — puis entreprit de mettre au point la lunette, tâche difficile car les doigts de sa main droite sortaient tout juste du pansement et de l'écharpe.

La tache floue s'éclaircit : un mouvement précautionneux, et la *Chesapeake* apparut, claire et nette, au milieu d'une foule de petites embarcations. Jack ne voyait pas son gaillard d'avant — une île s'interposait — mais, du haut du mât, Broke avait une vue parfaite et il commenta :

— L'ancre est à pic, on vire au cabestan.

A cet instant la frégate américaine tira un coup de canon, déferla ses perroquets et les borda.

— L'ancre est dérapée, lança Broke, il l'a arrachée bellement.

La *Chesapeake* se dégageait de l'île, Jack la voyait bien à présent, et il distingua dans la mâture les matelots gréant les vergues de bonnettes. La brise était aussi favorable que possible et dès que Lawrence aurait franchi le dernier virage du chenal, doublé le phare, il les établirait des deux côtés. Yachts et petits bateaux avaient déjà envoyé toute la toile possible, la brise étant plus faible près de terre.

Sur le pont de la *Shannon*, l'heure du tafia était venue : le fifre jouait « Nancy Dawson » ; le second maître, debout près du baquet, versait les demi-rations ; mais ce moment fort de la journée d'un matelot manquait de son feu habituel. Les hommes avalaient leur demi-pinte, savouraient à peine le rhum et se hâtaient vers le gaillard d'avant, le passavant tribord et le mât de misaine pour regarder la *Chesapeake* : la totalité du quart en bas était en haut.

Broke resta quelque temps en tête de mât, sans rien dire, observant avec une intensité passionnée ; Jack, qui avait déjà vu la *Chesapeake* de plus près, parcourait de sa lunette tout le port et la ville. Il aperçut l'Asclepia et repéra sa fenêtre ; il vit la grande rue large et droite menant à l'hôtel de ville, la rue où se trouvait l'hôtel Franchon ; il chercha l'*Arcturus* parmi les navires lointains avant de revenir à la frégate et à tous les petits bateaux qui l'entouraient. Et voici que Broke redescendait par les haubans du mât de hune.

— Eh bien, Philip, dit-il avec un sourire, vos prières sont exaucées.

— Oui, mais est-il juste de prier pour une telle chose ? (Broke parlait avec gravité mais son visage était éclairé, comme transfiguré.) Venez, laissez-moi vous aider à passer les gambes de revers.

Revenu sur le pont, Broke dit à l'officier de quart :

— Faites route plein est, Mr Falkiner, et restons sous voilure aisée.

Le hunier masqué se remplit, la *Shannon* pivota doucement, amena le vent sur l'arrière et fit cap au large. Elle avait à peine repris de l'erre que la *Chesapeake* doublait le phare et envoyait ses bonnettes hautes et basses, qui furent bordées ensemble au moment même où les cacatois s'établissaient par-dessus le tout au terme d'une très jolie manœuvre. Du pont de la *Shannon* la coque était noyée, on ne voyait pas la partie inférieure des voiles basses, sauf en haut de la houle ; elle était à une dizaine de milles et malgré cacatois et bonnettes elle ne pourrait faire plus de six ou sept nœuds dans cette brise, même avec le jusant. Il y avait tout le temps voulu pour l'entraîner au large, au-delà des caps, où l'on aurait toute la place du monde.

Tout le temps voulu, et comme la *Shannon* faisait un branle-bas de combat complet pratiquement tous les jours au rappel du soir, comme l'ameublement de la chambre était si rare et si bien combiné qu'on pouvait le faire disparaître dans la cale en quelques minutes, tandis que les cloisons et les toiles des cabines d'officiers disparaissaient plus vite encore, et comme elle avait toujours sur le pont suffisamment de munitions pour trois volées, il ne semblait pas y avoir grand-chose à faire pour combler ces heures inévitables. Mais même sur le navire animé du plus grand zèle, il existe une différence fondamentale entre le branle-bas face à un ennemi théorique et idéal et les préparatifs d'un vrai combat, avec une forte et redoutable frégate que l'on voit à l'horizon, qui a l'avantage du vent, et qui manifeste clairement sa détermination à se rapprocher dès que possible. En dehors de toute autre chose, avant un simple branle-bas, les officiers ne rédigent pas leur testament, n'écrivent pas ce qui risque d'être leur dernière lettre pour la famille, alors que beaucoup d'entre eux, dont Jack et son cousin, décidèrent à présent de le faire dès qu'ils en auraient le loisir. Et puis il y avait tout le travail du bosco, la pose de garnitures et de chaînes sur les vergues, et celui du canonnier : remplir d'autres gargousses, faire monter des boulets, de la mitraille en vrac et en sacs ; sans même parler des ponts qu'il fallait mouiller et sabler, de la pose du filet de protection, dit casse-tête, de la mise en place des écrans de toile humide sur les accès à la soute à poudre, du remplissage des charniers d'eau où les hommes boiraient entre les volées. Quant aux chirurgiens, il leur fallait passer en revue tous leurs instruments et, dans bien des cas, les affûter. Et puis, avant que l'on éteigne les feux de la cuisine, restait la question mineure du dîner des officiers. Jack l'attendait déjà avec impatience, mais quand Broke proposa un dernier tour des canons, il le suivit avec le canonnier et le premier lieutenant, sans autre réaction qu'un murmure intérieur.

Comme il s'y attendait, l'œil le plus critique n'aurait pu trouver la moindre chose à redire, mais il fut heureux quand, en atteignant le gaillard d'avant, Broke lui demanda s'il avait quelques suggestions à faire.

— Puisque vous me le demandez, dit-il, j'aimerais voir des mèches lentes en plus des percuteurs à pierre. Vos percuteurs peuvent rater, disperser l'amorce ; il suffit de passer la mèche et l'affaire est sauvée. Je ne crois pas que vous ayez les moyens de gâcher le moindre coup avec ce monsieur là-bas, dit-il, indiquant du menton la *Chesapeake*, lointaine, mais plus tellement, qui avait même envoyé des bonnettes de perroquet — et puis c'est la manière ancienne ; et j'aime les manières anciennes autant que les nouvelles.

Le canonnier eut un toussotement d'approbation et Mr Watt, qui avait saisi la remarque, ajouta :

— Oui, c'est vrai. Les pères qui nous ont engendrés.

Broke réfléchit puis ajouta :

— Oui, merci, cousin : nous ne devons certes pas gâcher un seul coup. Mr Watt, faites le nécessaire... mais, grand Dieu, j'allais oublier, comment se présente le coqueron avant ?

— Il est aussi net et propre que possible, monsieur. Ce n'est pas le séjour des anges comme la cabine du maître, mais du moins cela sent aussi bon que... aussi bon que du foin coupé.

— Il faut que je rende visite à la dame, dit le capitaine Broke en regardant la *Chesapeake,* puis le soleil. Faites passer pour le docteur Maturin. Docteur Maturin, je vous remercie d'être venu : Mrs Villiers est-elle assez bien pour me recevoir, à votre avis ? J'aimerais lui présenter mes respects et lui expliquer que nous devons l'installer dans le coqueron avant car nous risquons de livrer bientôt un combat.

— Elle va beaucoup mieux aujourd'hui, monsieur,

dit Stephen, et serait, j'en suis certain, heureuse d'une brève visite.

— Très bien. Dans ce cas, veuillez être assez aimable pour la prévenir que d'ici quinze minutes j'aurai l'honneur de me rendre auprès d'elle.

Les canons étaient prêts ; les officiers étaient à leur dîner, dans le carré ; Broke toqua à la porte de la cabine.

— Bon après-midi, madame, dit-il, je m'appelle Broke, je commande ce navire et je suis venu vous demander comment vous allez et vous dire que nous devons, j'en ai peur, vous demander de déplacer vos quartiers. Il pourrait y avoir sous peu un certain bruit — en fait, un combat —, mais je vous supplie de ne pas vous alarmer. Vous ne courrez aucun danger dans le coqueron avant et le vacarme sera beaucoup moindre ; ce sera, je le regrette, sombre et quelque peu exigu, mais je pense que vous n'aurez pas à y rester longtemps.

— Oh, dit-elle avec beaucoup de conviction, je n'ai pas du tout peur, monsieur, je vous assure. Je suis simplement désolée d'être une charge — une charge inutile. Si vous voulez avoir la bonté de me donner votre bras, je partirai tout de suite pour ne déranger personne.

Elle avait eu le temps de se changer, de se préparer, et quand elle se mit debout dans son habit de voyage, elle était d'une élégance remarquable. Broke la conduisit à l'avant entre deux files de matelots médusés, qui tous, après un coup d'œil rapide et stupéfait, fixèrent leurs regards par les sabords ouverts ; à l'avant, puis de plus en plus bas, jusqu'au coqueron, très loin sous la flottaison. C'était un petit espace triangulaire, sans air, empuanti d'eau de Cologne, et la faible lueur d'une lanterne montrait qu'une nombreuse troupe de rats avait déjà rejoint les cafards sur la bannette.

— J'ai peur que ce soit encore pire que je ne le

craignais, dit-il, je vais envoyer deux hommes pour s'occuper des rats.

— S'il vous plaît, s'il vous plaît, s'écria-t-elle, ne vous inquiétez pas pour moi. Je peux m'occuper des rats. Et, capitaine Broke, dit-elle en lui prenant les mains, laissez-moi vous souhaiter la victoire. Je suis sûre que vous allez gagner. Je place toute ma confiance dans la Navy.

— Vous êtes très, très bonne, dit-il avec sentiment. J'aurai à présent un motif plus grand encore de faire de mon mieux.

— Jack, dit-il en regagnant la chambre où le capitaine Aubrey était déjà plongé dans une tourte trois ponts, vous ne m'avez jamais dit combien Mrs Villiers est belle.

— C'est une jolie femme, sans doute, dit Jack. Pardonnez-moi d'avoir commencé, Philip, j'étais absolument affamé.

— Jolie femme ? Elle est beaucoup plus que cela — c'est peut-être la femme la plus belle que j'aie jamais vue, malgré sa pâleur. Quelle grâce ! Et pardessus tout quel courage ! Pas la moindre question, pas la moindre plainte — elle est entrée tout droit dans cet affreux coqueron rempli de rats et nous a simplement souhaité la victoire. Elle place toute sa confiance dans la Navy, m'a-t-elle dit. Sur ma vie, c'est une femme extraordinaire. Je ne m'étonne pas de l'impatience de votre ami. Le genre de femme pour laquelle un homme serait heureux de combattre. Je serai fier de l'appeler cousine.

— Oui, dit Jack, pensant à Mrs Broke, Diana a tout le courage d'un pur-sang, et le comportement.

Broke resta silencieux un moment, chipotant la tourte et les restes du pudding à la graisse de rognons de la veille, frits et couverts d'une confiture pourpre.

— Je vais aller me changer. Aucun de mes uniformes ne vous irait, je le crains, mais certains des officiers sont à peu près de votre taille : je vais faire prévenir le carré.

— Merci, Philip, et si vous pouviez me trouver un sabre assez lourd, ce serait encore mieux, ou n'importe quoi qui ait du poids et un tranchant. Pour le reste, une paire de pistolets d'abordage conviendra.

— Mais votre bras, Jack ? Je pensais seulement vous demander de vous occuper des canons du gaillard d'arrière. Leur aspirant est parti avec la dernière prise — comme je le regrette !

— Je prêterai la main là, ou n'importe où, avec tout le plaisir du monde, dit Jack, mais si l'on en vient à aborder ou à repousser un abordage, il me paraît raisonnable que je sois armé. Je vais demander à Maturin de me bander le bras bien serré. Le gauche est aussi bon que jamais — meilleur, en fait — et je me défends fort bien.

Broke acquiesça. Il avait un air grave, retenu ; la plus grande partie de son être était bien loin de là, prise dans les innombrables responsabilités d'un commandant, responsabilités dont Jack connaissait fort bien le poids écrasant et dont il ressentait fortement l'absence ; mais il résolut un certain nombre de petits problèmes immédiats avant la fin du repas — entre autres choses il envoya le maître de la cale et un matelot nommé Raikes, autrefois preneur de rats professionnel, dans le coqueron. Puis, le valet ayant apporté du carré une brassée de vêtements, ils se changèrent et Broke aida Jack, gêné par son bras.

— Avant que nous fassions le branle-bas, dit-il, voulez-vous que nous échangions les lettres habituelles ?

— Oui, bien sûr, dit Jack, j'allais le suggérer. Il s'assit au bureau de Broke pour écrire :

Shannon
Au large du phare de Boston

Mon cœur,

J'espère et je crois que nous combattrons la *Chesapeake* avant la fin du jour. Je ne saurais souhaiter mieux, ma chérie : cela me pesait lourdement sur le cœur.

Mais s'il m'arrivait malheur, que ce mot vous apporte à vous et aux enfants tout mon amour le plus fervent, et sachez qu'un homme ne saurait mourir plus heureux.

Votre mari affectionné.
Jno. Aubrey

Il la cacheta, la tendit à Broke qui lui remit la sienne. Ils sortirent sur le gaillard, sans un mot : tous les officiers étaient là, et tous avaient changé d'uniforme, certains, comme Broke et ses aspirants, en style moderne, chapeaux ronds et bottes hautes, d'autres, comme Jack, en habit traditionnel avec dentelles d'or, culottes blanches et bas de soie ; mais tous portaient des vêtements meilleurs que d'habitude, en marque de respect pour l'ennemi et pour l'occasion. Et tous regardaient obstinément, là-bas derrière, la *Chesapeake*, poussée par la brise et le jusant, bien dégagée de la terre à présent lointaine, coque visible et levant une belle vague d'étrave.

Le plus âgé des lieutenants d'infanterie de marine, grand jeune homme de forte carrure, vint vers Jack avec deux épées.

— L'une de celles-ci vous irait-elle, monsieur ? dit-il.

— Ceci me convient admirablement, dit Jack en choisissant la plus lourde. Je vous suis grandement obligé, Mr Johns.

— Ho, du pont ! lança la vigie, elle vient au lof.

C'était vrai. La lointaine *Chesapeake*, tournant jusqu'à ce que ses bonnettes portent à peine, montra son flanc, tira un coup de canon et fit à nouveau porter ses voiles. Elle invitait manifestement la *Shannon* à réduire la toile et à combattre, maintenant, sur ce morceau d'océan. Bon nombre de yachts et de bateaux de promenade étaient encore avec elle, ou peu en arrière.

— Très bien, dit Broke, Mr Watt, terminons le branle-bas : il ne reste plus grand-chose à faire, je crois.

— Stephen, dit Diana quand il entra dans le coqueron avec un pot de soupe, que se passe-t-il ? Je n'ai pas voulu ennuyer le capitaine Broke, mais que se passe-t-il ? Nous poursuit-on ? Vont-ils nous rattraper ?

— D'après ce que j'ai compris, dit Stephen en émiettant du biscuit dans la soupe, le capitaine Broke est entré jusque dans le port de Boston, pour lancer un défi direct à la *Chesapeake ;* et à présent les deux navires s'en vont vers la pleine mer pour combattre par consentement mutuel. Ce n'est pas vraiment une question de poursuite.

— Ah, dit-elle. (Elle prit d'un air absent trois cuillers de soupe.) Dieu du ciel, qu'est-ce que ceci ?

— De la soupe. De la soupe séchée. Prenez-en un peu plus, s'il vous plaît, cela rectifie les humeurs.

— J'ai cru que c'était de la colle tiède. Mais cela descend assez bien, si l'on ne respire pas. Comme vous êtes bon de me l'avoir apportée, Stephen.

Elle mangea jusqu'au moment où un cafard tomba d'un barrot dans la gamelle : Stephen prit le pot et le posa au sol parmi les autres cafards.

Ils étaient assis côte à côte sur la bannette et Diana passa le bras sous le sien : elle n'était pas encline aux démonstrations d'affection, et peut-être n'avait-elle pas beaucoup d'affection à exprimer — une créature peu affectueuse, dans l'ensemble, quoique suffisamment passionnée, en conscience —, aussi ce geste l'étonna-t-il.

— J'ai peut-être parlé trop tôt en disant que nous nous étions échappés, dit-elle, j'aurais dû toucher du bois, m'y cramponner. Dites-moi, Stephen, quelles sont nos chances ?

— Je ne suis pas un marin, ma chère, mais la Navy a perdu les trois dernières de ces rencontres, et d'après ce que j'ai compris la *Chesapeake* a un équipage beaucoup plus nombreux que le nôtre. Par ailleurs, l'égalité est presque exacte en canons, ce qui n'était pas le cas dans les combats précédents, et Jack exprime une grande satisfaction de l'attention que son cousin porte à l'artillerie ; pour autant que j'en puisse juger, Mr Broke apparaît comme un commandant très capable et fort énergique. Peut-être nos chances sont-elles à peu près égales, non que mon opinion vaille quoi que ce soit.

— Que feront-ils de nous s'ils nous prennent ? Je veux dire vous, et moi, et Jack Aubrey.

— Ils nous pendront, ma chère.

— Je suis sûre que Johnson est sur ce navire, dit Diana après un silence.

— Je pense que vous avez raison, dit Stephen, le regard fixé sur l'œil luisant d'un rat, tout au fond, brillant à la lueur de la lanterne. C'est un passionné, et il a beaucoup à poursuivre. (Il sortit un pistolet de poche et tira sur le rat qui s'approchait de la soupe.) Je vous ai apporté ceci, dit-il, sortant l'autre de sa poche gauche. Et voici les petites poires à poudre et à balles : je vous conseille un quart de charge, pas plus. Tirer les rats à mesure qu'ils apparaissent vous occupera l'esprit en plus de réduire la gêne qu'ils représentent.

— Par Dieu, Maturin ! s'écria Diana, vous n'auriez pu imaginer mieux. (Elle lui lâcha le bras, rechargea le pistolet fumant et enfonça la bourre.) A présent je n'ai plus besoin d'avoir peur, dit-elle, l'œil fier et féroce comme celui d'un faucon.

C'était la première fois depuis son arrivée en Amérique qu'il voyait la femme qu'il avait aimée si désespérément ; il repartit à l'arrière l'esprit troublé : à l'arrière, vers l'amphithéâtre où les aides-chirurgiens et le barbier du bord arrangeaient leurs instruments. Le chirurgien de la *Shannon* lui-même était encore sur le gaillard d'arrière, où il se délectait à la perspective du combat, et ne les rejoindrait sans doute guère avant le premier blessé.

Jack descendit pour faire bander son bras, et Stephen, sachant qu'il ne servirait à rien de discuter dans ce cas, choisit trois pansements d'une longueur inhabituelle et un plat de chirurgie en métal et l'entraîna à part. Tandis que la bande montait par degrés sur le torse imposant, maintenant solidement le plat sur son cœur et son bras par-dessus, Jack demanda des nouvelles de Diana.

— Elle va très bien, merci, dit Stephen, je lui ai porté un peu de biscuit et de soupe séchée pris sur les réserves de mon collègue et c'est passé facilement. Son esprit est occupé par les rats — je lui ai prêté nos pistolets de poche — et le combat à venir. Elle va beaucoup mieux : son courage physique n'a jamais été le moins du monde entamé.

— J'en suis certain, dit Jack, elle a toujours eu beaucoup de fond — je veux dire, elle a toujours été très crâne. (Et à voix basse :) Broke était désolé de ne pouvoir vous marier aujourd'hui : il espère le faire demain.

Stephen répondit simplement :

— Quand pensez-vous que tout cela va commencer ?

— Dans à peu près une heure, je crois, dit Jack.

Mais quand il regagna le gaillard, il constata qu'il s'était trompé : la *Shannon* avait serré le vent et arisé ses huniers ; la *Chesapeake*, portant trois pavillons, se rapprochait vite, et sa vague d'étrave s'étalait largement.

Broke convoqua ses hommes à l'arrière et tandis qu'il leur parlait de sa voix précise, solennelle, Jack les vit l'écouter avec une attention grave et farouche ; certains montraient l'émotion que leur capitaine réussissait assez bien à dissimuler : la sympathie entre eux était manifestement totale. L'épée empruntée, accrochée bizarrement à son flanc droit, détourna l'esprit de Jack du bref discours. D'ailleurs il se trouvait immédiatement derrière le capitaine ; il ne saisit que les mots : « Ils ont dit que les Anglais ont oublié comment l'on combat. Vous leur montrerez aujourd'hui qu'il y a sur la *Shannon* des Anglais qui savent encore comment combattre. N'essayez pas de la démâter. Tirez dans la coque : batterie contre batterie, gaillard contre gaillard. Tuez les hommes et le navire est à vous... Pas d'acclamations. Gagnez rapidement vos postes. Je suis sûr que vous ferez votre devoir... » Jack n'entendit pas tous les mots mais il entendit le grondement d'assentiment en réponse, sur toute la longueur des ponts et des passavants encombrés, et cela lui enflamma le cœur comme une sonnerie de trompette. Un matelot sur le passavant tribord, un ancien Guerrière, dit : « J'espère, monsieur, que vous allez venger la *Guerry* aujourd'hui. » Et dans cette atmosphère bien particulière de liberté, un vieux quartier-maître ajouta, avec un coup d'œil mécontent à l'enseigne bleu fané, la meilleure que la *Shannon* puisse arborer après tant de mois de mer :

— On ne pourrait pas avoir trois enseignes, monsieur, comme elle ?

— Non, dit Broke, nous avons toujours été un navire sans prétention.

Le sable s'écoula dans l'ampoulette d'une demiheure : Boston était à vingt milles à présent. On retourna l'horloge, on piqua huit coups et Broke donna les ordres qui renvoyèrent la *Shannon* lentement vers l'est, sa misaine carguée, son grand hunier faseyant : ils coururent ainsi, une bonne horloge et plus, la *Chesapeake* faisant force de voile dans le sillage de la *Shannon.*

Silence sur le gaillard d'arrière : silence d'un bout à

l'autre. Rien que la douce brise dans le gréement, fort peu, d'ailleurs, avec le vent portant, et le friselis de l'eau le long des flancs. Dans le silence, la voix de l'aspirant en tête de mât annonçant ce que chacun pouvait voir : la *Chesapeake* rentrait ses bonnettes, ses cacatois, ses perroquets. Elle dépassait ses vergues de cacatois et les descendait sur le pont.

Watt jeta un coup d'œil à son capitaine.

— Non, dit Broke, nous garderons les nôtres. Je n'ai pas confiance dans cette brise, elle pourrait calmir. Mr Clavering — à l'aspirant en vigie —, vous pouvez descendre. Et, Mr Watt, mettez à la cape et faites le branle-bas.

La *Shannon* tourna, perdit son erre, resta immobile, oscillant doucement dans la houle tandis que le tambour battait à tout rompre. En quelques instants, tous les hommes étaient à leur poste, rangés en ordre précis autour de leurs canons, dans les hunes ou le long des passavants : le gaillard d'arrière encombré se dégagea, officiers et aspirants courant à la tête de leur division, ne laissant que le maître derrière le barreur pour commander la manœuvre, l'aspirant aide de camp, le premier lieutenant, les officiers d'infanterie de marine et le capitaine pour diriger tout cela, avec Jack en surnuméraire derrière lui. Le commissaire et le secrétaire, armés d'épées et de pistolets, étaient déjà avec leurs groupes de mousqueterie.

La *Chesapeake* arrivait vite ; elle venait au lof et gouvernait vers la hanche tribord de la *Shannon*. En plus de ses trois enseignes, elle portait au mât de misaine un grand pavillon blanc avec des marques, apparemment des mots. Broke leva sa lunette et lut « Droit des marins et liberté du commerce. » Il ne fit aucun commentaire mais dit à Watt :

— Envoyez des enseignes ferlées sur l'étai de grand mât et dans les haubans, pour le cas où nos couleurs seraient arrachées.

Puis il héla tour à tour chacune des hunes, placées sous le commandement des aspirants les plus âgés :

— Mr Leake, Mr Cosnahan, Mr Smith, tout va-t-il bien ?

Et chacun à son tour répondit : « Tout va bien, monsieur. »

Plus près : la *Chesapeake* faisait toujours cap sur la hanche tribord de la *Shannon*. « J'espère, par Dieu, qu'il appliquera ce que disait Nelson et qu'il viendra tout droit », pensa Jack. « Va-t-il passer sur mon arrière, me prendre en enfilade et accoster sur bâbord ? » murmura Broke, le regard fixe pour détecter le moindre mouvement de gouvernail. Puis, sans bouger les yeux, à voix haute et claire :

— Seconds capitaines et servants, aux canons bâbord. A plat-pont si l'on nous prend en enfilade : ne tirez que quand elle sera dans le champ.

Un bruit de pieds nus : les équipes des canons bâbord gagnaient leur côté ; silence à nouveau, la fumée des bailles à mèche flottant sur le pont. Un ordre rapide à voix basse et le grand hunier se remplit, donnant à la *Shannon* un peu d'erre : puis il se remit à faseyer et on cargua la bonnette d'artimon, en conservant juste assez de vitesse pour pouvoir gouverner.

La *Chesapeake* n'entendait pas passer derrière la *Shannon*. Sillage bien droit, il était trop tard à présent pour qu'elle puisse tourner. Lawrence avait renoncé à l'avantage pour conduire son navire tout droit au combat à la manière de Nelson.

— Jolie manœuvre, dit Jack, et Broke acquiesça.

Watt dit :

— C'est tout ce que j'aime.

— Aux pièces tribord, lança Broke, et les hommes y coururent, toujours sans un bruit.

Plus près ; encore plus près. Les mots inscrits sur le pavillon se lisaient très clairement mais sous cet angle aucun canon de l'une ou l'autre frégate ne pouvait porter. Plus près ; moins d'une portée de mousquet. A cinquante yards, la *Chesapeake* lofa pour courir parallèlement à la *Shannon* et l'attaquer, les deux navires ayant la brise un peu en avant du travers tribord, la *Chesapeake* au vent.

— Jolie manœuvre, dit Jack à nouveau.

Silence toujours, et Broke lança par la claire-voie de la chambre à son patron de canot, capitaine de la pièce la plus en arrière à tribord sur la batterie :

— Mindham, feu quand vous pourrez viser le second sabord bâbord à partir de l'étrave ; les Shannons, pas de cris avant la fin. Ne gâchez pas un boulet.

La *Chesapeake* approchait, croisant sa grand-vergue pour se freiner : son ombre énorme, menaçante, tomba sur la *Shannon* et, dans le silence, Jack entendit son étrave fendre l'eau. Il vit Lawrence debout sur son gaillard d'arrière, haute silhouette en habit blanc. Il ôta son chapeau et l'agita vers lui mais à ce moment la *Chesapeake* lança trois hourras — un bruit étrangement britannique — en même temps que le canon de Mindham parlait, arrachant des débris de bois aux flancs de la *Chesapeake,* juste en arrière du second sabord. Pause d'une demi-seconde, au cours de laquelle Broke dit : « Cinq heures et demie, Mr Fenn », à l'aspirant qui prenait les notes, et le voisin de Mindham tira, en même temps que la caronade arrière de la division de Jack, suivie par le canon d'étrave et une prodigieuse volée de toute la batterie de la *Chesapeake*.

Dès cet instant ce ne fut plus que vacarme intense : les canons tirant aussi vite qu'on pouvait les recharger, les volées confondues, la fumée dense des deux navires envahissant le pont de la *Shannon*, l'air même et la fumée frémissant des énormes explosions incessantes, les jets de flamme orange perçant l'obscurité, le soleil voilé, le crépitement de mousqueterie des deux passavants opposés et des hunes, l'aboiement aigre des pierriers.

Fini le long silence d'attente, disparue la longue tension — sorte d'anxiété calme et grave où chaque homme était bien seul ; le présent n'était qu'une activité énorme et continue. Jack circulait derrière les caronades tribord du gaillard : il ne pouvait pas faire grand-chose pour l'instant ; les équipes servaient magnifiquement leurs pièces, communiquant par mots brefs et saccadés, riant, tirant et poussant leurs pièces à toute vitesse, visant pour chaque coup avec un regard rapide et concentré à travers la fumée sur les pendules qui leur indiquaient quand le navire était de niveau, acclamant le boulet ou la mitraille qui touchait le but. Dans cette énorme confusion de bruit, toute certitude était bien difficile, mais il eut l'impression que la *Shannon* tirait plus vite et plus juste que la *Chesapeake*. Le second capitaine de la caronade arrière pivota, les yeux fixés sur Jack : son visage brillait encore d'excitation féroce mais déjà son regard était étonné, stupéfait, écarquillé. Jack écarta le corps — un boulet ramé lui avait ouvert le ventre — et ses compagnons mirent la pièce en batterie, tirèrent, épongèrent avec à peine un regard en arrière. Fragments de poulies ou de gréement pleuvaient sur le filet de protection et les débris de bois volaient en essaims mortels dans la fumée. La *Chesapeake* lofa un peu pour se ralentir et dans un interstice de la fumée, Jack vit son barreur tué, sa roue brisée — tout le gaillard d'arrière était étrangement vide, il l'était depuis la toute première volée, et il ne vit plus Lawrence.

A ce moment, les deux navires avaient la brise un peu en avant du travers mais soudain le mouvement de la *Chesapeake* s'accéléra et elle rentra droit dans le vent — ses focs avaient sans doute été arrachés en même temps que son barreur était tué — et resta là, totalement arrêtée, montrant à la *Shannon* son arrière et sa hanche bâbord. Et la *Shannon* la molesta, détruisant ses sabords arrière, balayant ses ponts de longs tirs mortels en diagonale, un massacre terrible ; le sang coulait à flots par les dalots sous le vent.

— Elle va s'écarter, dit Broke. Mr Etough, la barre à bâbord.

— Elle vient en arrière, monsieur, s'écria Watt, elle va pivoter.

Cela amènerait au combat la bordée intacte de la *Chesapeake* et en tournant, en reprenant de la vitesse, elle pourrait aussi aborder — action fatale, probablement, avec son équipage si nombreux.

Broke acquiesça, mit la barre de la *Shannon* à tribord et, rugissant dans son porte-voix par-dessus le grondement des canons, ordonna de faseyer le hunier d'artimon pour éviter de lofer. Mais comme les gabiers quittaient leurs canons pour sauter sur les bras, les quelques pièces de la *Chesapeake* qui pouvaient porter tranchèrent l'étai de foc de la *Shannon* : sans foc pour la faire tourner, elle ne bougeait pratiquement plus tandis que la *Chesapeake*, toujours en marche arrière, reculait, et vite, vers elle.

Le ruban d'eau entre les coques s'étrécit ; la *Shannon* maintenait un feu terrible, projetant des centaines de livres de fer et de plomb presque à bout portant. La *Chesapeake* reculait toujours. Sur le gaillard une caronade surchauffée se renversa au recul, rompant ses bragues, et Jack, trop occupé à la maîtriser quand elle plongea dans un fatras de hamacs arrachés aux filets ensanglantés, ne vit pas ce qui se passait à l'avant jusqu'à ce qu'un choc marque la collision entre la hanche de la *Chesapeake* et le flanc de la *Shannon*, vers le milieu. Levant les yeux, il vit quc la *Chesapeake* ne reculait plus et recommençait d'avancer — elle avait déferlé sa misaine. Mais à peine avait-elle parcouru quelques yards, toujours en frottant le long du flanc de la *Shannon*, que sa galerie de poupe s'accrocha dans les pattes de l'ancre de la *Shannon*.

D'une voix énorme pour un homme de sa taille, ou de n'importe quelle taille, d'ailleurs, Broke rugit :

— Cessez le feu, les grands canons, à l'abordage les hommes du pont ! Mr Stevens, amarrez-la ! Jack,

Mr Watt, les hommes du gaillard, à l'avant pour l'abordage. (Puis, jetant son porte-voix, il s'écria :) Suivez-moi, ceux qui peuvent.

Il courut le long du passavant tribord, tirant son épée et bondissant par-dessus les corps de son secrétaire, du commissaire et de plusieurs de leurs hommes. Aussitôt la caronade amarrée, Jack le suivit avec les hommes du gaillard d'arrière à travers un violent feu plongeant venu des hunes de la *Chesapeake* ; le long du passavant, accrochés à l'extérieur du pavois ravagé et des filets de hamacs déchirés, le vieux bosco et ses aides s'occupaient d'amarrer solidement la *Chesapeake* ; de la galerie de poupe de cette dernière et des sabords de son carré, des hommes leur tiraient dessus au pistolet, les attaquaient à coups de pique, d'écouvillon, d'anspect, et l'un d'eux, lui-même à l'extérieur, s'efforçait de couper le bras du bosco avec un coutelas. Jack freina sa course, sortit son pistolet et, tirant de la main gauche, manqua l'homme. Le bosco passa l'amarre — le nœud était fait —, le coutelas s'abattit : Jack et Watt tirèrent ensemble et l'homme tomba entre les navires, mais trop tard : le bras était parti, tranché, toujours accroché à la *Chesapeake*. Ils hissèrent le vieil homme à l'intérieur. Jack cria dans l'oreille d'un matelot de nouer son mouchoir bien serré sur le moignon et de le déposer entre deux canons ; le bosco dit quelque chose avec une grimace féroce, quelque chose du genre « Au diable le bras », mais Jack ne l'entendit pas. Il poursuivit sa course, maladroit avec son bras bandé, au milieu des hommes du gaillard d'arrière qui se pressaient autour de lui sur le passavant et entre les canons de la batterie.

Il atteignit le gaillard d'avant — nombre de morts et de blessés ici — et vit que Broke était déjà passé à bord de la *Chesapeake* avec une vingtaine d'hommes. Jack le suivit, fit un bond hasardeux sur le canon d'une caronade et par-dessus ce qui restait des hamacs pour retomber sur le pont de l'Américain. Pas un être vivant, mais beaucoup de morts, dont plusieurs officiers ; quand Watt sauta après lui d'un bond prodigieux par-dessus le couronnement, le lieutenant tomba, frappé par un coup tiré de la hune d'artimon. Il se releva immédiatement, tenant son pied et hurlant à l'adresse de la *Shannon* de tirer avec la pièce de neuf dans les hunes de la *Chesapeake.*

— A mitraille, criait-il, à mitraille ! tandis que d'autres hommes, matelots et soldats, se précipitaient par tous les points de contact et fonçaient autour de lui pour se rassembler au pied du grand mât.

— A l'avant, à l'avant le monde ! s'écria Jack.

Il avait tiré son épée — il la sentait bien en main — et se jeta sur les hommes entassés le long du passavant tribord, avec une douzaine de matelots derrière lui, dont beaucoup d'Irlandais qui hurlaient. Peu de résistance sur le passavant — les officiers étaient morts ou disparus, les hommes désorganisés —, la plupart sautèrent sur le pont puis à l'intérieur, quelques-uns tués au passage. Vers le gaillard d'avant, que Broke et ses hommes avaient déjà dégagé à l'exception de ceux qui plongeaient par-dessus l'étrave ou cherchaient à se frayer un chemin par le panneau avant, ou se battaient encore, coincés contre le pavois. Le groupe de Jack surgit : les derniers combattants, beaucoup moins nombreux, jetèrent coutelas, piques et mousquets.

La plupart de l'infanterie de marine de la *Shannon* était à présent à bord, habits rouges tout au long du pont ; tandis que certains aidaient les matelots à empêcher l'afflux désespéré par le grand panneau, les autres ripostaient au feu meurtrier des hunes de grand mât et d'artimon.

Mais les deux navires s'écartaient, il n'arrivait plus d'abordeurs. Broke regarda autour de lui. L'issue était dans la balance : si les Chesapeakes réussissaient à surgir de l'entrepont, les Shannons restés à bord étaient perdus. Jack jeta un coup d'œil aux hommes qui s'étaient rendus sur le gaillard d'avant et qui restaient là, stupéfiés, médusés, sauvages. Il en connaissait quatre — des matelots peut-être britanniques, peut-être américains, recrutés de force, avec lesquels il avait navigué ; et s'ils étaient déserteurs britanniques, promis à une mort ignominieuse.

— Craddock, dit Broke à l'un de ses hommes méchamment blessé à la jambe et avec un avant-bras ensanglanté, gardez les prisonniers. (Et, forçant la voix :) Smith, Cosnahan, faites taire leurs hunes. Le grand panneau, tout le monde au grand panneau.

Les hommes se précipitèrent à l'arrière, Jack trébuchant derrière eux, Broke en dernier ; en même temps, le jeune Smith, commandant la hune de misaine de la *Shannon,* se frayait un chemin sur la vergue, suivi par ses hommes, et rejoignait la grand-vergue de la *Chesapeake.*

— Monsieur, monsieur ! rugit Craddock à travers le feu continu de mousqueterie et les cris des hommes.

Broke se retourna. Quelques-uns des prisonniers avaient repris leurs armes et ils étaient sur lui.

— Monsieur ! rugit à nouveau Craddock. Jack l'entendit, pivota et vit Broke parer un méchant coup de pique, blesser son homme et tomber assommé d'un coup de crosse de mousquet. Un troisième était à califourchon sur lui, le coutelas levé, mais le coup d'épée donné par Jack de sa main gauche, avec toute sa force et tout son poids, projeta le bras et le coutelas dans la mer, le corps de l'homme sur le pont du navire ; quelques instants plus tard les hommes de Broke achevaient les derniers prisonniers. Durant cette échauffourée rapide, terriblement sanglante, les hommes de la vergue de la *Shannon* s'étaient emparés de la grand-hune de la *Chesapeake* pendant que la mitraille de la pièce de neuf livres imposait le silence à la hune d'artimon ; à présent tous les hommes d'abordage étaient groupés autour du grand panneau silencieux. Ils le couvrirent d'un lourd caillebotis solidement amarré ; après un dernier coup désespéré, toute résistance cessa en bas. Dans un arrachement terrible, la galerie de poupe de la *Chesapeake* se détacha et la goélette pivota, impuissante sous les canons de la *Shannon*. En bas une voix rauque s'écria qu'ils s'étaient rendus.

— Allez-vous bien, Philip ? s'écria Jack, très fort bien que le tumulte se soit tu.

Broke acquiesça. Il avait le crâne dénudé — l'os blanc visible à travers le sang, et peut-être pire encore, avec le sang qui lui sortait des oreilles. Son patron de canot noua un mouchoir par-dessus l'horrible blessure et on l'assit sur un affût de caronade.

— Regardez par là, Philip, lui dit Jack à l'oreille, regardez par là, elle est à vous. Je vous félicite.

Il pointait du doigt vers l'arrière où les couleurs américaines descendaient. C'était Watt qui les amenait. Mais on les vit remonter, l'enseigne blanche par-dessous, comme en défi. Ceux qui étaient sur la *Chesapeake* voyaient bien que Watt avait emmêlé les drisses. On le lui cria, mais il n'entendit pas et le dernier boulet de la *Shannon* rugit, éparpillant le petit groupe sur le gaillard de la *Chesapeake* et tuant Watt dans son triomphe, avec plusieurs de ses hommes.

Broke regardait de côté et d'autre, sans comprendre tout à fait ; il chercha sa montre, la regarda, dit :

— Quinze minutes du début à la fin ; mettez-les tous dans la cale.

A présent, enfin, les couleurs remontaient dans le bon ordre, jusqu'à la corne d'artimon. Acclamations déchaînées d'un bout à l'autre de la *Shannon* ; à travers le bruit, Jack s'exclama à nouveau :

— Philip, regardez là-bas, elle est à vous, elle est à vous, je vous félicite de votre victoire !

Cette fois, Broke comprit. Il regarda très fort l'enseigne blanche déployée sur le ciel bleu pur, preuve de sa victoire ; il fixa son regard trouble ; un sourire ineffable flotta sur son visage ensanglanté et il dit, tout bas :

— Merci, Jack.

Imprimé en France sur Presse Offset par

BRODARD & TAUPIN

GROUPE CPI

4330 – La Flèche (Sarthe), le 02-10-2000
Dépôt légal : octobre 2000

POCKET – 12, avenue d'Italie - 75627 Paris cedex 13
Tél. : 01.44.16.05.00